Das große Urlaubslesebuch mit wunderbar leichten Sommergeschichten zeitgenössischer Autoren aus aller Welt. Sie erzählen von Roadtrips und der ersten Liebe, von Hotelbars und sonniger Hitze, Strandpartys und sternenklaren Nächten. Auf die Reise begleiten Sie unter anderem: Daniela Dröscher, Elizabeth Gilbert, Richard Ford, Thomas Klupp, Tom Liehr, Inger-Maria Mahlke, Leif Randt und James Salter.

Auf und davon

Die schönsten Sommer-Reisegeschichten
von Elizabeth Gilbert, Richard Ford,
Leif Randt u.v.a.

Herausgegeben von Jana-Maria Hartmann
und Andreas Paschedag

Berlin Verlag Taschenbuch

MIX
Papier aus verantwor-
tungsvollen Quellen
FSC® C083411
www.fsc.org

Originalausgabe
Juni 2013
© für diese Ausgabe: Berlin Verlag in der Piper Verlag GmbH,
München 2013
Umschlaggestaltung: ZERO Werbeagentur, München,
unter Verwendung zweier Bilder von © FinePic®, München
und © Peter Hein/VISUM creative.
Typografie: Matthias Winter, Berlin
Gesetzt aus der Agora Sans und der Agora Serif Pro
durch Greiner & Reichel, Köln
Druck und Bindung: CPI – Clausen & Bosse, Leck
Printed in Germany
ISBN 978-3-8333-0911-3

www.berlinverlag.de

Inhalt

KATHRIN GERLOF

Schöne Grüße

Der Lack ist ab. So, wie sie den Finger auf die Wunde legt, fällt ihm das sofort ins Auge. Lang, gepflegt, spitz nach oben zulaufend zeigt der bordeauxfarbene Nagel an zwei Stellen Risse. Deshalb sieht es ein wenig obszön aus, wie ihr Zeigefinger die knallroten Lippen versiegelt.

»Was ist das, Liebling?« Ihre Stimme hat sich ganz leise eine Terz über normal geschraubt. Er schaut auf die Seite 32 seines Reisepasses, den sie aufgeschlagen in der linken Hand hält. Offensichtlich ist ihm ihre Unart, in allem zu blättern, was ihr an Bedrucktem in die Hände fällt, zum Verhängnis geworden. Und er hat keine Erklärung.

»Liebling. Wo warst du?«

Da, wo ich sein musste, denkt er und schaut auf den perfekt geformten Kussmund. Für einen winzigen Augenblick wüsste er gern, wem diese Lippen gehören, deren Abdruck auf der letzten Seite seines Reisepasses prangt. Er bläst sich eine Haarsträhne aus der Stirn und blickt in die blauen Augen seiner Frau. Sie klappt den Pass zu und lächelt.

»War sie denn gut?«

Ihm fallen sofort drei Filme ein, in denen dieser Satz gesagt wird. Sie wird den Pass einbehalten, und ich werde nie wieder reisen dürfen, denkt er. In seinem Rücken startet ein großes Flugzeug. Vor seinen Augen schließt sich eine Tür.

Die Jäger wollen gelobt werden. Sie haben gutes Fleisch gebracht. Drei ganze Wildschweine mussten dafür dran glauben. Als die Jäger aus der Hotelküche kommen, malt der Koch hinter ihnen Zeichen in die Luft, die nur Maike verstehen kann.

»Wollt ihr was trinken?«, fragt sie und gibt die Zeichen des Kochs wie einen Staffelstab an die Kellnerin im Hotelrestaurant weiter. Die zeigt auf einen Tisch und lächelt so, dass sich die Waidmänner ausreichend geschmeichelt fühlen.

Maikes Platz ist der Empfangstresen, aber an diesem Nachmittag ist hier nichts zu tun. Morgen erst wird das Hotel seiner ersten großen Prüfung unterzogen. Dann kommen fünfundneunzig Menschen. Maike setzt sich Kopfhörer auf und sagt: »We serve the dinner in thirty minutes.«

Die Jäger lächeln und winken ab. Sie sind skeptisch, was die Weltläufigkeit des neuen Hotels anbelangt. Schließlich ist man hier mitten in der Pampa. Zonenrandgebiet noch immer. Für Jäger ein Paradies, in dem sich das Wild auf brachliegenden Feldern tummelt. Der EU sei Dank, die immer Geld für brachliegende Felder hat. Aber Fremden wird es hier nicht gefallen, da sind sich die Jäger sicher. Hier leben Mauerblümchen und Vogelexperten. Keine Englisch sprechenden Wesen weit und breit.

Maike geht zum Tisch und setzt sich zu den bärtigen Männern, deren Geschichten ihr schon oft aus den Ohren rausgekommen sind.

»Eine Konferenz findet statt«, erklärt sie den Jägern auf deren Nachfrage. »Es kommen Historiker und ...«, Maike rennt zum Tresen und holt ein glänzendes Faltblatt aus der Schublade, »Soziologen und Politologen und Ethnologen. Das Thema der Konferenz ist die Geschichte der Völkerwanderung.«

Die Jäger nicken weise und sagen besser gar nichts. Ethnologen können ihnen eigentlich gestohlen bleiben. Andererseits sind sie schon lange nicht mehr drei Wildsäue auf einmal losgeworden.

»Völkerwanderung«, sagt der eine und kippt den Korn mit einem Schluck, »hatten wir hier ja auch. Ist kaum noch jemand da von den Jungen. Alle bauen jetzt im Westen Autos. Der Natur tut's gut«, sagt er und bekommt beifälliges Nicken dafür. »Kannst deinen Völkerwanderern erzählen, dass wir hier früher jede Möglichkeit der Grenzüberschreitung kannten. Wenn wir gewollt hätten, wäre das schon vor neunundachtzig eine Völkerwanderung geworden. Unsereiner kennt sich nicht erst seit gestern im Wald aus. Und die Grenzer waren alle blinde Stadtjungen.«

Maike weiß das alles. Schließlich lebt sie schon seit zweiundzwanzig Jahren hier. Aber sie wird bald weg sein. Das Hotel ist erst der Anfang ihrer Weltreise. Vielleicht findet sich ja unter den Völkerwanderern einer, der ihr gefällt. Und der sie mitnimmt.

»Time to go«, sagt Maike und steht vom Stammtisch auf.

»Da geht sie hin«, murmelt der jüngste Jäger und schaut auf Maikes runden Hintern. Hinter seinem Rücken schießt die Kellnerin einen tödlichen Pfeil ab. Vor seinen Augen geht ein Traum verloren.

Maike geht in die Hotelküche. Der Koch arbeitet sich an den Wildschweinen ab. Macht aus großen Portionen kleine und murmelt dabei vor sich hin.

»Vier Gäste werden kein Wildschwein essen«, sagt Maike.

Dem Koch fällt das Messer aus der Hand.

»Vegetarier?«, fragt er, und auf seiner Stirn furcht sich eine Wut vom Haaransatz bis zwischen die Augenbrauen.

»Muslime.« Maike lässt das Wort in der Hotelküche schweben.

Dem Koch verschlägt es den Atem. Er will nicht glauben, dass Muslime den Weg ins ostdeutsche Zonenrandgebiet finden, nur um sein Wildgulasch zu verschmähen. Maike legt eine Hand auf seinen rechten Unterarm, dessen Haare sich anfühlen wie Katzenfell.

»Du musst sowieso vegetarisch vorhalten«, sagt sie und ist stolz auf ihre Wortwahl. Inzwischen hat sie sich die Provinz schon ganz gut ausgetrieben.

Der Koch droht mit dem Zeigefinger.

»Da draußen steht ›gutbürgerliche Küche‹. Vegetarisch ist nicht gemeint.«

»Ich habe ein Kochbuch«, sagt Maike, »in dem stehen vegetarische Gerichte. Gemüsepfanne zum Beispiel.«

Der Koch fügt sich ein wenig.

»Essen die Rehfleisch?«

Das weiß Maike nicht und kennt auch niemanden, der es sagen könnte.

»Lieber vegetarisch«, sagt sie. »Da kann nichts passieren.«

Am nächsten Tag ist im Hotel die Hölle los. Oder Polen offen, wie Maikes Chef sagt. Siebenundachtzig Gäste reisen an. Acht sind irgendwo verloren gegangen zwischen Asien und Europa.

Maike macht ihre Sache gut. Niemand muss lange warten. Alle bekommen ihren Zimmerschlüssel und die wichtigsten Dinge auf Englisch gesagt. Dreiundvierzig Gäste geben ihren Pass am Empfangstresen ab. Maike versteht nicht, warum sie das tun, aber es zu klären, hat sie noch nicht auf Englisch gelernt.

Ihr Chef schlägt vor, die Pässe im Tresor einzuschließen. Auch er ist ratlos. Aber vielleicht gehört es sich anderswo ja so. Die ganze Arbeit mit dem Hotel hat ihm bislang noch jede Reise in die Welt verwehrt. Er kennt sich mit anderen Ländern und Sitten nicht aus. In Polen jedenfalls, wo er immerhin schon mal war, um preiswert Bettwäsche für sein Hotel zu kaufen, musste er den Pass nicht im Hotel abgeben. Obwohl er im ersten Haus am Platz wohnte.

Einer von den Völkerwanderern schaut ganz versonnen auf Maikes blonde Haarpracht, als er ihr seinen Pass auf den Tresen legt. Er kreuzt »vegetarisch« auf der Liste der Essenswünsche an. Maike denkt, dass der Mann kein Muslim sein kann. Er sieht zu erotisch aus. Sie gesteht sich ein, nichts über Muslime zu wissen, aber das ändert nichts an ihrer Vermutung. Maike geht zum Koch und sagt: »Sieben Vegetarier.« Der Koch knallt mit den Topfdeckeln und murmelt was von Schmerzensgeld.

Die Völkerwanderer laufen in Grüppchen durch den Wald zu ihren Tagungsräumen. Die hat einer, der es wissen musste, dort hingestellt. Mitten ins Zonenrandgebiet. »Die Leute brauchen Ruhe, gutes Essen, bequeme Betten, Landschaft und eine Nachtbar«, hatte er gesagt. »Dann können sie tagen, bis ihnen schlecht wird.« Und so kam ihm der Hotelbesitzer mit seinem siebzig Zimmer großen Schmuckstück gerade recht. »Da passt eins zum anderen«, hatte er bekundet, seine Heimatstadt Hannover verlassen und die Investitionszulage Ost für den Bau einer Tagungsstätte beantragt.

In der Nacht nach dem ersten Tag sitzt Maike hinterm Tresen und weiß, dass sie gleich einschlafen wird. Noch fehlen vier Gäste. Ihre Zimmerschlüssel hängen hinter ihr am Brett. Maike nimmt die dreiundvierzig Pässe aus dem Tresor. Sie schaut die Fotos an und baut einen Frauenstapel und einen Männerstapel. Den Frauenstapel legt sie gleich in den Tresor zurück. Bleiben noch zweiunddreißig Pässe. »Vier Nächte«, murmelt Maike und zählt acht Pässe ab. Hinten in dem kleinen Ruheraum liegt ein alter großer Atlas. Maike prüft achtmal, aus welchen Ecken der Welt es die Leute in das Zonenrandgebiet getrieben hat. Und dann sieht sie auf den hinteren Seiten der Pässe, wie anstrengend es sein muss, Experte für Völkerwanderung zu sein. Oder wie schön. Maike weiß es nicht. Ihr liegt vielleicht die Welt zu Füßen, aber sie ist bisher noch kaum einen Schritt gelaufen.

Die letzten Gäste kommen aus der Bar und verlangen trunken ihre Schlüssel. Sie wünschen eine englische gute Nacht und kämpfen sich lautstark die Treppe hoch. Maike klappt den achten Pass zu und legt den Stapel zurück in den Tresor. Sie sichert die weite Welt mit vier Zahlen. Im Ruheraum riecht es ein wenig nach Wildgulasch. Maike denkt an den Jäger, der immer auf ihren Hintern starrt. Mit dem käme sie nicht bis ans Ende der Welt. Mit dem müsste sie hierbleiben, wo die Welt zu Ende ist.

Am nächsten Tag hat schon alles seine Routine. Ein zweiter Völkerwanderer findet Gefallen an Maikes blonden Haaren. Er malt mit den Händen Liebeszeichen in die Luft und fragt Maike, ob sie schon einmal in Ungarn war. Maike nickt. Aber sie will nicht wieder nach Ungarn. Sie will ins Unbekannte. Der Muslim, von dem Maike nicht weiß, ob er wirklich einer ist oder vielleicht nur ein Vegetarier, lächelt ihr zu, wenn er am Empfang vorbeikommt. Vielleicht ist er der Mann, mit dem sie das Zonenrandgebiet verlassen wird.

Aber es gibt auch noch den anderen. Den stillen mit den veilchenblauen Augen. Mit dem muss Maike nicht Englisch sprechen. Der kommt aus Wien und redet mit tiefer Stimme und einem Dialekt, den Maike liebt seit dem ersten Wort. Er sagt »Servus« und landet damit einen schaurig schönen Treffer. Mitten ins Herz.

In dieser Nacht nimmt Maike die nächsten acht Männerpässe mit in den Ruheraum. Niemand wird mehr einen Zimmerschlüssel verlangen. Die Tagung der Völkerwanderer scheint zu anstrengend für nächtliche Übermütigkeiten. Maike hofft auf den Pass des veilchenblauäugigen Wieners und wird enttäuscht. Vielleicht morgen. Sie lüpft die Bluse, um zu betrachten, was des Wieners sein könnte. Wien, denkt Maike. Sissi, Fächertorte, Fiaker, Opernball, Müllverbrennungsanlage. Maike hat sich bislang nur durch die Welt gelesen. Da kommt ein ziemliches Durcheinander zusammen. Mit dem siebten Pass der Nacht findet sie einen, der hat ganz Afrika gesehen. Wo die Völker nur wandern, wenn sie Hunger haben. Ein Hungerreisender ist das also. Vielleicht. Und dass man so einem nicht folgen sollte, denkt Maike.

Das Hotel bewegt sich im Takt und für den Chef ist Polen wieder zu. Alles läuft wie am Schnürchen. Dafür kann sich der Chef bei Maike bedanken. Aber er tut es nicht. Morgen erst, wenn alle abreisen, wird sich zeigen, ob es zufriedene Völkerwanderer sind, die das Hotel verlassen. Der Chef ist ein vorsichtiger Mann, dem zu früh geschenktes Lob im Halse stecken bleibt. Aber er weiß schon, was er an Maike hat. Hoffentlich konnte ihr kein Völkerwanderer den Kopf verdrehen.

An diesem letzten Abend bleibt der Chef länger bei Maike am Tresen sitzen. Er will rauskriegen, ob sie morgen mitreist.

Aber Maike ist abwesend und trampelt mit den Füßen. »Wer weiß, in welchem Zimmer die gerade erwartet wird.« Der Chef denkt immer gleich das Schlimmste. Damit ist er bisher eigentlich gut gefahren. Um Mitternacht steht er seufzend auf und lässt die blonde Maike allein. Die ist wohl nicht zu halten.

Maike nimmt den letzten Stapel Pässe und geht in den kleinen Ruheraum. Sie kocht sich einen Kaffee, holt den Atlas hervor und geht auf die letzte große Reise. Der sechste Pass gehört dem veilchenblauäugigen Wiener. Maike atmet laut ein und legt die Hand aufs Herz. Auf dem Foto sieht der Wiener aus wie: »Johnny Depp«, murmelt sie, und eine Hand reicht nicht aus, das Herz in Schach zu halten.

Maike stellt sich vor den Spiegel, der über dem kleinen Waschbecken hängt, und schaut sich in die Augen. Sie nimmt den Lippenstift, den sie für solche Fälle auf der Konsole liegen hat, und malt sich die Lippen knallrot. Da werden ihre blonden Haare noch blonder, und aus den Augen schießt feucht die Sehnsucht.

Maike nimmt den Pass des veilchenblauäugigen Wieners und küsst die Seite 32. Die ist noch nicht bereist, leer wie eine liebenswerte Möglichkeit. Sie klappt den Pass zu, schaut die beiden letzten Dokumente nicht mehr an und legt den Stapel zurück in den Tresor.

Am nächsten Tag reisen die Völkerwanderer ab. Der Koch hat eine ganze Wildsau verbraucht und dem Chef steht zum letzten Mal der Schweiß auf der Stirn. Als der Wiener seinen Pass nimmt, lächelt er Maike zu.

»Servus, Fräulein Maike«, sagt er, und dann legt er kurz seine Hand auf ihren Hand und streichelt mit dem Zeigefinger vorsichtig einmal nach rechts und einmal nach links. Er packt

Maikes Sehnsucht mit seinem Pass in die Manteltasche, dreht sich um und geht.

Hinter Maikes Rücken macht der Chef erleichtert Kasse. Vor ihren Augen dreht das Leben eine kleine Pirouette.

RICHARD FORD

Rock Springs

Edna und ich kamen von Kalispell herunter, wir fuhren nach Tampa-St. Pete, wo ich noch ein paar Freunde aus den guten alten Tagen hatte, die mich nicht gleich zur Polizei schleppen würden. Ich war in Kalispell mit dem Gesetz aneinandergeraten, weil ich ein paar faule Schecks ausgestellt hatte – dafür geht man in Montana in den Knast. Und ich wusste, dass Edna sich schon länger die Karten legte und darüber nachdachte, woanders hinzuziehen, weil es nicht das erste Mal war, dass ich Schwierigkeiten mit der Polizei hatte. Sie hatte selbst auch schon einiges hinter sich. Sie hatte ihre Kinder verloren, und sie hatte alle Hände voll zu tun, ihren früheren Mann, Danny, daran zu hindern, bei ihr einzubrechen und ihre Sachen zu klauen, während sie bei der Arbeit war. Deshalb war ich überhaupt nur bei ihr eingezogen, deshalb und auch, weil ich meiner kleinen Tochter Cheryl das Leben ein bisschen leichter machen wollte.

Ich weiß eigentlich nicht, was zwischen Edna und mir war, wahrscheinlich nicht mehr, als dass wir beide auf ähnliche Weise gestrandet waren. Aber Liebe ist schon auf schlechterem Boden gewachsen, das weiß ich nun wirklich. Und als ich an dem Nachmittag nach Hause kam und sie einfach fragte, ob sie mit mir nach Florida gehen wollte, hier alles stehen und liegen lassen, sagte sie: »Warum nicht? Mein Terminkalender ist nicht gerade überfüllt.«

Edna und ich waren seit acht Monaten zusammen, mehr oder weniger Mann und Frau, einige Zeit davon war ich arbeitslos gewesen und einige Zeit hatte ich auf der Hunderennbahn gearbeitet, hatte die Hunde in die Startboxen geführt und konnte bei der Miete ein bisschen helfen und versuchen, Danny zur Vernunft zu bringen, wenn er auftauchte. Danny hatte Angst vor mir, weil Edna ihm erzählt hatte, ich hätte in Florida gesessen, weil ich einen Mann umgebracht hatte, aber das stimmte nicht. Ich bin mal in Talahassee im Knast gewesen, weil ich Reifen geklaut hab und in eine Schlägerei auf einer Farm verwickelt war, bei der ein Mann ein Auge verlor. Aber ich hatte niemanden verletzt, und Edna machte die Geschichte wilder, als sie war, weil sie Danny unter Druck setzen wollte, damit er sich nicht aufführte wie ein Verrückter und sie die Kinder wieder nehmen musste, jetzt, da sie sich daran gewöhnt hatte, sie nicht bei sich zu haben, und ich hatte ja schon Cheryl bei mir. Ich bin kein gewalttätiger Mann und würde nie jemandem das Auge ausschlagen, schon gar nicht jemanden umbringen. Meine frühere Frau, Helen, war sogar aus Waikiki Beach angereist, um das vor Gericht auszusagen. Ich hab sie nie geschlagen und ich würde immer auf die andere Straßenseite gehen, um Ärger auszuweichen. Aber das wusste Danny nicht.

Wir waren halb durch Wyoming und fuhren auf die I-80 zu und waren bester Stimmung, als die Öllampe in dem Wagen, den ich geklaut hatte, anfing zu blinken. Ich wusste sofort, dass es ein schlechtes Zeichen war.

Ich hatte uns einen guten Wagen besorgt, einen preiselbeerroten Mercedes. Er stand auf dem Parkplatz vor der Praxis eines Augenarztes. Ich nahm ihn, weil ich glaubte, dass er für eine lange Fahrt bequem wär, und weil ich glaubte, dass er nicht so viel verbrauchte. Tat er auch nicht. Außerdem hatte ich im Leben noch kein gutes Auto gehabt, nur alte Schrottkisten, Chevies und gebrauchte Trucks aus der Zeit, als ich jung war und mit Kubanern Zitrussträucher beschnitt.

Der Wagen hatte uns den ganzen Tag lang begeistert. Ich spielte mit den elektrischen Fensterhebern rum, und Edna erzählte uns Witze und schnitt Gesichter. Sie konnte sehr lebhaft sein. Ihr Gesicht strahlte dann wie ein Leuchtturm, und man konnte sehen, wie schön sie war – wenn auch nicht schön im gewöhnlichen Sinn. Das alles machte mich ein bisschen übermütig, und ich fuhr ganz durch bis Bozeman, dann durch den Park bis Jackson Hole. Im Quality Court Motel in Jackson nahm ich die Brautsuite, und wir warteten, bis Cheryl und ihr kleiner Hund Duke eingeschlafen waren, und fuhren dann zu einem Restaurant und tranken Bier und lachten bis nach Mitternacht.

Es war ein ganz neuer Anfang, wir ließen die schlechten Erinnerungen hinter uns und fuhren auf einen neuen Horizont zu. Ich fühlte mich so gut, dass ich mir eine Tätowierung auf den Arm machen ließ. Darauf stand ALLES BESTENS, und Edna kaufte sich einen Baily-Hut mit einer Indianerfeder und ein kleines silbernes Armband mit Türkisen für Cheryl. Wir liebten uns im Auto auf dem Parkplatz des Motels, gerade als die Sonne brennend über den Snake River stieg, und alles war wie am Ende des Regenbogens.

Und weil ich so übermütig war, behielt ich den Wagen einen Tag länger, statt ihn in den Fluss zu fahren und einen anderen zu klauen, was ich hätte tun sollen und früher auch schon getan hatte.

Als der Wagen kaputtging, war keine Stadt und kein Haus in Sicht, nur eine niedrige Hügelkette vielleicht sechzig Kilometer vor uns oder vielleicht hundert, ein Stacheldrahtzaun in beide Richtungen, platte Prärie und ein paar Raubvögel, die sich von der Abendbrise tragen ließen und Insekten schnappten.

Ich stieg aus, um mir den Motor anzugucken, und Edna stieg mit Cheryl und dem Hund aus, um sie Pipi machen zu lassen. Ich sah nach, ob er noch Wasser und Öl hatte, und beides war völlig in Ordnung.

»Was bedeutet die Lampe, Earl?«, sagte Edna. Sie war herangekommen und stand mit ihrem Hut neben dem Wagen. Sie versuchte, sich einen Reim auf die Situation zu machen.

»Wir sollten eigentlich nicht weiterfahren«, sagte ich. »Stimmt was nicht mit'm Öl.«

Sie sah sich nach Cheryl und dem kleinen Duke um, die nebeneinander auf dem Asphalt Pipi machten wie zwei Püppchen, blickte dann zu den Bergen hinüber, die in der Entfernung schwarz und verloren aussahen. »Was machen wir?«, sagte sie. Noch machte sie sich keine wirklichen Sorgen, aber sie wollte wissen, was ich davon hielt.

»Ich versuch's noch mal.«

»Gute Idee«, sagte sie, und wir stiegen alle wieder ein.

Als ich den Motor anließ, sprang er sofort an, und das rote Licht blieb weg. Ich konnte keine ungewöhnlichen Geräusche in der Maschine hören. Ich ließ den Motor ein bisschen leerlaufen, gab dann kräftig Gas und sah auf die rote Lampe. Sie blieb aus, und ich dachte schon, ich hätt's mir vielleicht nur eingebildet oder die Sonne wär durch den Chrom am Fenster darauf gelenkt worden. Vielleicht hatte ich auch vor irgendwas Angst und wusste es nicht.

»Was hat er, Daddy?«, sagte Cheryl vom Rücksitz. Ich drehte mich um und sah sie an. Sie trug das kleine Armband und

Ednas Hut, den sie ganz auf den Hinterkopf zurückgeschoben hatte, und der kleine schwarz-weiße Hund lag auf ihrem Schoß. Sie sah aus wie ein kleines Cowgirl im Film.

»Nichts, Süße, alles in Ordnung«, sagte ich.

»Duke hat Pipi gemacht, wo ich Pipi gemacht hab«, sagte Cheryl und kicherte.

»Ihr passt gut zusammen«, sagte Edna und guckte sich nicht um. Edna war gewöhnlich sehr gut mit Cheryl, aber jetzt war sie müde. Wir hatten nicht viel Schlaf bekommen, und sie wurde immer ein bisschen gereizt, wenn sie nicht richtig schlief. »Wir sollten die verdammte Karre bei der ersten Gelegenheit loswerden«, sagte sie.

»Wo ist die erste Gelegenheit?«, fragte ich. Ich wusste, dass sie auf die Karte gesehen hatte.

»Rock Springs, Wyoming«, sagte Edna mit Nachdruck. »Dreißig Meilen die Straße runter.« Sie deutete mit dem Finger nach vorn.

Eigentlich hatte ich mir gewünscht, mit dem Wagen wie ein reicher Protz in Florida anzukommen. Aber ich wusste, dass Edna recht hatte, dass wir kein so verrücktes Risiko eingehen sollten. Für mich war das mein Wagen gewesen und nicht der des Augenarztes, und das war genau die Art, wie man sich in so 'ner Sache verfing.

»Dann ist es meine feste Überzeugung, dass wir nach Rock Springs gehen und uns ein neues Auto erstehen sollten«, sagte ich. Ich wollte nicht, dass wir die gute Laune verloren. Es sollte alles gut weiterlaufen.

»Großartige Idee«, sagte Edna, und sie beugte sich zu mir herüber und küsste mich fest auf den Mund.

»Großartige Idee«, sagte Cheryl. »Lass uns auf der Stelle hier wegfahren.«

Ich erinnere mich an den Sonnenuntergang an diesem Tag. Er war der schönste, den ich je gesehen hab. Als die Sonne den Rand des Horizonts gerade berührte, feuerte sie auf einmal nach allen Seiten Juwelen und leuchtende rote Brillanten in die Luft. So etwas hatte ich noch nie vorher gesehen und auch seitdem nicht mehr. Die Sonnenuntergänge im Westen sind die schönsten, sogar schöner als in Florida, wo es zwar flach ist, aber meistens Bäume im Weg sind.

»Cocktail-Zeit«, sagte Edna, nachdem wir eine Weile gefahren waren. »Wir sollten was trinken und irgendwas feiern.« Sie fühlte sich besser, seit sie wusste, dass wir den Wagen bald loswerden würden. Die Sache mit der Öllampe war undurchsichtig und etwas, das man besser hinter sich ließ.

Edna holte die Whiskeyflasche heraus und versuchte, auf der Handschuhfachklappe zwei Pappbecher genau gleich hoch zu füllen. Sie trank gerne, besonders im Auto. Das war etwas, woran man sich in Montana gewöhnte, wo es nicht verboten war, wo man aber, seltsam genug, wegen eines faulen Schecks ein Jahr im Deer-Lodge-Gefängnis landete.

»Hab ich dir erzählt, dass ich mal 'nen Affen hatte?«, fragte Edna und setzte meinen Drink auf das Armaturenbrett, wo ich ihn mir nehmen konnte, wenn ich so weit war. Sie war schon wieder besserer Stimmung. So war sie, mal gut gelaunt und eine Minute später ganz runter.

»Ich glaub nicht«, sagte ich. »Wo war das?«

»Missoula«, sagte sie. Sie stemmte ihre nackten Füße gegen das Armaturenbrett und stützte den Becher auf die Brust. »Ich arbeitete als Serviererin in einem Veteranenklub. Das war noch, bevor wir uns kennengelernt haben. Eines Tages kam ein Typ mit einem Affen rein. Einem Klammeraffen. Ich hab 'nen Witz gemacht und gesagt: ›Ich würfel mit dir um den

Affen.‹ Und er sagt: ›Nur einen Wurf?‹ Und ich sag: ›Okay.‹ Er setzte den Affen auf die Bar, nahm den Becher und warf ein Paar Sechsen und 'ne Zwei. Ich nahm den Becher und warf drei Fünfen. Und ich stand da und sah den Typ an. Er war einfach jemand, der da durchkam, ein Vet, nehm ich an. Er bekam einen seltsamen Gesichtsausdruck – bestimmt nicht so seltsam wie meiner in dem Moment –, aber er sah ein bisschen traurig und überrascht und gleichzeitig auch zufrieden aus. Ich sagte: ›Komm, wir können noch mal würfeln.‹ Aber er sagte: ›Nein, ich würfel nie zweimal um irgendwas.‹ Und er saß da und trank 'n Bier und redete über alles Mögliche, über den Atomkrieg und darüber, sich in den Bergen irgendwo einen Bunker zu bauen, während ich nur immer den Affen ansah und mir überlegte, was ich mit ihm machen sollte, wenn der Mann verschwand. Und ziemlich bald stand er auf und sagte: ›Na denn, leb wohl, Chipper!‹ – das war natürlich der Name von dem Affen. Und dann ging er, bevor ich irgendwas sagen konnte. Und der Affe saß den ganzen Abend auf der Theke. Ich weiß nicht, wieso ich jetzt daran gedacht hab, Earl. Es ist irgendwie verrückt. Ich hab so rumgeträumt.«

»Das macht überhaupt nichts«, sagte ich. Ich trank etwas. »Ich würd mir nie 'nen Affen zulegen«, sagte ich nach einer Minute. »Sie sind mir irgendwie zuwider. Aber Cheryl hätte bestimmt gern einen, stimmt's, Süße?« Cheryl lag auf dem Rücksitz und spielte mit Duke. Sie hatte früher oft über Affen geredet. »Was hast du denn mit dem Affen gemacht?«, fragte ich und achtete auf den Tacho. Wir mussten jetzt langsamer fahren, weil das rote Lämpchen immer wieder aufflackerte. Nur wenn ich langsamer fuhr, erlosch es. Wir fuhren etwa sechzig, und es war nur noch eine Stunde bis zum Dunkelwerden, und ich hoffte, dass Rock Springs nicht mehr weit war.

»Willst du's wirklich wissen?«, fragte Edna. Sie warf mir einen kurzen Blick zu, sah dann auf die leere Wüste zurück, als müsste sie darüber nachdenken.

»Sicher«, sagte ich. Ich versuchte immer noch so zu tun, als wär ich bester Stimmung. Ich dachte, ich könnte meine Sorge um den Wagen für mich behalten und zur Abwechslung mal die anderen glücklich sein lassen.

»Ich hab ihn eine Woche gehabt.« Und sie erschien mir plötzlich sehr düster, als sähe sie etwas in der Geschichte, was ihr zuvor nie aufgefallen war. »Ich nahm ihn mit nach Hause und dann immer mit mir hin und her, wenn ich zur Arbeit in den Klub fuhr. Er machte mir überhaupt keine Schwierigkeiten. Ich machte ihm einen Stuhl zurecht, auf dem er hinter der Bar sitzen konnte, und die Leute mochten ihn. Er gab so leise schnalzende Laute von sich. Wir tauften ihn in Mary um, weil der Barmann herauskriegte, dass er ein Mädchen war. Aber ich fühlte mich nie richtig wohl, wenn er bei mir im Haus war. Er beobachtete mich zu viel. Dann kam eines Tages ein Typ zu mir, der in Vietnam gewesen war und immer noch seine Kampfjacke trug. Und der sagte: ›Weißt du nicht, dass 'n Affe dich umbringen kann? Er hat mehr Kraft in den Fingern als du in deinem ganzen Körper.‹ Er sagte, in Vietnam wären Leute von Affen getötet worden, von Horden von Affen, die sich auf einen stürzten, wenn man schlief, sie bringen einen um und bedecken die Leiche mit Blättern. Ich hab ihm kein Wort geglaubt, aber als ich nach Hause kam und mich auszog, musste ich immer wieder zu Mary rübergucken, die im Dunkeln auf ihrem Stuhl saß und mich beobachtete. Sie war mir richtig unheimlich geworden. Und nach 'ner Weile stand ich auf und ging zum Auto raus und holte ein Stück Plastikwäscheleine und band sie an Marys kleines Silberhalsband und das andere Ende an die Türklinke. Dann ging ich wieder ins Bett und versuchte zu schlafen. Und ich muss geschlafen haben wie eine Tote – obwohl ich mich nicht erinnern kann –, denn als ich aufstand, sah ich, dass Mary über die Stuhllehne gefallen war und sich an der Wäscheleine erhängt hatte. Ich hatte sie zu kurz gemacht.«

Die Geschichte schien Edna sehr mitzunehmen, und sie rutschte so weit in ihrem Sitz zurück, dass sie nicht mehr über das Armaturenbrett gucken konnte. »Ist das nicht eine schreckliche Geschichte, Earl, was mit dem armen kleinen Affen passiert ist?«

»Ich seh 'ne Stadt, ich seh 'ne Stadt!«, rief Cheryl vom Rücksitz, und der kleine Duke fing sofort an zu bellen, und im Wagen war ein Höllenlärm. Aber sie hatte tatsächlich etwas gesehen, was mir nicht aufgefallen war, und das war Rock Springs, Wyoming, in einer Senke vor uns, ein kleiner leuchtender Edelstein in der Wüste. Die I-80 führte nördlich daran vorbei, und dahinter breitete sich die dunkle Wüste aus.

»Stimmt, Süße«, sagte ich. »Da wollen wir hin, und du hast es zuerst gesehen.«

»Wir haben Hunger«, sagte Cheryl. »Duke möchte ein bisschen Fisch, und ich möchte Spaghetti.« Sie legte mir die Arme um den Hals und umarmte mich.

»Dann werden wir dir das mal einfach kaufen«, sagte ich. »Du kannst haben, was du willst. Und Edna auch und der kleine Duke auch.« Ich sah Edna lächelnd an, aber sie starrte mit wütenden Augen zurück. »Was ist los?«, sagte ich.

»Dir ist anscheinend ganz egal, was mir damals passiert ist.« Sie presste die Lippen zusammen, und ihre Augen schossen wütend immer wieder zu Cheryl und Duke zurück, als hätten die beiden sie die ganze Zeit gequält.

»Natürlich nicht«, sagte ich. »Ich finde das furchtbar.«

Ich wollte nicht, dass sie unglücklich war. Wir waren fast da, und bald würden wir in einem Restaurant sitzen und ein richtiges Abendessen zu uns nehmen und nicht daran denken, dass irgendjemand verletzt sein könnte.

»Willst du wissen, was ich mit dem Affen gemacht hab?«, sagte Edna.

»Sicher«, sagte ich.

»Ich hab ihn in einen grünen Müllsack gesteckt, ihn in den Kofferraum gelegt, bin zur Müllkippe gefahren und hab ihn da hingeworfen.« Sie starrte mich düster an, als wäre ihr die Geschichte sehr wichtig, als bedeutete sie etwas, das nur sie und sonst niemand auf der Welt verstehen konnte.

»Ja, das ist entsetzlich«, sagte ich. »Aber du hättest wirklich nichts anderes tun können. Du wolltest ihn ja nicht umbringen. Dann hättest du's anders gemacht. Und dann musstest du ihn ja irgendwie loswerden, und ich finde, dir blieb gar nichts anderes übrig. Ihn so wegzuwerfen mag anderen vielleicht hart erscheinen, aber mir nicht. Manchmal kann man einfach nicht mehr tun und man sollte sich nicht so viel Sorgen darüber machen, was andere denken.« Ich versuchte, sie anzulächeln, aber das rote Lämpchen leuchtete, wenn ich überhaupt nur das Gaspedal berührte, und ich versuchte abzuschätzen, ob wir bis Rock Springs rollen würden, wenn der Motor jetzt ganz ausfiel. Ich sah Edna wieder an. »Was kann ich sonst dazu sagen?«, sagte ich.

»Nichts«, sagte sie und starrte wieder auf die dunkle Straße hinaus. »Ich hätte wissen müssen, dass du so was denkst. Irgendwo fehlt was in deinem Charakter, Earl. Ich weiß das schon lange.«

»Und trotzdem bist du hier«, sagte ich. »Und es geht dir gar nicht so schlecht. Es könnte viel schlechter sein. Zumindest sind wir alle zusammen.«

»Es gibt immer noch was Schlechteres«, sagte Edna. »Du könntest morgen auf den elektrischen Stuhl kommen.«

»Genau«, sagte ich. »Und irgendwo wird irgendwer darauf sitzen. Nur, du wirst es nicht sein.«

»Ich hab Hunger«, sagte Cheryl. »Wann essen wir? Lass uns ein Motel suchen. Ich hab keine Lust mehr zu fahren. Der kleine Duke hat auch keine Lust mehr.«

Als der Wagen ausrollte, waren wir immer noch ein wenig von der Stadt entfernt, aber man konnte die klare Linie des Interstate Highways sehen, der auf einer Autobahnbrücke unsere Straße überquerte, und dahinter war der helle Himmel über Rock Springs. Man konnte hören, wie die schweren Lastwagen über die Träger der Überführung donnerten und wie die Motoren für den langen Anstieg in die Berge hochgejagt wurden. Ich schaltete die Scheinwerfer aus.

»Was machen wir jetzt?«, sagte Edna gereizt und warf mir einen bitteren Blick zu.

»Ich denk grade drüber nach«, sagte ich. »Schlimm kann's nicht werden, wie auch immer. Du brauchst nichts zu tun.«

»Will ich auch hoffen«, sagte sie und sah weg.

Auf der anderen Seite der Straße und etwa hundert Meter hinter dem ausgetrockneten Bett eines Flusses lag etwas, das aussah wie eine riesige Stadt aus Wohnwagen mit einer Fabrik oder Raffinerie, die voll erleuchtet war, offenbar in Betrieb. In vielen der Wohnwagen brannte Licht, und man sah ein paar Autos auf einer Stichstraße, die etwa eine Meile hinter der Highway-Überführung in unsere Straße mündete. Das Licht in den Wohnwagen wirkte freundlich, und ich wusste sofort, was ich tun konnte.

»Steigt aus«, sagte ich und öffnete meine Tür.

»Gehn wir zu Fuß?«, sagte Edna.

»Wir schieben.«

»Ich schieb nicht.« Edna drückte den Knopf herunter, um ihre Tür zu verriegeln.

»Gut«, sagte ich, »dann steuer wenigstens.«

»Du schiebst uns nach Rock Springs, was, Earl? Es sind ja auch nur vier Kilometer oder so.«

»Ich schieb mit«, sagte Cheryl vom Rücksitz.

»Nein, Süße. Daddy schiebt. Du steigst mit Duke aus und läufst nicht vor das Auto.«

Edna sah mich drohend an, als hätte ich versucht, sie zu schlagen. Aber als ich ausgestiegen war, rutschte sie hinters Steuer. Sie starrte wütend nach vorn in die trockenen Weidensträucher.

»Edna kann das Auto nicht fahren«, sagte Cheryl aus der Dunkelheit heraus. »Sie fährt es in den Graben.«

»Nein, sie kann fahren, Süße. Edna kann genauso gut fahren wie ich. Wahrscheinlich besser.«

»Kann sie nicht«, sagte Cheryl. »Kann sie gar nicht.«

Und ich dachte, sie würde anfangen zu weinen, aber sie tat es nicht.

Ich sagte Edna, dass sie die Zündung eingeschaltet lassen musste, damit das Lenkschloss nicht einschnappte, und dass sie den Wagen in die Weidensträucher lenken sollte. Sie sollte das Standlicht einschalten, damit sie etwas sehen konnte. Und als ich anfing zu schieben, steuerte sie den Wagen geradewegs in die Sträucher, bis wir etwa zwanzig Meter weit drin waren. Die Reifen sanken in den weichen Sand, die Sträucher verdeckten den Wagen, und von der Straße aus war nichts mehr zu sehen.

»So, und nun?«, fragte sie und blieb hinter dem Steuer sitzen. Ihre Stimme war müde und hart, und ich wusste, dass sie gut etwas zu essen gebrauchen konnte. Sie war an sich sehr gutmütig, und es war mir klar, dass dies hier mein Fehler war und nicht ihrer. Ich wünschte mir nur, dass sie nicht so hoffnungslos wäre.

»Ihr bleibt hier und ich geh rüber zu dem Wohnwagenpark da und ruf uns 'n Taxi«, sagte ich.

»Was für 'n Taxi?«, sagte Edna und verzog den Mund, als hätte sie noch nie im Leben was von einem Taxi gehört.

»Es wird ja wohl Taxis geben«, sagte ich und versuchte zu lächeln. »Taxis gibt's überall.«

»Was willst du ihm sagen, wenn er hier ist? Unser geklautes Auto ist kaputtgegangen, und er soll uns irgendwo hinbringen, wo wir ein neues klauen können? Großartig, Earl!«

»Lass mich mit ihm reden«, sagte ich. »Hört ihr mal zehn Minuten Radio und geht dann an die Straße, als ob nichts wär. Und sei nett zu Cheryl. Sie braucht das mit dem Wagen nicht zu wissen.«

»Als ob nichts wär? Wir sind auch so schon verdächtig genug, nicht?« Edna sah aus dem erleuchteten Wagen heraus zu mir auf. »Du denkst irgendwie falsch, Earl, ist dir das eigentlich klar? Du denkst, die ganze Welt ist dumm und du bist schlau. Aber so ist das nicht. Du tust mir leid. Du bist vielleicht mal was gewesen, aber irgendwo ist bei dir was schiefgelaufen.«

Ich musste an den armen Danny denken. Er war im Krieg gewesen und verrückt wie ein Huhn, und ich war froh, dass er nicht in dieser Situation steckte. »Hol nur die Kleine wieder ins Auto«, sagte ich. Ich versuchte, geduldig zu sein. »Ich bin genauso hungrig wie du.«

»Ich hab das alles satt«, sagte Edna. »Wär ich bloß in Montana geblieben.«

»Du kannst ja morgen früh zurückfahren«, sagte ich. »Ich kauf dir die Fahrkarte und bring dich zum Bus. Aber vor morgen früh geht's nicht.«

»Nun mach schon, Earl.« Sie ließ sich in den Sitz rutschen und machte mit einem Fuß das Standlicht aus und mit dem anderen das Radio an.

Eine so große Ansammlung von Wohnwagen hatte ich noch nie gesehen. Sie hatten ganz offensichtlich etwas mit der Fabrik zu tun, denn ich sah immer mal wieder ein Auto aus den Straßen zwischen den Wohnwagen kommen, auf die Fabrik zusteuern und dann langsam hineinfahren. Alles an der Fabrik war weiß, und auch die Wohnwagen waren weiß lackiert. Sie sahen alle gleich aus. Ein tiefes Summen kam von der Fabrik her, und als ich näher herankam, dachte ich, dass ich an einem solchen Ort nie würde arbeiten wollen.

Ich ging direkt auf den ersten Wohnwagen zu, der erleuchtet war, und klopfte an die Metalltür. Kinderspielzeug lag auf dem Kiesboden vor den niedrigen Holzstufen, und ich hörte Stimmen aus dem Fernseher, die plötzlich verstummten. Eine Frau sagte etwas, und dann ging die Tür weit auf.

Eine große schwarze Frau mit einem breiten freundlichen Gesicht stand in der Tür. Sie lächelte mich an, und sie machte einen Schritt nach vorn, als wollte sie zu mir heraustreten, aber dann blieb sie auf der obersten Stufe stehen. Dicht hinter ihr stand ein kleiner Junge und sah mich neugierig an ihren Beinen vorbei mit halb geschlossenen Augen an. Man hatte das Gefühl, dass sonst niemand in dem Wohnwagen war, ein Gefühl, das ich kannte.

»Entschuldigen Sie, dass ich störe«, sagte ich. »Aber ich hab heut Abend ein bisschen Pech gehabt. Mein Name ist Earl Middleton.«

Die Frau sah mich an, dann in die Nacht hinaus in Richtung auf die Straße, als könnte sie dort sehen, was mir passiert war. »Was für 'n Pech?«, fragte sie und sah wieder auf mich herunter.

»Mein Wagen ist kaputtgegangen«, sagte ich. »Ich kann's allein nicht reparieren, und ich wollte Sie bitten, mich telefonieren zu lassen.«

Die Frau lächelte mich wissend an. »Ohne Autos können wir nicht leben, nicht?«

»Das kann man wohl sagen«, sagte ich.

»Sie sind wie unsere Herzen«, sagte sie. Ihr Gesicht glänzte im Schein der Glühbirne, die neben der Tür brannte. »Wo haben Sie Ihren Wagen?«

Ich drehte mich um und sah in die Dunkelheit hinaus, aber ich konnte nichts sehen. »Er ist da drüben«, sagte ich. »Sie können ihn jetzt im Dunkeln nicht sehen.«

»Sind Sie allein?«, fragte die Frau. »Oder haben Sie Ihre Frau bei sich?«

»Sie ist mit meiner kleinen Tochter und unserem Hund im Wagen«, sagte ich. »Meine Tochter schläft, sonst hätte ich sie mitgebracht.«

»Sie hätten sie nicht allein im Dunkeln lassen sollen«, sagte die Frau und runzelte die Stirn. »Es passiert heutzutage so viel Unerfreuliches da draußen.«

»Ich geh ja gleich wieder zurück.« Ich versuchte, aufrichtig zu wirken, denn alles, außer dass Cheryl schlief und Edna meine Frau war, stimmte. Die Wahrheit soll einem ja helfen, wenn man sie nur lässt, und ich brauchte diese Hilfe jetzt. »Ich geb Ihnen das Geld für den Anruf«, sagte ich. »Wenn Sie mir den Apparat an die Tür bringen, telefonier ich von hier aus.«

Die Frau sah mich wieder an, als suchte sie nach einer eigenen Wahrheit, und blickte dann wieder hinaus in die Nacht. Sie war vielleicht in den Sechzigern, aber ich war mir nicht sicher. »Sie werden mich doch nicht berauben, Mr Middleton?« Sie lächelte, als wäre das ein Witz zwischen uns beiden.

»Nicht heute Abend«, sagte ich und lächelte diesmal wirklich. »Heut Abend fühl ich mich überhaupt nicht danach. Vielleicht später mal.«

»Dann können Terrel und ich Sie wohl unser Telefon benutzen lassen, was, Terrel? Auch wenn Daddy nicht hier ist. Das ist mein Enkel, Terrel junior, Mr Middleton.« Sie legte dem Jungen die Hand auf den Kopf und sah auf ihn hinunter. »Terrel redet nicht. Aber wenn er was sagen könnte, würd er Ihnen sagen, dass Sie das Telefon benutzen können. Er ist ein süßer Junge.« Sie öffnete die Fliegengittertür, damit ich hineinkonnte.

Es war ein großer Wohnwagen mit einem neuen Teppich, einer neuen Couch und einem Wohnzimmer, das so groß war wie in einem richtigen Haus. Etwas Gutes, süßlich Riechendes war in der Küche auf dem Herd, und man hatte das Gefühl, dass dies ein wirkliches Heim war und nichts nur Vorübergehendes. Ich hab selbst schon in Wohnwagen gewohnt, aber das waren kleine Schneckenhäuschen mit einem Raum und ohne Toilette, und man fühlte sich in ihnen immer verkrampft und unglücklich – aber vielleicht lag's auch an mir, dass ich in ihnen unglücklich war.

Da stand ein großer Sony-Fernseher und eine Menge Spielzeug lag auf dem Boden herum. Ich erkannte einen Greyhoundbus wieder, den ich Cheryl auch mal gekauft hatte. Das

Telefon stand auf einem Tisch neben einem neuen Leder-sessel, und die schwarze Frau bedeutete mir mit einer Hand-bewegung, mich hinzusetzen und zu telefonieren. Sie gab mir das Telefonbuch. Terrel nahm eine seiner Spielsachen in die Hand und fummelte daran herum, und die Frau setzte sich auf die Couch und sah mir lächelnd zu, während ich tele-fonierte.

Drei Taxiunternehmen waren im Telefonbuch, sie unter-schieden sich nur durch eine Zahl voneinander. Ich wählte eine Nummer nach der anderen, aber nur bei der dritten nahm jemand ab und meldete sich mit dem Namen des zweiten Un-ternehmens. Ich sagte, dass ich mich auf der Straße vor der Highway-Brücke befände und dass meine Familie und ich in die Stadt gefahren werden wollten. Für den Abschleppdienst würde ich später sorgen. Während ich unseren genauen Stand-ort angab, sah ich im Buch noch nach dem Namen eines Ab-schleppunternehmens, falls der Fahrer später danach fragte.

Als ich auflegte, saß die schwarze Frau da und sah mich mit demselben Blick an, mit dem sie in die Dunkelheit gestarrt hatte, ein Blick, als suchte sie die Wahrheit. Aber sie lächelte zugleich. Irgendetwas machte ihr Freude, und ich erinnerte sie daran.

»Sie haben hier ein schönes Heim«, sagte ich und lehnte mich in dem Sessel zurück, es war ein Gefühl wie im Fahrer-sitz des Mercedes. Ich wär gerne darin sitzen geblieben.

»Das ist nicht *unser* Haus, Mr Middleton«, sagte die schwar-ze Frau. »Es gehört der Gesellschaft. Sie gibt es uns umsonst. Unser eigenes Haus ist in Rockford in Illinois.«

»Schön«, sagte ich.

»Es ist nie schön, wenn man nicht zu Hause sein kann, Mr Middleton, auch wenn wir erst drei Monate hier sind. Es wird leichter werden, wenn Terrel junior auf seine besondere Schule geht. Wissen Sie, unser Sohn ist im Krieg gefallen, und seine Frau ist davongelaufen und hat Terrel junior einfach zurückgelassen. Keine Sorge, er kann uns nicht verstehen. Ihn kann das nicht in seinen kleinen Gefühlen verletzen.« Die Frau faltete die Hände im Schoß und lächelte ihr zufriedenes Lächeln. Sie war eine attraktive Frau und trug ein blau-rosa geblümtes Kleid, das sie dicker erscheinen ließ, als sie war. Sie passte genau zu der Couch, auf der sie saß. Sie war das Bild der Gutmütigkeit überhaupt, und ich freute mich für sie, denn sie hatte es nicht leicht. Sie lebte mit dem kleinen hirngeschädigten Jungen an einem Ort, wo niemand, der klar denken konnte, auch nur eine Minute hätte leben wollen. »Wo wohnen *Sie*, Mr Middleton?«, fragte sie höflich, immer noch mit demselben sympathischen Lächeln.

»Ich ziehe gerade mit meiner Familie um«, sagte ich. »Ich bin Augenarzt, und wir ziehen nach Florida zurück. Ich komme von da. Ich will in einer kleinen Stadt da unten, wo es das ganze Jahr warm ist, eine Praxis aufmachen. Ich weiß noch nicht genau, wo.«

»Florida ist wunderschön«, sagte die Frau. »Ich glaub, Terrel würd's da gefallen.«

»Darf ich Sie etwas fragen?«, sagte ich.

»Aber sicher dürfen Sie das«, sagte die Frau. Terrel hatte begonnen, seinen Greyhound über den TV-Schirm zu schieben, und machte eine Schramme, die niemand übersehen konnte, der fernsehen wollte. »Lass das, Terrel junior«, sagte die Frau ruhig. Aber Terrel schob den Bus weiter über das Glas, und sie lächelte mich wieder an, als verstünden wir beide etwas Trauriges. Nur dass ich wusste, dass Cheryl niemals einen Fernsehapparat beschädigen würde. Sie hatte Achtung vor guten Dingen, und es tat mir für die Frau leid, dass Terrel nicht so war.

»Was wollten Sie fragen?«, sagte die Frau.

»Was machen die in der Fabrik oder was immer das ist dahinten hinter den Wohnwagen, wo all die Lichter brennen?«

»Gold«, sagte die Frau und lächelte.

»Was?«, sagte ich.

»Gold«, sagte die schwarze Frau und lächelte, wie sie fast die ganze Zeit, seit ich da war, gelächelt hatte. »Das ist eine Goldmine.«

»Dahinten bauen die Gold ab?«, sagte ich und deutete mit dem Finger dahin.

»Jeden Tag und jede Nacht.« Sie lächelte freudig.

»Arbeitet Ihr Mann da?«, fragte ich.

»Er ist Prüfer«, sagte sie. »Er kontrolliert die Qualität. Er arbeitet drei Monate im Jahr, und den Rest der Zeit wohnen wir zu Hause in Rockford. Wir haben lange darauf gewartet, so leben zu können. Wir sind glücklich, unseren Enkel bei uns zu haben, aber ich kann nicht sagen, dass ich traurig sein werde, wenn er in das Heim geht. Wir wollen noch einmal neu anfangen.« Sie lächelte erst mich und dann Terrel breit an, der sie trotzig vom Fußboden aus ansah. »Sie sagten, Sie haben eine Tochter«, sagte die schwarze Frau. »Und wie heißt sie?«

»Irma Cheryl«, sagte ich. »Nach meiner Mutter.«

»Das ist schön. Und sie ist gesund. Das seh ich Ihrem Gesicht an.« Sie sah voller Mitleid auf Terrel junior.

»Ja, ich glaub, ich hab Glück gehabt«, sagte ich.

»Bis jetzt ja. Aber Kinder machen einem Kummer, genauso wie sie einen glücklich machen. Wir waren lange sehr unglücklich, bis mein Mann diesen Job in der Goldmine kriegte. Wenn Terrel jetzt in seine Heimschule geht, werden wir wieder jung sein.« Sie stand auf. »Sie verpassen Ihr Taxi, Mr Middleton«, sagte sie und ging zur Tür. Es war aber kein Hinauswurf, dazu war sie zu höflich. »Wenn *wir* Ihren Wagen nicht sehen können, wird's der Taxifahrer erst recht nicht können.«

»Da haben Sie recht.« Ich erhob mich aus dem Sessel, in dem ich so bequem gesessen hatte. »Wir haben noch nicht gegessen, und der Essensgeruch hier macht mir klar, wie hungrig wir wahrscheinlich alle sind.«

»In der Stadt gibt es sehr gute Restaurants, und Sie werden sie leicht finden«, sagte die schwarze Frau. »Es tut mir leid, dass sie meinen Mann nicht kennengelernt haben. Er ist ein wunderbarer Mann. Er ist mein Ein und Alles.«

»Sagen Sie ihm bitte, dass ich für das Telefonieren danke«, sagte ich. »Sie haben mich gerettet.«

»War nicht schwer, Sie zu retten«, sagte die Frau. »Dafür sind wir auf der Erde, um Leute zu retten. Ich hab Sie nur an das weitergegeben, was noch auf Sie zukommt.«

»Hoffen wir, dass es was Gutes ist«, sagte ich und trat wieder in die Dunkelheit.

»Ich hoff es für Sie, Mr Middleton. Terrel und ich werden beide für Sie hoffen.«

Ich winkte ihr zu, als ich durch die Dunkelheit zu dem in der Nacht verborgenen Wagen ging.

Das Taxi war schon da, als ich ankam. Ich sah das kleine rotgrüne Licht auf seinem Dach über das trockene Flussbett hinweg, und ich war ein wenig besorgt, dass Edna schon etwas gesagt hatte, das uns in Schwierigkeiten bringen könnte, etwas über den Wagen oder woher wir kamen, etwas, das uns verdächtig machte. Ich überlegte mir dann, dass ich die Dinge eigentlich nie gut genug plante. Immer gab es eine Lücke zwischen meinen Plänen und dem, was geschah, und ich reagierte nur auf die Dinge, die auftauchten, und hoffte, irgendwie durchzukommen. Aus der Sicht des Gesetzes war ich ein Verbrecher. Aber ich *dachte* immer anders, ich dachte immer so, als wäre ich kein Verbrecher, und ich hatte wirklich nicht die Absicht, einer zu sein, das war die Wahrheit. Aber wie ich einmal auf einer Serviette gelesen hatte, liegt zwischen Absicht und Tat ein ganzes Königreich. Und ich hatte es immer schwer mit meinen Taten, die oftmals Vergehen waren, und meinen Absichten, die so gut waren wie das Gold, das sie dort, wo die Lichter so hell strahlten, abbauten.

»Wir warten schon auf dich, Daddy«, sagte Cheryl, als ich die Straße überquerte. »Der Taximann ist schon hier.«

»Das seh ich, Süße«, sagte ich und nahm sie in die Arme. Der Fahrer saß im erleuchteten Wagen und rauchte. Edna stand hinten zwischen den Schlusslichtern an den Wagen gelehnt. Sie trug ihren Bailey-Hut. »Was hast du ihm gesagt?«, sagte ich, als ich bei ihr war.

»Nichts«, sagte sie.«Was ist da zu sagen?«

»Hat er den Wagen gesehn?«

Sie sah zu den Sträuchern hinüber, hinter denen der Mercedes versteckt war. In der Dunkelheit war nichts zu sehen, aber ich hörte den kleinen Duke, der im Unterholz auf der Spur von irgendwas herumlief, sein kleines Halsband klingelte. »Wo fahren wir hin?«, fragte sie.« Ich hab so 'nen Hunger, ich fall gleich in Ohnmacht.«

»Edna hat schlechte Laune«, sagte Cheryl. »Sie hat mit mir geschimpft.«

»Wir sind alle müde, Süße«, sagte ich. »Versuch, lieb zu sein.«

»Sie ist nie lieb«, sagte Cheryl.

»Lauf und hol Duke«, sagte ich. »Und komm schnell wieder her.«

»*Meine* Fragen werden hier wohl gar nicht mehr beantwortet, was?«, sagte Edna.

Ich legte den Arm um sie. »Das ist nicht wahr.«

»Hast du in dem Wohnwagen eine gefunden, mit der du lieber zusammen wärst? Du warst ja lang genug weg.«

»So was solltest du nicht sagen«, sagte ich. »Ich hab nur versucht, die Dinge richtig darzustellen, damit wir nicht im Knast landen.«

»Damit *du* nicht im Knast landest, meinst du.« Edna stieß ein kurzes Lachen hervor, das ich nicht gerne hörte.

»Das stimmt. Damit ich nicht im Knast lande«, sagte ich. »Mich würd's erwischen.« Ich starrte auf die große erleuchtete Ansammlung von weißen Gebäuden hinaus und auf die Lichter in der Wohnwagenstadt. Weiße Rauchpilze stiegen in den herzlosen Himmel von Wyoming, der ganze Gebäudekomplex sah aus wie eine unglaubliche Burg, die in einem verzerrten Traumbild vor sich hin summte. »Weißt du, was all die Gebäude da drüben sind?«, sagte ich zu Edna, die sich nicht bewegt hatte und die aussah, als hätte sie keine Lust, sich jemals wieder zu bewegen.

»Nein. Aber es ist mir auch völlig egal. Es ist kein Motel und auch kein Restaurant.«

»Es ist eine Goldmine«, sagte ich und starrte auf die Goldmine, die, wie ich jetzt wusste, weiter entfernt war, als es schien, denn gegen den kalten Himmel wirkte sie riesig und nah. Ich fand, dass sie eigentlich von einer Mauer umgeben sein sollte, nicht nur von einem beleuchteten Zaun. Es schien, als könnte jeder hinein und sich nehmen, was er wollte, genauso, wie ich zu dem Wohnwagen der Frau gegangen war und das Telefon benutzt hatte. Aber das war offensichtlich nicht richtig.

Da begann Edna zu lachen. Nicht die gemeine Lache, die ich nicht mochte, sondern ein Lachen mit Gefühl, ein volles Lachen wie über einen guten Witz, das Lachen, das sie lachte, als ich sie zum ersten Mal gesehen hatte, 1979 in der East Gate Bar in Missoula. Es war ein Lachen, das wir oft geteilt hatten, als Cheryl noch bei ihrer Mutter war und ich den Job beim Hunderennen hatte und keine Autos klaute und Kaufleuten keine faulen Schecks unterschob. Das war eine bessere Zeit. Aus irgendeinem Grund ließ ich mich von ihrem Lachen anstecken, und wir standen beide hinter dem Taxi im Dunkeln und lachten über die Goldmine. Ich hatte immer noch den Arm um sie gelegt, und Cheryl versuchte, den kleinen Duke aus dem Gebüsch herauszuscheuchen, und der Fahrer rauchte im Wagen, und unser gestohlener Mercedes Benz, mit dem ich in Florida hatte Eindruck machen wollen, steckte bis zu den Achsen im Sand, und ich würde ihn nie wieder sehen.

»Ich hab mich immer gefragt, wie eine Goldmine aussieht«, sagte Edna und wischte sich eine Träne aus den Augen.

»Ich auch«, sagte ich. »Ich war auch immer neugierig darauf.«

»Wir sind zwei Dummköpfe, was, Earl?«, sagte sie und konnte nicht aufhören zu lachen. »Wir passen gut zusammen.«

»Ist aber vielleicht 'n gutes Zeichen«, sagte ich.

»Wieso das? Ist ja nicht unsere Goldmine. Sie verteilen da nichts.« Sie lachte immer noch.

»Wir haben sie gesehen«, sagte ich und deutete darauf. »Da drüben ist sie. Vielleicht bedeutet es, dass wir schon näher dran sind. Es gibt Leute, die sehen nie so was.«

»Das kann man nicht sehen nennen, Earl«, sagte sie. »Das ist keine richtige Goldmine, und wir haben sie nicht richtig gesehen.«

Und sie drehte sich um und stieg ins Taxi.

Der Fahrer fragte nicht nach unserem Wagen oder wo er war, und er schien nichts Merkwürdiges zu bemerken. Das gab mir das Gefühl, dass wir von dem Wagen glatt weggekommen waren und uns nichts mit ihm in Verbindung bringen konnte, bis es zu spät war, wenn überhaupt jemals. Der Fahrer erzählte uns eine Menge von Rock Springs, während wir in die Stadt fuhren. Wegen der Goldmine waren viele Leute hierher gezogen, in nur sechs Monaten, Leute von überallher, sogar von New York, und die meisten von ihnen wohnten in den Wohnwagen. Prostituierte aus New York, die er »B-Girls« nannte, waren auf der neuen Welle der Wohlhabenheit in die Stadt gekommen, und Cadillacs mit Nummernschildern aus New York fuhren nachts durch die kleinen Straßen, voller Schwarzer mit breitkrempigen Hüten, die die Frauen für sich laufen ließen. Er erzählte uns, dass alle, die jetzt in sein Taxi stiegen, wissen wollten, wo die Frauen waren, und als er unseren Anruf bekommen hatte, wär er fast nicht gekommen, weil einige der Wohnwagen Bordelle waren, die von der Gesellschaft für die Ingenieure und die Computerleute, die weit weg von zu Hause hier arbeiteten, eingerichtet worden waren. Er sagte, dass er es müde sei, nur für so widerliche Geschäfte raus- und reinzufahren. Sogar die Fernsehsendung *60 Minutes* habe einmal über Rock Springs berichtet, aber an der Situation würde sich nichts ändern, bis der Boom vorbei sei. »Das sind die Früchte des Reichtums«, sagte der Fahrer. »Ich will lieber arm bleiben, und das ist mein Glück.«

Er sagte, dass all die Motels wahnsinnig teuer seien, aber da wir eine Familie seien, würde er uns eins zeigen, das man noch bezahlen könne. Aber ich sagte ihm, dass wir ein erstklassiges Motel wollten, in dem sie auch Tiere zuließen, und dass der Preis mir egal sei, wir hätten einen harten Tag hinter uns und wollten uns jetzt was Gutes tun. Außerdem wusste ich, dass die Polizei in den billigen Motels nach einem suchte. Die Leute, die ich kannte, wurden immer in billigen Hotels und Touristenmotels mit Namen, die man noch nie gehört hatte, verhaftet. Nie in Holiday Inns oder Trave Lodges.

Ich bat ihn, uns ins Stadtzentrum zu fahren, damit Cheryl den Bahnhof sehen konnte, und während wir dort waren, sah ich einen rosa Cadillac mit einem New Yorker Nummernschild und TV-Antenne, den ein Schwarzer mit einem großen Hut langsam eine schmale Straße hinunterfuhr, in der es nur Bars und ein China-Restaurant gab. Es war ein seltsamer Anblick, etwas, das man hier nie erwartet hätte.

»Das sind einfach Kriminelle«, sagte der Fahrer, und er schien wirklich traurig darüber zu sein. »Es tut mir leid, dass Leute wie Sie so was mit ansehen müssen. Dies ist eigentlich eine gute Stadt, aber hier gibt's ein paar Leute, die ruinieren sie. Früher wussten die Leute noch, wie man mit solchem Abschaum und mit Kriminellen umgeht, aber das ist lange her.«

»Das können Sie laut sagen«, sagte Edna.

»Lassen *Sie* sich davon nicht so deprimieren«, sagte ich zu ihm. »Es gibt hier bestimmt mehr Leute wie Sie als solche. Und so wird's immer sein. Sie sind die beste Reklame für diese Stadt. Ich weiß, dass Cheryl sich an Sie erinnern wird und nicht an den Mann, stimmt's, Süße?« Aber Cheryl schlief schon. Sie hielt Duke auf dem Rücksitz in den Armen.

Der Fahrer brachte uns zu einem Ramada Inn am Interstate Highway, nicht weit von der Stelle, wo unser Auto kaputtgegangen war. Mir tat es ein wenig leid, dass wir vor dem überdachten Eingang zum Inn nicht mit unserem Mercedes vorfuhren, sondern in einem zerbeulten alten Chrysler mit einem alten nörgelnden Mann am Steuer. Aber ich wusste ja, es war besser so. Wir waren ohne den Wagen besser dran; jeder andere Wagen war besser als der, in dem die Warnlampe angegangen war.

Ich schrieb mich mit einem falschen Namen ein und bezahlte sofort in bar, damit keine Fragen gestellt wurden. Unter »Beruf« trug ich »Augenarzt« ein und setzte einen Dr. vor den Namen. Es sah gut aus, obwohl es gar nicht mein Name war.

Als wir unser Zimmer betraten, das, wie ich verlangt hatte, nach hinten hinaus lag, steckte ich Cheryl in eins der Betten und legte Duke neben sie. Sie hatte nichts zu essen bekommen, aber sie würde dafür am Morgen umso hungriger sein, und dann konnte sie alles haben, was sie wollte. Ein paar verpasste Mahlzeiten schaden einem Kind nicht. Ich hab viele verpasst und ich bin ja kein ganz schlechter Kerl geworden.

»Komm, wir essen Brathähnchen«, sagte ich zu Edna, als sie aus dem Bad kam. »In den Ramadas haben sie gute Hähnchen, und ich hab gesehen, dass der Speiseraum noch offen ist. Cheryl ist hier sicher, bis wir zurückkommen.«

»Ich glaub, ich hab gar keinen Hunger mehr«, sagte Edna. Sie stand am Fenster und starrte in die Dunkelheit hinaus. An ihr vorbei konnte ich am Himmel ein gelbliches, nebliges Glühen sehen. Einen Augenblick dachte ich, es wär die Goldmine, die den Himmel in der Ferne erhellte, aber es war nur die Autobahn.

»Wir können uns was raufschicken lassen«, sagte ich. »Was

du willst. Da ist 'ne Speisekarte auf dem Telefonbuch. Du kannst ja einen Salat essen.«

»Iss du ruhig«, sagte sie. »Ich hab meinen Appetit verloren.« Sie saß neben Cheryl und dem kleinen Duke auf dem Bett und sah die beiden ganz gerührt an und legte die Hand an Cheryls Wange, als ob sie Fieber hätte. »Du kleine Süße«, sagte sie. »Alle haben dich lieb.«

»Was willst du jetzt machen?«, fragte ich. »Ich würd wirklich ganz gerne was essen. Vielleicht lass ich mir Hähnchen raufkommen.«

»Ja, tu das doch«, sagte sie. »Du magst das doch so gerne.« Und sie lächelte mich an.

Ich setzte mich auf das andere Bett und rief den Service an. Ich bestellte Hähnchen, grünen Salat, Kartoffeln und ein Brötchen, dazu ein Stück heißen Apfelkuchen und Eistee. Mir wurde klar, dass ich den ganzen Tag nichts gegessen hatte. Als ich auflegte, sah ich, dass Edna mich beobachtet hatte, weder liebevoll noch böse, sondern einfach so, als verstünde sie etwas nicht und wollte mich danach fragen.

»Seit wann ist es so unterhaltsam, mich zu beobachten?«, fragte ich und lächelte sie an. Ich wollte freundlich sein. Ich wusste, wie müde sie sein musste. Es war nach neun Uhr.

»Ich hab grad daran gedacht, wie unangenehm es mir ist, in einem Motel zu sein und kein Auto zu haben. Ist das nicht komisch? Gestern Abend fing das an, als ich daran dachte, dass der rote Wagen mir nicht gehörte. Das rote Auto hat mich einfach nervös gemacht, glaub ich, Earl.«

»Einer von den Wagen *da draußen* ist deiner«, sagte ich. »Stell dich ans Fenster und such dir einen aus.«

»Ich weiß«, sagte sie. »Aber das ist was anderes, oder?« Sie nahm sich ihren blauen Bailey-Hut und setzte ihn auf. Sie schob ihn weit zurück wie Dale Evans. Sie sah süß aus. »Früher war ich gern in Motels, weißt du«, sagte sie. »Da ist irgendwas Geheimes an ihnen und was Freies – ich hab natürlich nie bezahlt. Aber man fühlte sich vor allem sicher und frei zu tun, was man wollte, weil man sich entschieden hatte, da zu sein, und den Preis bezahlte, und der Rest war gut. Ich mein, die Liebe und alles, weißt du.« Sie lächelte mich gutmütig an.

»Und ist das jetzt nicht auch so?« Ich saß auf dem Bett, beobachtete sie, und ich wusste nicht, was sie als Nächstes sagen würde.

»Ich glaub nicht, Earl«, sagte sie und starrte aus dem Fenster. »Ich bin zweiunddreißig und ich werd die Motels aufgeben müssen. Ich kann diese Träumereien nicht immer weitertreiben.«

»Magst du das Motel hier nicht?«, sagte ich und sah mich in dem Raum um. Ich mochte die modernen Gemälde und den Sekretär und das große Fernsehgerät. Mir erschien das Motel wirklich sehr schön, vor allem, wenn man daran dachte, wo wir gewesen waren.

»Nein, wirklich nicht«, sagte Edna mit Überzeugung. »Es hat keinen Sinn, deshalb wütend auf dich zu werden. Es ist nicht deine Schuld. Du tust wirklich dein Bestes für alle. Aber jede Reise hat irgendeine Lehre in sich. Und ich hab gelernt, dass ich Motels aufgeben muss, bevor mir was Schlimmes passiert. Tut mir leid.«

»Was soll das heißen?«, sagte ich, weil ich keine Ahnung hatte, was sie vorhatte, obwohl ich's mir hätte denken können.

»Ich glaub, ich nehm die Fahrkarte, die du erwähnt hast«, sagte sie, stand auf und ging ans Fenster. »Morgen ist früh genug. Wir haben sowieso keinen Wagen, um mich dahin zu bringen.«

»Na, das ist ja 'ne schöne Bescherung«, sagte ich. Ich saß immer noch auf dem Bett und hatte ein Gefühl wie unter Schock. Ich wollte ihr irgendwas sagen, mit ihr streiten, aber mir fiel nichts ein, das sich vernünftig anhörte. Ich wollte nicht wütend auf sie werden, aber es machte mich wütend.

»Du hast jedes Recht, böse auf mich zu sein, Earl«, sagte sie, »aber ich glaub nicht, dass du mir wirklich die Schuld daran geben kannst.« Sie drehte sich um und sah mich an, setzte sich auf die Fensterbank, die Hände auf die Knie gestützt. Jemand klopfte an die Tür, und ich rief, sie sollten das Tablett einfach abstellen und die Rechnung dazulegen.

»Ich glaub schon, dass ich dir die Schuld geb«, sagte ich, und ich war wütend. Ich dachte daran, dass ich einfach in diese Wohnwagenstadt hätte verschwinden können und es nicht getan hatte, dass ich zurückgekommen war, um die Dinge am Laufen zu halten, dass ich versucht hatte, die Ruhe zu bewahren und das Richtige zu tun, als alles so schlecht aussah.

»Tu's nicht. Ich wollte, du tätest es nicht«, sagte Edna und lächelte mich an, als wollte sie mich umarmen. »Jeder sollte die Möglichkeit haben zu wählen, wenn's geht. Glaubst du nicht daran, Earl? Ich bin hier draußen in der Wüste, wo ich niemanden kenne, mit einem gestohlenen Wagen, unter falschem Namen in einem Motelzimmer, ohne eigenes Geld, mit einem Kind, das nicht mein Kind ist, und die Polizei ist hinter mir her. Und ich hab die Wahl, aus alldem rauszukommen, indem ich mich in einen Bus setze. Was würdest du tun? Ich weiß genau, was du tun würdest.«

»Das glaubst du wohl«, sagte ich. Aber ich wollte keinen Streit mit ihr und ich wollte ihr nicht sagen, was ich alles hätte machen können und nicht gemacht hatte. Weil es nichts genützt hätte. Wenn man erst mal anfängt zu streiten, ist man schon über den Punkt hinaus, an dem man die Meinung des anderen hätte ändern können, obwohl es angeblich nicht so sein soll, und vielleicht ist es für manche Menschen nicht so, aber es war immer so für die, mit denen ich zu tun hatte.

Edna lächelte mich an und kam durch das Zimmer auf mich zu und legte die Arme um mich. Cheryl wälzte sich herum und sah uns an und lächelte, schloss dann wieder die Augen, und das Zimmer war still. Ich begann an Rock Springs in einer Art zu denken, von der ich wusste, dass ich nun immer so über den Ort denken würde, eine schmutzige Stadt voller Verbrechen und Huren und Enttäuschungen, ein Ort, wo eine Frau mich verlassen hatte. Es war nicht ein Ort, wo ich endlich einmal die Dinge auf den richtigen Weg brachte, ein Ort, wo ich eine Goldmine sah.

»Iss dein Hähnchen, Earl«, sagte Edna. »Dann können wir ins Bett gehen. Ich bin müde, aber ich möchte trotzdem noch mit dir schlafen. Das hat alles nichts damit zu tun, dass ich dich nicht liebe, das weißt du.«

Irgendwann spät in der Nacht, nachdem Edna eingeschlafen war, stand ich auf und ging hinaus auf den Parkplatz. Es konnte jede Uhrzeit in der Nacht sein, denn über dem Interstate war immer noch ein Lichtschein, der den Himmel wie mit Frost überzog, und das große rote Ramada-Zeichen summte bewegungslos in der Nacht, und im Osten war noch überhaupt kein Licht, um anzuzeigen, dass es Morgen wurde. Der Parkplatz war voller Autos, einige von ihnen hatten Dachgepäckträger, auf denen Koffer festgeschnallt waren, und viele lagen tief auf der Hinterachse, weil der Kofferraum voll von Dingen war, die Leute mit zu ihrem neuen Haus oder einem Ausflugsort in den Bergen nahmen. Ich hatte eine lange Zeit im Bett gelegen, nachdem Edna eingeschlafen war, und hatte im Fernsehen den Atlanta Braves zugeschaut und versucht, mich von dem Gedanken abzulenken, wie ich mich fühlen würde, wenn der Bus morgen wegfuhr. Und ich würde mich umdrehen, und da würden Cheryl und der kleine Duke stehen, um die sich nun niemand mehr kümmerte, nur ich allein, und das Erste, was ich tun musste, war ein Auto besorgen und das Nummernschild austauschen und dann irgendwo frühstücken und uns danach alle auf die Straße nach Florida bringen – das alles in zwei Stunden, weil der Mercedes sicherlich im Tageslicht weniger versteckt sein würde als nachts, und so etwas verbreitet sich schnell. Ich hab Cheryl immer selbst versorgt, solange sie bei mir war. Keine der Frauen hat sich richtig um sie gekümmert. Die meisten schienen sie nicht einmal zu mögen, aber sie kümmerten sich um mich, und das erleichterte es mir, mich um Cheryl zu kümmern. Und ich wusste, dass all das schwerer werden würde, wenn Edna erst mal fort war. Aber ich wollte darüber nicht nachdenken, ich wollte im Moment stumpf sein, damit ich die Kraft hatte, später mit dem fertigzuwerden, was noch kam. Ich dachte, dass der Unterschied zwischen einem erfolgreichen Leben und einem erfolglosen, zwischen mir in diesem Moment und all den Leuten, denen die Autos gehörten, die hier an der richtigen Stelle auf dem Parkplatz standen, vielleicht auch zwischen mir und der Frau in dem Wohnwagen bei der Goldmine, die Fähigkeit war, solche Dinge einfach beiseitezuschieben und sich nicht von ihnen stören zu lassen, und vielleicht auch die Tatsache, wie oft man solchen Schwierigkeiten wie diesen jetzt in seinem Leben gegenüberstand. Weil sie Glück gehabt hatten oder weil sie besser planten, hatten sie alle weniger Schwierigkeiten gehabt, und weil ihr Charakter so war, vergaßen sie schneller. Und das war das, was ich auch für mich wollte. Weniger Schwierigkeiten, weniger Erinnerungen an Schwierigkeiten.

Ich ging zu einem Auto hinüber, einem Pontiac mit einem Kennzeichen aus Ohio, eines von denen mit Bündeln und Koffern auf dem Dachgepäckträger, und daran gemessen, wie tief er lag, noch mehr Zeug im Kofferraum. Ich sah durch das Fenster auf der Fahrerseite hinein. Da lagen Landkarten und Taschenbücher und Sonnenbrillen und kleine Plastikhalter für Coladosen und andere Getränke herum. Und auf dem Rücksitz war Kinderspielzeug, und ein paar Kissen lagen da, und eine Katzenkiste, in der eine Katze saß, die zu mir heraufstarrte, als wär ich der Mond. Es wirkte alles vertraut auf mich, es waren die Dinge, die auch in meinem Wagen gewesen wären, wenn ich einen gehabt hätte. Nichts war überraschend darin, nichts ungewöhnlich. Aber ich hatte in dem Moment ein komisches Gefühl, und ich drehte mich um und sah zu den Fenstern des Motels hinüber. Alle, außer zweien, waren dunkel. Meines und ein anderes. Und ich fragte mich, weil es mir komisch vorkam, was man von einem Mann halten würde, der mitten in der Nacht in Autos hineinsah, die auf dem Parkplatz des Ramada Inn standen? Würde man denken, dass er versuchte, einen klaren Kopf zu bekommen? Würde man denken, dass er versuchte, sich auf einen Tag vorzubereiten, an dem Schwierigkeiten auf ihn warteten? Würde man denken, dass seine Freundin ihn verließ? Würde man denken, dass er eine Tochter hatte? Würde man denken, dass er jemand war wie man selbst?

LEIF RANDT

post pragmatic joy

Nur ganz selten unterbrachen wir die Fahrt, um frische
Limonaden zu kaufen. Unser Problem war die Trägheit.
Wir verließen nur ungern die Landstraße, die kaum befahren
vor uns lag, auf der wir immer weiter und weiter rollen wollten. Es blieb sehr lange dunkel, obwohl Sommer war, aber
damit war in dieser Gegend wohl immer zu rechnen, es hieß,
dass hier die Abläufe mitunter durcheinandergerieten.

Eine der Raststätten, vor der wir unseren metallicblauen Geländewagen parkten, gefiel uns besser als alle anderen Raststätten zuvor. Auf ihrem Dach befand sich eine riesige Narrenkappe aus Pappmaché. Und von innen war Musik zu hören.
Musik aus einem hell erleuchteten Raum.

»Kann es denn hier überhaupt Narrenkappen geben?«, fragte
mein Begleiter Vincent. Und er hatte recht mit seiner Frage.
Vielleicht handelte es sich gar nicht um eine Narrenkappe,
sondern lediglich um eine Kopfbedeckung, deren Form uns
Europäer an eine Narrenkappe erinnerte. Oder es handelte `
sich noch nicht einmal um eine Kopfbedeckung, aber so weit
wollten wir nicht gehen, denn dann hätten wir es womöglich
mit der Angst zu tun bekommen. Wir mussten einige Stufen
hinaufsteigen, um das Lokal zu betreten. Vincent sagte: »Ich
habe Hunger.«

Innen begrüßten uns junge Mädchen, die weiße Blusen und Jeansröcke trugen und diese mit flachen Freizeitschuhen kombinierten, wie man sie primär von älteren Zahnärzten kannte. Diese Serviceuniform kam mir für alles Mögliche typisch vor, wenn auch nicht typisch für diese Gegend, denn ich konnte noch nicht sagen, was typisch für diese Gegend war. Es wurden drei verschiedene Kartoffelsalate angeboten sowie etwas, das ich als Wurst identifizierte. Die freundlichen Mädchen in den Jeansröcken verstanden uns, sobald wir Englisch mit ihnen sprachen. Ihr Akzent klang wunderlich, aber so klingen ja alle Akzente, die man zuvor noch nie gehört hat. Die Mädchen benutzten nicht etwa die Wörter *sausage* und *salad*, sondern für uns unbekanntes Vokabular. Aber indem wir auf die dargebotenen Speisen zeigten, erhielten wir, was wir wollten. Eines der Mädchen brachte uns gelbe Limonaden voller Eiswürfel, und trotz der lauten Musik, die wir bereits von draußen gehört hatten, blieb das Eisklimpern in unseren Gläsern wahrnehmbar. Das, was die Mädchen nicht als *sausage* bezeichnet hatten, bestand nicht aus Fleisch und schmeckte würziger als jedes Sojaprodukt. Ich sagte zu Vincent: »Das ist kein Würstchen im klassischen Sinne.« Er bestätigte das: »Und der Kartoffelsalat besteht gar nicht aus Kartoffeln.« Den Salat hatte ich noch gar nicht probiert. Er schien aus einer kartoffelähnlichen Erdfrucht zu bestehen, die sehr wahrscheinlich nur in der Erde dieser Gegend wuchs.

Dass es in der Raststätte keine öffentliche Uhr gab, wunderte uns schon nicht mehr. Und unsere Casio-Armbanduhren, die, da wir nur dunkle T-Shirts trugen, für jeden die ganze Zeit sichtbar waren, wurden von den uniformierten Mädchen argwöhnisch betrachtet. Es geschah letztlich alles genauso wie in der einschlägigen Literatur beschrieben, im Grunde waren wir vorbereitet. Vincents Unbehagen kam mir greifbarer vor als mein eigenes. Er kaute etwas hochbeinig auf seinem Salat. Als sei er sich nicht sicher, ob sein europäischer Magen diese Nahrung vertragen würde.

»Mach dir nicht so viele Gedanken«, sagte ich, »vertrau auf deinen Geschmackssinn. Ich finde, alles schmeckt hervorragend.«
      »Das sagst du nur, weil du ausgehungert bist. Wir sind entschieden zu lange am Stück gefahren. Dir würde jetzt alles schmecken.«

Vincent war Pessimist. Letztlich war das auch der Grund für diese Reise gewesen. Er hatte sich in den dreißig Jahren seines Lebens ein mentales Gefängnis gebaut, das er nun verlassen wollte. Weil wir uns ähnelten, aber nicht in allen Punkten übereinstimmten, waren wir zu Freunden geworden. Ich war weniger pessimistisch als er. Es gelang mir besser, mich an den kleinen Dingen zu freuen, an gelungenen Abenden, an schönen Schuhen, an ungewöhnlichen Speisen. Zudem ging ich seit gut zwei Jahren davon aus, dass mit nichts mehr zu rechnen war. Ich hatte meinen Sexappeal irgendwann im Alter von achtundzwanzig verloren. Doch seit ich mich damit abgefunden hatte, empfand ich so etwas wie Freiheit. Es herrschte ein Gleichmut, der mich gegen Erschütterungen stärkte, und ich wurde oft positiv überrascht. Zugleich war ich in meinen Äußerungen und Überlegungen politischer geworden. Dies wiederum irritierte Vincent. Er glaubte, dass ich damit nur meinen Liebeskummer kompensieren wollte, den ich seit eben jener Zeit mit achtundzwanzig, also seit gut zwei Jahren, mit mir herumtrug. Eine Frau – ich hatte sie für die

beste Frau der Welt gehalten – hatte mich an einem Sonntagmorgen wie folgt verlassen:

Ich war neben ihr im Bett aufgewacht. Wir lagen in Unter-
wäsche da, ich schaute sie an und sagte: »Was ist denn los? Du
siehst so bedrückt aus.«

»Du hast mal gesagt, dass du keine Grundsatzdebatten
willst. Aber vielleicht führt daran irgendwann kein Weg mehr
vorbei ...«

Ich schwieg.

»Ich bin halt nicht verliebt in dich. Und es wird nicht leichter, damit umzugehen, je öfter wir uns sehen.«

Ich schwieg weiter.

»Ich mag dich ja. Wenn ich mein Gesicht in deine Hals-
kuhle lege, dann ist das schön. Außerdem unterhalte ich mich
voll gerne mit dir. Aber ich kann dir nicht die Begeisterung
entgegenbringen, die du verdienst.«

Und dann hatte ich zu weinen angefangen, was lachhaft
und erbärmlich war. Und danach hatte ich nie mehr geweint.

Nachdem Vincent alles aufgegessen hatte, saß er staunend
über seinem leeren Teller. Er gab zu: »Das wurde mit der Zeit
immer besser. Sollen wir uns noch einen Nachschlag holen?«

»Ich glaube, diese Speisen sind mit Suchtstoffen versetzt.«

»Das mag sein.«

Wir hielten inne. Die uniformierten Mädchen waren mit
Reinigungsarbeiten in einem für uns nicht einsehbaren Raum
beschäftigt.

Vincent sagte: »Ich möchte jetzt wirklich gerne weiteressen.«

»Du solltest gegen diesen Drang ankämpfen, Vincent.«

»Eben hast du noch gesagt, dass ich auf meinen Geschmack vertrauen soll.«

»Das stimmt. Aber jetzt denke ich anders darüber. Wir wollen nicht dauerhaft skeptisch sein, aber auch nicht dumpf unseren Trieben folgen.«

Ich hatte für unsere Reise ein Programm mit Handlungsvorschlägen verfasst. In diesem Text hatte ich bewusst auf die Wörter *Pilgerfahrt, Zäsur* und *Suche* verzichtet. Mir war ein Kunstgriff gelungen, ein pathetischer Text, der fast überhaupt nicht peinlich war. Nun mussten wir uns gegenseitig an dieses Programm erinnern, an die Handlungsvorschläge darin, von denen einer lautete: *Es gilt, gewisse Risiken unaufgeregt in Kauf zu nehmen.* Als ein Mädchen, das kurzes braunes Haar trug, aus dem geheimen Raum zurückkehrte, winkte Vincent sie zu uns. Anstatt sie um eine weitere Portion zu bitten, begann er jedoch, einen Flirt anzuzetteln, auf eine fast dummdreiste Weise, wie sie vielleicht in Frankreich funktioniert hätte, aber sicherlich nicht hier. Ein Vorteil hätte sich daraus ergeben können, dass beide Gesprächspartner nicht in ihrer Muttersprache redeten, aber Vincent nutzte ihn nicht. Er war zuerst sehr dreist und versuchte dann subtil zu werden. Es geschah in etwa so:

»Gehört Ihnen hier dieses Lokal ganz allein?«

»Nein. Wir führen nur einen Job aus, den wir lieben.«

(Die Merkwürdigkeit dieses Dialogs ist dem Versuch einer direkten Übersetzung aus dem gebrochenen Englisch geschuldet.)

»Und was macht ihr, wenn ihr aufhört zu arbeiten?«

»Dann machen wir, was uns noch besser gefällt.«

»Wann habt ihr denn Feierabend?«

»Sobald der Morgen graut.«

»Wann wird das sein?«

Wir blickten durch die Scheiben. Es war noch immer Nacht. Niemand wusste, wie lange schon. Bald verließ uns das kurzhaarige Mädchen, mit dem Verweis darauf, dass es in der Küche noch viel Arbeit gebe. Ich machte Vincent Vorwürfe. Er sei eine mangelhafte Flirtmaschine. Vincent grinste vieldeutig und pfiff zu einem der Lieder aus dem Radio, dabei war es fast unmöglich, dass er es schon einmal gehört hatte. Es schien regionale Musik zu sein, das Englisch der Sängerinnen und Sänger klang ebenso merkwürdig wie das Englisch der Mädchen aus dieser Raststätte. Für einen Moment versuchte ich die Texte zu verstehen, gab das aber bald wieder auf.

Vincent und ich waren uns erstmals im Rahmen eines schlecht bezahlten Wochenendseminars begegnet. Dieses Seminar lag nun zweieinhalb Jahre zurück. Vincent hatte sich damals, angeregt durch die Lektüre eines Zeitgeistromans, mit den Verfahrensweisen des *Neo-Spiritualismus* beschäftigt. Ich vertrat die nicht immer ernst gemeinten, aber doch anregenden Positionen der *post pragmatic joy*. Rein inhaltlich gesehen standen wir als Dozenten also in leichter Konkurrenz zueinander. Weil die Seminarteilnehmer, größtenteils alleinstehende Damen, jedoch mit völlig falschen Fragestellungen aufwarteten, verließen wir nach unseren Vorträgen umgehend den Raum, verzichteten auf unsere miserablen Honorare und besuchten eine Bar. In dieser Bar begannen wir später sogar zu tanzen, dabei tanzte Vincent genauso selten wie ich.

Ich war selbstverständlich überrascht, als die Mädchen in den Jeansröcken nach dreißig Minuten plötzlich mit einem Tablett und brennenden Wunderkerzen aus der Küche kamen. Auf dem Tablett trugen sie einen Kuchen, dessen Konsistenz an Sorbet erinnerte. Als die darin steckenden Wunderkerzen abgebrannt waren, teilten wir den Kuchen in vier gleichgroße Stücke. Unser englischsprachiges Gespräch verlief nun fast ungezwungen, vor allem, weil Vincent sich zurücknahm. Mir fehlten die entscheidenden Vokabeln, um präzise Aussagen treffen zu können, aber daraus entstand auch eine gewisse Direktheit. Den Sorbetkuchen mit einem Löffel genießend, kam mir plötzlich alles recht unkompliziert vor. Und als es draußen sachte zu dämmern begann, sagte ich wörtlich übersetzt: »Vielleicht fühlt ihr euch nach einem Ausflug mit uns. Der Tag startet.«

Es komme nicht oft vor, dass in einer Nacht nur zwei Kunden ihr Restaurant besuchten, aber immerhin seien diese Kunden *charming* gewesen, sagte das kurzhaarige Mädchen, das auf der Rückbank neben Vincent saß. Ich fuhr erstmals seit Reisebeginn den Wagen. Da wir uns nicht auskannten, ließen wir uns von den Mädchen dirigieren. Sie stammten von hier, zumindest behaupteten sie das, sie seien in einer wohlhabenden Siedlung in der Nähe eines Bergsees aufgewachsen, und nach einigen, kleineren Ausflügen lebten sie heute wieder dort. Der Sonnenaufgang dauerte sehr, sehr lang und blendete. Dafür, dass wir uns noch gar nicht kannten, gelang es gut, gemeinsam zu schweigen. Das Mädchen neben mir trug aschblondes, schulterlanges Haar und lächelte nie. Ihre kühle Art erinnerte mich an die zweite Frau, die ich einmal geliebt hatte und also noch immer ein wenig liebte. Vincent hatte mich wegen des Umgangs mit meinen Exfreundinnen einmal als religiös bezeichnet. Ich hatte ihm inhaltlich recht gegeben. Vor dieser Reise hatte ich über weite Strecken ein Leben gelebt, das ideell von der Heiligsprechung meiner beiden wichtigsten Exfreundinnen bestimmt wurde. Teil unseres Programms war es, nun von diesen Retrospektiven Abstand zu nehmen.

Uns kamen überhaupt keine Autos entgegen. Links und rechts waren fruchtbare, grüne Hügel zu sehen, die im Morgenlicht glühten. Wann würden wir eine der besagten Siedlungen erreichen? Und wie lange fuhren wir schon? Ich hatte aufgehört, meiner Casio-Uhr zu trauen. Dass sowohl Vincent als auch ich sie überhaupt noch am Handgelenk trugen, wurde zur Farce, nicht nur aus modischer Sicht. Auch unseren giftigen Blick auf Mode wollten wir auf dieser Reise außen vor lassen. Daher rührte auch unser Understatement, wir hatten noch nicht einmal Hemden im Gepäck. Mein einfarbiges baumwollenes T-Shirt war unter den Armen schon leicht verschwitzt, aber es roch noch nicht.

»*Turn left please*«, hörte ich von der Rückbank und setzte den Blinker, was meine Mitfahrer zum Lachen brachte. Es gab niemanden weit und breit, der mein Blinken hätte sehen können. Kurz blieben wir auf offener Straße stehen, ich schaltete in den ersten Gang, die Kurve war sehr scharf und führte in eine Art Feldweg. Unser Geländewagen federte die Schlaglöcher komfortabel ab. Es ging hoch und runter, und hinter einem Hügel, der fast schon als kleiner Berg zu bezeichnen war, wurde plötzlich ein von Tannen umwachsener See sichtbar. Die aschblonde Schönheit neben mir wies mich an, sofort anzuhalten. Sie klang dabei fast aufgeregt. Mittlerweile war es richtig Tag und drückend warm geworden. Die Mädchen krempelten die Ärmel ihrer Blusen auf, und Vincent krempelte die kurzen Ärmel seines schwarzen T-Shirts hoch. Ich schüttelte den Kopf.

Für einen Augenblick standen wir nur so da, den Mädchen gegenüber, die uns vertraut und doch fremdländisch anlächelten, wie von einem Plakat herab – im Hintergrund die Tannen und der See und die am Himmel stehende Sonne. Das Bezaubernde war, dass wir diese beiden Mädchen aus der Raststätte kaum einordnen konnten. Sie nannten uns beiläufig ihre Vornamen. Wir folgten ihnen zum See.

Dies sei das Motorboot ihres Onkels, sagte Annie, die im Auto hinten gesessen hatte. Wir zogen uns orangefarbene Rettungswesten an und bestiegen das weiß glänzende Boot. Annie übernahm das Steuer, Vincent setzte sich neben sie, dann donnerten wir los. Ich saß im Neunziggradwinkel zur Fahrtrichtung, der aschblonden Nina gegenüber. Wir sahen uns an. Die Geschwindigkeit kam mir viel zu hoch vor, der Motor röhrte, und das klare Seewasser stob links wie rechts fontänenartig auf. Als Nina die leichte Furcht in meinen Augen sah, lächelte sie plötzlich, und das brachte auch mich zum Lächeln.

Nach gefühlten fünfzehn Minuten hatten wir den See überquert. Da jedes Gespräch vom Motorendröhnen übertönt worden wäre, hatten Nina und ich uns fortwährend angesehen. Ich glaube, ich hatte während dieser Bootsfahrt in ihr eine eigenständige Person erkannt, die losgelöst von meinen beiden Exfreundinnen existierte, hier in dieser Gegend, weit weg. Annie legte an einem Holzsteg an. Ich hätte Nina gerne gefragt: »*Do you fancy me?*«, denn ich mochte diese Wendung, aber es wäre eine rhetorische Frage gewesen, denn mittlerweile lag klar auf der Hand, dass sie mich mochte. Als wir das Boot verlassen hatten, ging sie enger neben mir her als nötig. Ich schwieg. Wörtlich übersetzt rief Annie: »Sollten wir ein paar Getränke haben?« Vincent antwortete »*Why not?*« In diesem Moment sah ich einen hellroten Sonnenbrand in seinem Gesicht. Ich drehte mich zu Nina und fragte: »*Do I also have a little sunburn?*« Und dann lachte sie. Und dann nickte sie. Und dann lachte sie noch mehr. Und dann bekam sie einen leicht verklärten Blick. Sie warf beim Lachen sogar ihr aschblondes, perfekt frisiertes Haar in den Nacken, ja, das tat sie wirklich.

Die Tannen wuchsen hier anders als bei uns. Sie bildeten keinen Wald, sie standen verstreut herum, und irgendwann hörte es mit ihnen auf, dann gab es nichts mehr, das noch Schatten hätte spenden können. Wir spazierten durch die Mittagshitze. Vincent sagte zu mir auf Deutsch, dass er am liebsten sein T-Shirt ausziehen würde. Ich sagte: »Lieber nicht, das könnte jetzt manches kaputt machen.« Vincent konnte kaum glauben, dass ich seine Aussage ernst genommen hatte, er lachte. In der Ferne sahen wir Häuser, die uns an Bauhausvillen erinnerten und die sich kantig gegen den hellblauen Himmel abzeichneten. Ich glaubte, neun Häuser zu zählen, und vielleicht war das die Siedlung, in der die Mädchen wohnten. Nina sprach mit Annie in einer Sprache, die wir nicht verstanden. Sie reagierten darauf, dass Vincent und ich Deutsch gesprochen hatten. Sie diskutierten.

Es war nie unsere Absicht gewesen, auf dieser Reise Mädchen kennenzulernen. Man fuhr nicht in einsames, episches Terrain, weil man auf Begegnungen spekulierte, zumindest wir taten das nicht. Wir hatten das als Möglichkeit in unserem Programm noch nicht einmal thematisiert, wir hatten uns lediglich dagegen gewappnet, dass die wenigen Menschen, die es hier gab, für uns oft nicht nachvollziehbar agieren würden. Insgeheim war es unser Ziel gewesen, von dieser Reise erfrischt heimzukehren, und dann offen für große Romanzen zu sein. Im Grunde wendeten wir ein neo-spiritualistisches Verfahren an, wenn wir es auch nicht mehr so nennen wollten. Nun jedoch trugen wir orangefarbene Schwimmwesten, hatten bereits einen See überquert und schwitzten plötzlich in einem Areal, über das wir nichts gelesen hatten. Ich war jedoch von Nina angetan genug, um mir keine unnötigen Fragen zu stellen.

Wir betranken uns in einer komplett aus hellem Holz gebauten Bar, in der wir die einzigen Gäste waren. Der Barkeeper trug kindliche Kleidung. Auf seinem kleinen Kopf saß eine rote Schirmmütze falsch herum, und von seinen schmalen Schultern hing ein hellgrünes, viel zu weites Polohemd herunter. Er zapfte uns einige Biere, aber weder Annie noch Nina bezeichneten das Getränk als *beer*. Es schmeckte auch anders, irgendwie malziger, war aber sehr stark. Ich konnte zusehen, wie alle ziemlich schnell betrunken wurden, und beobachtete mich selbst dabei, wie ich plötzlich viel mehr redete. Ich thematisierte Dinge, die ich vor Kurzem noch keinesfalls angesprochen hätte, und einmal fragte ich etwas ungeschickt, ob es an der Tageszeit liege, dass hier so wenig los sei. Die beiden Mädchen schauten mich fragend an. Sie schienen überhaupt nicht zu verstehen, was ich meinte. Vincent trat mir unter dem Tisch ans Bein. »*Sorry. It's just german Engstirnigkeit*«, sagte ich, weil mir einmal mehr eine Vokabel fehlte. »*He means he's narrowminded*«, sagte Vincent. Und so brach unter dem rotierenden Ventilator eine unangenehme Schweigephase an. Der Barkeeper las in einer Zeitschrift, deren Cover von der Witterung etwas aufgequollen zu sein schien. Ich konnte den Titel nicht erkennen. Irgendwann stand Nina auf und bestellte etwas bei ihm. Vier Gläser wurden an unseren Tisch getragen, es kamen strenge, in der Kehle beißende Schnäpse. Ich musste als Einziger husten, aber es war mir nicht peinlich. Vincent und die beiden Frauen – da sie so trinkfest waren, wollte ich sie mir nicht mehr als Mädchen denken – bestellten weitere Runden.

Nina schlug vor »*to play cards*«. Annie erläuterte, nun bereits sehr viel undeutlicher sprechend, dass man hier mit Karten spiele, um die Zukunft zu beeinflussen. Ich hatte mich als Anhänger der *post pragmatic joy* einmal mit dem Legen und Interpretieren von Tarotkarten befasst und dies nach anfänglicher Skepsis als durchaus sinnvollen Zeitvertreib anerkannt. Vincent zog die Augenbrauen hoch und kippte sich ein braunes Schnapsgetränk in den Hals. Wieder sagte er: »*Why not?*«, wobei nun eine Genügsamkeit mitschwang, die ich als etwas antiquiert und neo-spiritualistisch einstufte. Annie gab dem Jugendlichen hinter dem Tresen ein Handzeichen und rief ihm etwas in ihrer wundersamen Sprache zu. Er brachte uns vier Brillen aus Hartplastik und einen Stapel Karten. Ja, das Prinzip erinnerte durchaus an Tarot, nur dass die Symbole völlig anders aussahen, sie schienen sich auf diese Gegend hier zu beziehen. Auf den meisten Karten war ein weiter Himmel zu sehen, darunter quasi unberührte Landschaften, einige andere zeigten Getränkeautomaten oder Modellautos. »*It's a bit cheesy. But don't care too much about the graphics*«, sagte Annie. Die Rückseiten der Karten waren mit der Kopfbedeckung bedruckt, die wir auf dem Dach der Raststätte noch als Narrenkappe gedeutet hatten. Ich hielt es nun für durchaus sonderbar, dass wir von diesem Symbol nirgendwo etwas gelesen hatten. Es war wohl doch weniger über diese Gegend bekannt, als wir Mitteleuropäer gemeinhin annahmen.

Durch die Brillen ergab sich ein dreidimensionaler Effekt, der aber eher armselig war. Annie schaute mich an. Welche Frage wolle ich an die Karten richten? Mein Problem war, dass ich keine wirklich offenen biografischen Fragen mehr hatte, also nichts, was ich mir nicht hätte selbst erklären können. Das war schon in meinen *post pragmatic joy*-Zeiten so gewesen, und ich war damals noch stolz darauf, aber jetzt fand ich es etwas schade. Ich drehte mich zu Vincent. Ich war immer davon ausgegangen, dass in Vincent etwas arbeitete, über das er auch mit mir noch nie gesprochen hatte. Dass er einen geheimen Konflikt mit sich herumtrug, der auch seinen latenten Pessimismus bedingte. Und da er jetzt schwer betrunken war, würde er sich vielleicht trauen, die entscheidende Frage an das 3D-Kartenspiel zu richten. Vincent spitzte seine Lippen, blickte sich um und ließ die Fingergelenke knacken. Er stellte eine Frage, aber ich glaube nicht, dass es die entscheidende war. Er wollte wissen, ob er jemals wieder nach Hause, nach Mitteleuropa, zurückkehren sollte. Annie schaute ihn versunken an, während er die Frage stellte. In nüchternem Zustand wären mir diese offensiven Gesten etwas schal vorgekommen.

Nina legte vier Karten vor ihn auf den Tisch, drehte eine nach der anderen um und erläuterte die Bedeutung der Motive. Ihre Stimme war tief, was mich wiederum an meine letzte Exfreundin erinnerte und an den Satz: »Ich bin halt nicht verliebt in dich.« Für einen kurzen Moment glaubte ich, mich übergeben zu müssen, ich bekam gar nicht mit, was Nina sagte. Jedoch hörte ich den Rhythmus ihrer Sprache, den sie angetrunken an den Tag legte, und dieser Rhythmus begeisterte mich. Durch die offene Tür fiel Sonne, und mir war schon bald nicht mehr übel. Der Junge hinter dem Tresen hatte sein Magazin mittlerweile zur Seite gelegt und blickte hinaus. Die Karten beantworteten Vincents Frage nur sehr ungenau. Jedoch deutete Nina sie so, dass die Tendenz klar war: »*Stay here for a longer period.*« Nina schaute, als sie das sagte, vor allem zu Annie, und dann brachen beide in ein Gelächter aus und bestellten weitere, in der Kehle beißende Schnäpse.

Als wir den Barkeeper allein ließen, war es draußen noch hell, aber schon viel kälter. Wir hätten nun unsere leichten Sommerjacken gebraucht, die im Kofferraum unseres Geländewagens lagen. Das weiß ich noch, nämlich dass es kühl war, als wir die Bar verließen, vieles andere ist verschwunden. Vincent behauptet heute, Annie und Nina hätten uns dazu überredet, einige ihrer regionalen Lieder mit stark deutschem Akzent nachzusingen, und bei einem dieser Lieder wäre ich kurz in Tränen ausgebrochen und hätte Vincent gegenüber auf Deutsch behauptet, dass ich erst jetzt, auf dieser Reise, wirklich anfangen würde loszulassen. Und kurz darauf hätte ich dann wieder lachen können und wäre sogar in einen leicht gruseligen Frohsinn verfallen. Ich glaube zwar nicht an diese Version, habe aber auch keine eigene. Ich kann mich erst wieder an die Zeit erinnern, als es schon wieder Nacht war. Wir haben dann sehr viel Mineralwasser getrunken und in die Sterne geblickt, das habe ich noch klar vor Augen, aber wir haben kein einziges Sternbild erkannt. Und dass wir zu diesem Zeitpunkt nur noch zu zweit waren, das weiß ich auch. Annie und Nina hatten sich irgendwann verabschiedet, aber ich bin nicht sicher, ob es ein abrupter oder ein stilisierter Abschied gewesen ist. Vermutlich war ihnen schlecht geworden. Ich bin nicht einmal sicher, ob es überhaupt zu einer Umarmung gekommen ist, Vincent meint, es sei sogar zu mehr gekommen, aber das bezweifle ich.

Eine Zeit lang haben Vincent und ich am See gesessen. Weil wir nicht wussten, wie wir diesen überqueren sollten, schliefen wir am Ufer ein, und als wir aufwachten, war es noch immer dunkel. Viel später dann, als es längst wieder heiß geworden war, standen wir an der einzigen Straße, die aus der Siedlung hinausführte. Vincent hatte sich nun tatsächlich das T-Shirt ausgezogen, seine Schultern röteten sich sofort. »Wenn uns hier jemand mitnehmen soll, musst du dein T-Shirt aber wieder anziehen«, raunte ich ihm zu. Er hatte es sich als Sonnenschutz auf den Kopf gelegt und sagte: »Bisher ist aber noch kein Fahrzeug in Sicht.«

ELIZABETH GILBERT

Wanderer

Als mein Alter sie einstellte, fragte ich: »Ein Mädchen?«
Ein Mädchen, wo es doch noch gar nicht lange her war,
dass eine Frau auf dieser Ranch noch nicht mal als Köchin arbeiten konnte, weil es unter den Cowboys ihretwegen zu viel
Schießereien gab. Selbst wenn es sich um hässliche Köchin-
nen handelte. Oder um alte.

»Ein Mädchen?«, fragte ich.

»Sie ist aus Pennsylvania«, sagte mein Alter. »Sie wird ihre
Sache gut machen.«

»*Wo* ist sie her?«

Als das mein Bruder Crosby rausbekam, erklärte er: »Zeit
für mich, mir einen neuen Job zu suchen, wenn meine Arbeit
jetzt schon ein Mädchen macht.«

Mein Alter sah ihn nur an: »Ich hab gehört, du bist in dieser Saison noch nicht einmal über den Dutch-Oven-Pass gekommen und hast weder auf deinem Pferd geschlafen noch
ein einziges gottverdammtes Buch gelesen. Vielleicht ist es
überhaupt an der Zeit, dass du dich nach einer neuen Arbeit
umsiehst.«

Er erzählte uns, dass sie irgendwie aus Pennsylvania mit
der elendsten Dreckkarre, die er je in seinem Leben gesehen
hatte, hier aufgetaucht war. Sie erbat sich fünf Minuten, um
ihn nach einem Job zu fragen, aber so lange hat das gar nicht
gedauert. Sie hielt ihm ihren Arm hin, damit er ihre Muskeln

fühlen konnte, aber das war gar nicht notwendig. Er sagte, sie habe ihm sofort zugesagt. Er vertraue da seinen Augen nach all den Jahren.

»Sie wird dir auch gefallen«, sagte er. »Sie ist so sexy wie ein Pferd. Schön groß ist sie. Und stark.«

»Hast doch selber fünfundachtzig Pferde zu füttern und denkst noch immer, dass Pferde sexy sind«, entgegnete ich, und mein Bruder Crosby meinte: »Ich denke, von dieser Art ›sexy‹ haben wir hier wohl genug.«

Sie hieß Martha Knox, war neunzehn Jahre alt und ebenso groß wie ich, besaß kräftige, aber keine dicken Beine, trug Cowboystiefel, die sie grade erst diese Woche gekauft hatte, wie jeder sehen konnte – die billigsten, die zu haben waren, und überhaupt das erste Paar, das sie besaß. Sie hatte ein starkes Kinn, das nur in Bewegung kam, wenn sich auch ihre Stirn und ihre Nase bewegten, und ihre Zähne waren von der Art, die das ganze Gesicht beherrscht, selbst wenn der Mund geschlossen ist. Und vor allem hatte sie einen dunkelbraunen Zopf, der dick wie ein Mädchenarm mitten an ihrem Rücken herunterhing.

An einem Abend am Anfang der Saison tanzte ich mit Martha Knox. Wir hatten einen freien Tag, um den Berg runterzumarschieren, uns zu betrinken, zu telefonieren, unsere Wäsche zu erledigen und uns zu raufen. Martha Knox war keine gute Tänzerin. Sie wollte überhaupt nicht mit mir tanzen. Das machte sie mir klar, indem sie mir ein paarmal sagte, dass sie nicht mit mir tanzen werde, und als sie es dann schließlich doch tat, wollte sie nicht von ihrer Zigarette lassen. Sie hielt sie in der Hand und ließ den Arm runterbaumeln, so dass er nicht greifbar war. Also behielt ich als Ausgleich meine Bierflasche in der Hand, und wir fassten uns nur jeder mit einem

Arm. Sie war keine gute Tänzerin und sie wollte überhaupt nicht mit mir tanzen, aber wir fanden immerhin zu einem schönen langsamen Wiegen miteinander; dabei hatte jeder von uns einen Arm runterhängen, so wie der rechte Arm der Cowboys beim Rodeo oder wie der rechte Arm der Stierreiter, der ins Nichts greift. Sie blickte fortwährend über meine linke Schulter und nirgendwo anders hin, so als wäre sie auf den Teil von sich, der sie mit mir zur guten Tänzerin machte, noch gar nicht gestoßen und wollte ihn auch gar nicht näher kennenlernen.

Mein Alter urteilte über Martha Knox: »Sie ist nicht schön, aber sie versteht sich zu verkaufen.«

Na ja, es stimmte schon, dass ich gern ihren Zopf in der Hand halten wollte. Immer schon hatte ich das vor, gleich als ich ihn das erste Mal sah, und vor allem bei diesem Tanz, aber ich griff nicht danach, und ich stellte auch meine Bierflasche nicht ab. Martha Knox vergab sich nichts.

Wir haben an diesem Abend nicht noch einmal getanzt und auch sonst nicht; es war eine lange Saison, und mein Alter ließ uns alle viel zu hart arbeiten. Es gab dann keine vollen Tage mehr zum Tanzen und Raufen. Und wenn wir mitten in einer harten Woche manchmal wirklich einen Nachmittag freihatten, gingen wir alle lieber in die Baracke und schliefen; einen festen, totenähnlichen Schlaf in unseren Kojen, in Stiefeln, wie Feuerwehrmänner oder Soldaten.

Martha Knox fragte mich nach Rodeos. »Crosby meint, es ist eine gute Art, zu Tode zu kommen«, sagte sie.

»Die beste, die ich kenne.«

Wir saßen uns bei einem niedrigen Holzfeuer gegenüber, nur wir beide, und tranken. In dem Zelt hinter Martha Knox befanden sich fünf Jäger aus Chicago, sie waren müde oder schliefen schon, wütend auf mich, weil ich es nicht fertig-gebracht hatte, sie zu so guten Schützen zu machen, dass sie auch nur einen der Elche erlegen konnten, die wir die Woche über gesehen hatten. In dem Zelt hinter mir waren die Koch-herde und die Nahrungsmittel und zwei Schaumstoffkissen mit Schlafsäcken für jeden von uns. Sie schlief unter Pferde-decken, weil das wärmer war, und wir beide betteten uns auf den Jeans, die wir am nächsten Tag anziehen wollten, damit sie dann nicht gefroren waren. Es war Mitte Oktober, die letz-te Jagd der Saison; jeden Morgen, wenn wir die Pferde sattel-ten, hing ihnen der Reif in langen Nadeln von den Mäulern.

»Bist du betrunken?«, fragte ich sie.

»Ich will dir was sagen«, erwiderte sie, »das ist eine ver-dammt gute Frage.«

Sie sah auf ihre Hände. Sie waren sauber. Trotz all der zu erwartenden Schnittwunden und Verbrennungen waren es saubere Hände.

»Du hast an Rodeos teilgenommen, stimmt's?«, fragte sie.

»Ja, leider einmal zu oft«, antwortete ich.

»Auf Stieren?«

»Auf Broncos.«

»Nennen sie dich deswegen Buck?«

»Ich werde Buck genannt, weil ich mir als Kind mit einem Jagdmesser ins Bein gestochen habe.«

»Hat's dich beim Rodeo schon mal erwischt?«

»Als ich an einem Abend dieses Bronco bestieg, wusste ich sofort, gleich als es losging, dass es mich nicht wollte. Es wollte mich zum Teufel schicken, weil ich's mit ihm versucht hab. Ich bin noch nie auf einem Pferd so in Panik geraten wie auf diesem Bastard.«

»Glaubst du, es wusste Bescheid?«

»Bescheid? Wie konnte es das?«

»Crosby meint, das Erste, was ein Pferd tut, ist rauszukriegen, wer auf ihm reitet und wer das Sagen hat.«

»Das ist eine Platte von meinem Alten. Das sagt er, um Typen aus der Stadt zu erschrecken. Wenn die Pferde wirklich so schlau wären, würden sie *uns* reiten.«

»Das ist Crosbys Platte.«

»Nein.« Ich nahm noch einen Drink. »Das ist auch die Platte von meinem Alten.«

»Du bist also abgeworfen worden.«

»Ja, aber mein Handgelenk hatte sich im Zaumzeug verfangen, und ich bin unterm Bauch von diesem Bastard dreimal um den Ring gezerrt worden. Das hat der Menge gefallen. Dem Pferd auch. Hat mich fast ein Jahr lang ins Krankenhaus gebracht.«

»Gib sie mir.« Sie griff nach der Flasche. »Ich möchte auch mal Broncos reiten«, erklärte sie. »Und ich möchte bei Rodeos mitmachen.«

»Genau das wollte ich damit erreichen«, sagte ich. »Dazu wollte ich dich mit der Geschichte bringen.«

»War dein Dad verrückt?«

Darauf gab ich keine Antwort. Ich stand auf und ging zu dem Baum hinüber, wo das ganze Gerät an den Zweigen aufgehängt war, so wie man die Esssachen vor den Bären schützt. Ich öffnete meinen Hosenschlitz und sagte: »Bedecke deine Augen, Martha Knox, ich lass jetzt das dickste Ding in den Wyoming Rockies raus.«

Sie schwieg, während ich pisste, aber als ich zum Feuer zurückkam, sagte sie: »Das ist Crosbys Platte.«

Ich fand eine Büchse Tabak in meiner Tasche. »Nein,

stimmt nicht«, wandte ich ein. »Das ist auch die Platte von meinem Alten.«

Ich klopfte die Büchse an mein Bein, um den Priem zusammenzuschütteln, und nahm dann etwas davon. Es war meine letzte Büchse, sie war fast leer.

»Mein Vater hat das Pferd dann gekauft«, fuhr ich fort. »Er fand den Besitzer und gab ihm doppelt so viel, wie das Mistvieh wert war. Dann holte er es aus der Küchenbaracke, verpasste ihm einen Kopfschuss und vergrub es im Komposthaufen.«

»Du willst mich wohl auf den Arm nehmen«, sagte Martha Knox.

»Erwähne das bloß nicht vor ihm.«

»Himmel, nein. Ich denk nicht dran.«

»Er hat mich jeden Tag im Krankenhaus besucht. Wir haben nicht einmal geredet, so verdammt niedergeschlagen war er. Er rauchte immerzu. Er schnippte die Zigarettenkippen jedes Mal über meinen Kopf weg, sie landeten in der Toilette und gingen zischend aus. Ich steckte viele Monate in einer Halskrause und konnte nicht mal meinen Kopf drehen und ihn sehen. Höllisch langweilig. Die Kippen über meinen Kopf in die Toilette fliegen zu sehen war so ziemlich das Einzige, wofür ich lebte.«

»Das ist wirklich langweilig«, sagte Martha Knox.

»Mein Bruder Crosby ließ sich auch gelegentlich sehen – mit Bildern von Mädchen.«

»Klar.«

»Na, war schon okay, sich die anzugucken.«

»Klar. Jeder hatte eine Kippe für dich zum Angucken.«

Sie trank. Ich nahm die Flasche, gab sie ihr wieder, und sie trank mehr. Wir waren von Schnee umgeben. Am Tag, als wir angekommen waren, hatte es erst gehagelt und dann fast jede Nacht geschneit. An den Nachmittagen schmolzen auf der Wiese große Stellen weg und hinterließen kleine weiße Häufchen, die wie Wäsche aussahen. Die Pferde zerteilten sie mit ihren Hufen. Es gab fast kein Gras mehr, und so hatten sie angefangen, nachts wegzulaufen, um sich besseres Futter zu suchen. Wir hängten ihnen deshalb Kuhglocken um den Hals, die einen lauten dünnen Ton abgaben, während sie grasten. Es war ein guter Ton, und ich bemerkte ihn erst, wenn er nicht mehr zu hören war. Diese Stille ohne Geklingel bedeutete, dass keine Pferde mehr da waren, und das konnte mich mitten in der Nacht aufwecken. Wir mussten ihnen dann nachgehen. Doch wir wussten, wo sie hinliefen, und diesen Weg schlugen wir dann auch ein. Martha Knox spürte sie ebenfalls auf und sie beklagte sich nicht, wenn sie sich in der Kälte mitten in der Nacht anziehen und rausgehen musste, um im Dunkeln dem Glockengeklingel nachzugehen. Es gefiel ihr. Sie lernte es.

»Du kennst doch deinen Bruder Crosby genau?«, fragte Martha Knox. »Er glaubt wirklich, er weiß, wie man mit Mädchen umgeht.«

Ich sagte nichts darauf, und sie fuhr fort: »Aber wie ist das möglich, Buck, wenn es hier überhaupt keine Mädchen gibt?«

»Crosby kennt die Mädchen, er hat in Städten gelebt.«

»Was für Städte? Casper? Cheyenne?«

»Denver. Crosby hat in Denver gelebt.«

»Okay, Denver.«

»Da gibt's schon ein paar Mädchen in Denver.«

»Sicher.« Sie gähnte.

»Er konnte also in Denver lernen, mit Mädchen umzugehen.«

»Ist mir klar, Buck.«

»Die Mädchen mögen Crosby.«

»Klar.«

»Das tun sie. Ich und Crosby werden in einem Winter mal nach Florida runtergehen und so viel Ehen kaputtmachen, wie wir können. Da unten gibt's eine Menge reiche Frauen. Eine Menge reiche Frauen, die sich langweilen.«

»Die müssen ja ganz schöne Langeweile haben«, sagte Martha Knox und lachte. »Sie müssen sich absolut zu Tode langweilen.«

»Du magst wohl meinen Bruder Crosby nicht besonders?«

»Ich liebe deinen Bruder Crosby. Warum sollte ich Crosby nicht mögen? Ich finde, Crosby ist der Größte.«

»Schön für dich.«

»Aber er glaubt, er weiß mit Mädchen umzugehen und das geht mir auf die Nerven.«

»Die Mädchen mögen Crosby.«

»Ich hab ihm mal ein Foto von meiner Schwester gezeigt. Er hat mir erklärt, sie sieht aus, als hätte sie's mit vielen getrieben. Was ist denn das für eine Art, so was zu sagen?«

»Du hast eine Schwester?«

»Agnes. Sie arbeitet in Missoula.«

»Auf einer Ranch?«

»Nein, nicht auf einer Ranch. Sie ist Stripperin. Sie hasst es, weil das eine Collegestadt ist. Sie sagt, Collegejungs geben kein Trinkgeld, ganz egal, was man ihnen vor die Nase führt.«

»Hast du schon mal mit meinem Bruder Crosby geflirtet?«, fragte ich.

»Hey, Buck«, sagte sie. »Sei doch nicht so schüchtern. Frag schon, was du wissen willst.«

»Ach, Scheiße. Schon gut.«

»Weißt du, wie man mich in der Highschool genannt hat? *Fort Knox.* Weißt du auch, warum? Weil ich mir von keinem an die Wäsche gehen ließ.«

»Warum nicht?«

»Warum nicht?«

Sie stocherte mit einem Zweig im Feuer herum, dann warf sie ihn hinein. Sie schob den Kaffeetopf von den Flammen weg und klopfte mit einem Löffel dagegen, damit sich der Grund setzte, der angefangen hatte zu kochen. »Warum nicht? Weil ich's nicht so gut fand.«

»Das ist ein verrückter Spitzname.«

»Buck ist besser.«

»Zugegeben«, sagte ich.

Martha Knox stand auf und ging ins Zelt. Als sie wieder rauskam, brachte sie einen Arm voll Holz mit.

Ich fragte: »Was willst du denn damit machen?«

»Das Feuer ist fast aus.«

»Dann lass es ausgehen. Es ist schon spät.«

Sie gab keine Antwort.

»Ich muss morgen um halb vier aufstehn«, sagte ich.

»Dann gute Nacht.«

»Du musst dann auch aufstehn.«

Martha Knox legte ein Stück Holz auf und setzte sich. »Buck«, meinte sie, »sei kein Baby.« Sie nahm einen langen Schluck und sang: »Mama, mach aus deinen Cowboys keine Babys ...«

»Das ist Crosbys Platte«, bemerkte ich.

»Ich möchte dich um was bitten, Buck. Wenn wir hier oben fertig sind, dann lass mich mit dir und Crosby auf die Jagd gehn.«

»Ich glaube nicht, dass mein Alter davon begeistert wäre.«

»Ich hab auch nicht darum gebeten, mit deinem Alten auf die Jagd zu gehn.«

»Es wird ihm nicht gefallen.«

»Warum nicht?«

»Hast du überhaupt schon mal mit einem Gewehr geschossen?«

»Klar. Als ich noch klein war, haben mich meine Eltern den Sommer über nach Montana zum Onkel von meinem Dad geschickt. Ich hab dann meine Angehörigen nach ein paar Wochen angerufen und gesagt: ›Onkel Earl hat eine Kaffeekanne auf einen Baumstamm gestellt und mich darauf schießen lassen, und ich hab das alte Ding sechsmal getroffen.‹ Sie ließen mich dann vorzeitig nach Hause kommen. Das hat mir gar nicht gepasst.«

»Hört sich auch nicht grade an, als würde dein Alter allzu begeistert davon sein.«

»Um meinen Vater müssen wir uns keine Gedanken machen«, erwiderte sie. »Nicht mehr.«

»Wirklich?«

Sie nahm ihren Hut ab und legte ihn sich aufs Bein. Es war ein alter Hut. Er hatte einmal meiner Cousine Rich gehört. Mein Alter hatte ihn Martha Knox geschenkt. Er hatte ihm an einem Morgen unter dem Dampf aus einer Kaffeekanne eine neue Form gegeben und oben mit einer ordentlichen Falte versehen. Der Hut passte ihr. Er stand ihr.

»Hör zu, Buck«, sagte sie. »Ich hab eine gute Geschichte, sie wird dir gefallen. Mein Dad züchtete Weihnachtsbäume. Nicht sehr viele. Er pflanzte genau fünfzig Stück und ließ sie zehn Jahre wachsen. In unserem Vorgarten. Er beschnitt sie die ganze Zeit mit einer Küchenschere, so wurden sie recht hübsch, aber nur so hoch.«

Martha Knox zeigte mit der Hand etwa drei Fuß hoch über den Boden.

»Das Problem war, dass wir auf dem Land wohnten«, fuhr sie fort. »Alle hatten ein Gehölz im Garten hinter dem Haus. Nie hat in dem Ort jemand einen Weihnachtsbaum gekauft. Das war also keine gute Geschäftsidee – fünfzig perfekte Bäume. Kein großes Geld damit zu machen. Aber das war seine Beschäftigung, und meine Mom ging arbeiten.« Sie nahm ihren Hut vom Bein und setzte ihn wieder auf. »Jedenfalls bot er sie im letzten Dezember zum Verkauf an, aber niemand erschien, und er fand das reichlich sonderbar, wo es doch so hübsche Bäume waren. Er ging dann trinken. Meine Schwester und ich fällten schließlich vielleicht zwanzig von den Dingern. Warfen sie in den Kombiwagen. Fuhren eine Stunde zur Autobahn und fingen an, Autos anzuhalten und die Bäume wegzugeben. Jeder, der hielt, bekam umsonst einen Baum. Es war wie ... Na ja, verdammt, es war wie Weihnachten.«

Martha Knox fand eine Zigarette in ihrer Jackentasche und zündete sie an.

»Also«, erzählte sie weiter, »wir fuhren nach Hause. Und dann mein Dad. Er stieß Agnes nieder, holte aus und schlug mir ins Gesicht.«

»Hatte er dich vorher schon mal geschlagen?«, fragte ich. Sie schüttelte den Kopf.

»Und er wird es auch nie wieder tun.«

Sie schaute mich an, kühl und gelassen. Ich sah ihr zu, wie sie zweitausend Meilen von zu Hause ihre Zigarette rauchte, und ich dachte daran, wie sie sechsmal auf die alte Kaffeekanne geschossen hatte. Wir schwiegen lange.

Dann sagte ich: »Du hast ihn doch nicht getötet?«

Sie wandte ihren Blick nicht ab und sie antwortete nicht gleich; aber dann sagte sie: »Doch, ich habe ihn getötet.«

»Herr des Himmels«, murmelte ich schließlich.

Martha Knox reichte mir die Flasche, aber ich wollte nicht trinken. Sie kam herüber zu mir und setzte sich. Sie legte ihre Hand auf mein Bein.

»Herr des Himmels«, wiederholte ich. »Herr des Himmels, verdammt.«

Sie seufzte. »Buck«, sagte sie. »Mein Bester.« Sie tätschelte mein Bein und stupste mich dann. »Du bist wirklich der leichtgläubigste Mensch, den ich auf diesem Planeten kenne.«

»Leck mich doch.«

»Ich habe meinen Dad erschossen und im Komposthaufen vergraben. Sag keinem was davon, okay?«

»Leck mich doch, Martha Knox.«

Sie stand auf und setzte sich wieder auf die andere Seite des Feuers. »Es war trotzdem eine großartige Nacht. Als ich auf der Zufahrtsstraße mit blutiger Nase auf dem Rücken lag. Ich wusste, ich war weg von dort.«

Sie reichte mir wieder die Flasche. Diesmal trank ich. Lange Zeit sprachen wir nicht, aber wir leerten die Flasche, und wenn das Feuer niederbrannte, legte Martha Knox mehr Holz auf. Ich hatte meine Füße so dicht an den Flammen, dass die Sohlen meiner Stiefel anfingen zu qualmen, deshalb rückte ich weg, aber nicht weit. Im Oktober ist es da oben nicht leicht, sich warmzuhalten, und ich konnte mich nicht so rasch von dieser Wärme losreißen.

Von der Wiese waren die Glocken der Pferde zu hören, die hin und her liefen, aber nicht fortgingen – Glockengeklingel von grasenden Pferden war gutes Geklingel. Ich hätte jedes Pferd da draußen beim Namen nennen und vermuten können, neben welchem Pferd es stand, weil ich wusste, wie sie sich gern paarten, und ich hätte sagen können, wie sich jedes Pferd ritt und auch wie sich seine Mutter und sein Vater ritten. Es gab noch immer Elche da draußen, aber sie hielten sich jetzt weiter unten auf, wie es auch die Pferde wollten, um bessere Nahrung zu finden. Dickhornschafe, Bären und amerikanische Elche gab es da draußen auch; alle waren auf dem Weg nach unten, und ich horchte nach ihnen allen. Diese Nacht war klar. Keine Wolken, außer den eiligen Wolken unseres eigenen Atems, die beim nächsten Atemzug schon wieder fort waren, und es war hell vom Schein des fast vollkommenen Mondes.

»Hör mal«, sagte ich, »ich dachte daran, ein Stück zu reiten.«

»Jetzt?«, fragte Martha Knox, und ich nickte, aber sie hatte schon gewusst, dass ich »jetzt« meinte, ja, jetzt. Bevor sie überhaupt fragte, sah sie mich schon an und erwog die ganze Sache, vor allem die große Regel von meinem Alten, die da lautete: keine Vergnügungsritte während der Arbeit, niemals. Kein Wettreiten, keine Nachtritte, keine waghalsigen, riskanten Ritte, keine Parforceritte, niemals, vor allem nicht während des Jagdlagers. Bevor sie überhaupt »jetzt?« fragte, hatte sie schon daran gedacht, und sie hatte auch daran gedacht, dass wir müde und betrunken waren. Und im Zelt hinter ihr schliefen Jäger, daran hatte sie ebenfalls gedacht. Und an all das hatte auch ich gedacht.

»Okay«, antwortete sie.

»Hör zu«, sagte ich und beugte mich etwas dichter übers Feuer, das zwischen uns war. »Ich dachte daran, heute abend den Washakeepass raufzureiten.«

Ich beobachtete sie. Ich wusste, dass sie noch nie so weit

draußen gewesen war, aber ihr war bekannt, was es bedeutete, denn Washakee war für Meilen der einzige Weg in jeglicher Richtung, um über die Wasserscheide, die Continental Divide, und mitten in die Rockies zu kommen. Mein Bruder Crosby nannte ihn Spine – Grat. Er war eng und vereist und er schob sich dreizehntausend Fuß in die Höhe, führte aber darüber hinweg und in die Rockies, und so weit war Martha Knox noch nie gekommen.

»Okay«, sagte sie. »Gehn wir.«

»Hör zu, ich dachte daran, dort nicht haltzumachen.«

Sie sah mich immer noch an und änderte dabei nicht ihren Gesichtsausdruck. Es war die Miene eines guten Jägers, der nach einem guten Schuss Ausschau hält. Dann erklärte ich ihr: »Wir nehmen jeder ein Packpferd und alle Lebensmittel und Geräte mit, die raufpassen. Ich reite Stetson, du reitest Jake, und wir kommen nicht zurück.«

»Ich reite Handy.«

»Doch nicht dieses gefleckte Scheusal.«

»Ich reite Handy«, wiederholte sie. Ich hatte vergessen, dass sie meinen Alten überredet hatte, ihr dieses verrückte Pferd zu verkaufen.

»Okay. Aber er ist vollkommen ungeeignet dafür.«

»Was ist mit den Jägern?«

»Sie sind okay, wenn sie nicht ausflippen.«

»Sie werden aber ausflippen.«

»Sie sind okay.«

»Du redest über einen Haufen umherziehendes Volk, Buck«, sagte sie. »Bei diesen Burschen kann man nie so genau wissen.«

»Wenn sie gescheit sind, werden sie sich morgen, sobald sie begreifen, dass wir weg sind, auf den Weg machen. Unsere

Spur ist ja markiert wie eine regelrechte Autobahn. Frühestens morgen am späten Abend können sie die Ranch erreichen. Der Forstservice könnte uns dann frühestens am nächsten Tag verfolgen. Wenn wir gleich losreiten, könnten wir zu der Zeit schon neunzig Meilen südlich von hier sein.«

»Sag mir, ob es dir absolut ernst ist«, erklärte Martha Knox. »Ich werde es nämlich tun.«

»Ich schätze, in vier bis fünf Tagen kommen wir bis zur Uinta-Gebirgskette, und wenn sie uns dann nicht vorher geschnappt haben, werden sie es nie schaffen.«

»Okay, tun wir's also.«

»Dann wenden wir uns nach Süden. Das müssen wir wegen des Winters. Es gibt keinen Grund in der Welt, warum wir nicht in ein paar Monaten in Mexiko sein sollten.«

»Tun wir's also.«

»Ich hab das alles ausgeknobelt. Wir stehlen Rinder und Schafe und verkaufen sie an all die armseligen kleinen Bergausrüstungsläden, wo keiner Fragen stellt.«

»Buck«, begann sie.

»Und wir reiten in all die winzigen Vorgebirgsstädte in Utah und Wyoming und wir überfallen Banken. Auf unserem Pferd.«

»Buck«, sagte sie wieder.

»Es muss hundert Jahre her sein, seit jemand auf einem richtigen Pferd eine Bank überfallen hat. Die wissen doch gar nicht, wie sie mit uns fertig werden sollen. Sie werden uns mit Autos jagen, und weg sind wir, über die Schutzgeländer, zurück in den Bergen mit all dem Geld. Weg.«

»Buck«, wiederholte sie, und ich antwortete noch immer nicht, aber diesmal hörte ich auf zu reden.

»Buck«, meinte sie. »Das ist doch alles Quatsch.«

»Ich denke, wir können vier bis fünf Monate durchhalten, bis sie uns schließlich niederschießen.«

»Du redest blödsinniges Zeug. Du gehst nirgendwohin.«

»Du glaubst, so was würde ich nicht tun?«

»Darüber rede ich nicht mal mit dir.«

»Du glaubst, ich würde das nicht tun?«

»Du willst dich mit ein paar Pferden davonmachen und zusehen, ob wir da draußen niedergemacht werden? Na schön, ich bin ganz dafür. Aber verschwende keine Zeit mit diesen Räuberpistolen.«

»Na, komm schon«, erwiderte ich. »Komm schon, Martha Knox.«

»Du bist einfach beschränkt. Ja, beschränkt.«

»Du würdest sowieso nicht einfach so abhauen.«

Sie sah mich an, als wollte sie irgendwas Gemeines und Verrücktes sagen, aber sie stand nur auf, goss den Kaffee über das noch verbliebene Feuer, um es auszulöschen.

»Na komm schon, Martha Knox«, wiederholte ich.

Sie setzte sich wieder, aber ich konnte sie nicht gut sehen in der ungewohnten Dunkelheit über der nassen Asche.

»Verschwende nicht wieder so meine Zeit«, erklärte sie.

»Na komm, du kannst doch nicht einfach so abhauen.«

»Und ob ich das kann.«

»Du würdest einfach die Pferde von meinem Alten stehlen?«

»Handy ist verdammt noch mal mein eigenes Pferd.«

»Na komm, Martha Knox«, sagte ich, aber sie stand auf und ging in das Zelt hinter mir. Dann wurde das Zelt von innen erleuchtet, so wie am Morgen, bevor die Sonne aufging, wenn sie ihr Tagesgepäck für die Jagd fertig machte, und ich von der Wiese, wo ich mein Pferd zu satteln begann, sehen konnte, dass im Zelt Licht war, aber nur ganz schwach, denn sie benutzte bloß eine Laterne.

Ich wartete, bis sie schließlich mit der Laterne aus dem Zelt kam. Sie hatte auch ein Zaumzeug dabei, das sie vom Haken neben den Kochherden genommen hatte, wo wir die ganzen Trensen aufhängten, damit die Gebisse nicht vom Tau gefrieren und am Morgen in den Mäulern der Pferde zu Eis würden. Sie schritt an mir vorbei zur Wiese. Wie immer ging sie schnell und wie immer mit dem Gang eines Jungen.

Ich folgte ihr. Dabei stolperte ich über einen losen Stein, dann hielt ich sie am Arm fest. »Du gehst doch nicht allein fort?«, fragte ich.

»Doch, ich gehe. Und zwar nach Mexiko. Mitten in der Nacht. Ich allein mit diesem Zaumzeug.«

Dann sagte sie: »Ich mach nur Spaß, Buck«, obgleich ich nichts gesagt hatte.

Ich hielt ihren Arm, und wir gingen ein Stück. Der Boden war holprig und an einigen Stellen nass, über anderen lag eine dünne Schneedecke. Wir stolperten über Steine und fielen ineinander, aber wir stürzten nicht, die Laterne half etwas. Wir folgten den Glocken, bis wir bei den Pferden anlangten. Martha Knox stellte die Laterne auf einen Baumstumpf. Wir sahen die Pferde an, und die Pferde sahen uns an. Einige von ihnen entfernten sich wieder, andere gingen zur Seite oder stellten sich hinter uns. Aber Stetson kam herüber zu mir. Ich streckte meine Hand aus, er schnupperte daran und legte sein Kinn darauf. Dann fing er wieder an zu grasen, und die Glocke an seinem Hals klingelte, so als wäre diese Bewegung wichtig gewesen. Aber die Glocken klingelten immer, und es war nichts weiter.

Martha Knox stand zwischen den Pferden und sagte die

Dinge, die wir immer zu den Pferden sagten: »Na hey, sachte, Freundchen, ganz ruhig«, so als würden sie die Worte verstehen, obwohl es doch eigentlich nur die Stimme ist, die eine Rolle spielt, und die Worte ganz beliebig sein können.

Sie fand Handy, und ich sah zu, wie sie ihm das Zaumzeug anlegte; die Flecken auf seinem Rücken und Hinterteil in der fast vollkommenen Dunkelheit waren hässlich, wie versehentlich hingestreut, wie Fehler.

Ich ging hinüber zu ihr, sie sprach zu Handy und schloss die Schnalle an seinem Ohr.

Ich sagte: »Du weißt, dass mein Alter dieses Pferd von seinem Besitzer für hundert Dollar gekauft hat, der Kerl hat es mächtig gehasst.«

»Handy ist der Beste. Sieh dir diese hübschen Beine an.«

»Mein Alter meint, sie hätten ihn *Plage* nennen sollen.«

»*Schön* hätten sie ihn nennen sollen«, entgegnete sie, und ich lachte, aber ich lachte zu laut, und Handy warf den Kopf zurück.

»Ganz ruhig«, sagte sie zu ihm. »Na, sachte; ganz ruhig, Junge.«

»Weißt du, warum Indianer mit Appaloosas in die Schlacht ritten?«, fragte ich.

»Ja, ich weiß.«

»Sie waren nämlich brav und hauten wieder ab, wenn sie angekommen waren.«

Martha Knox sagte: »Willst du mal raten, wie oft ich den Witz in diesem Sommer schon gehört habe?«

»Ich kann Appaloosas nicht ausstehen. Keins von ihnen.«

Sie stand neben Handy und strich ihm übers Rückgrat. Dann fasste sie die Zügel und ein Büschel Mähne und schwang sich hinauf, genauso, wie ich es ihr im Juni beigebracht hatte. Er tänzelte ein paar Schritte zurück, doch sie zügelte ihn, und mit einem leichten Druck auf den Hals brachte sie ihn zum Stillstehen.

»Kommst du nun oder nicht?«, fragte sie.

»So viel Geld kannst du mir gar nicht geben, das mich auf diesem gefleckten Bastard zum Reiten verleiten könnte.«

»Steig auf.«

»Er nimmt nicht zwei ohne Sattel.«

»Er nimmt zwei. Steig auf.«

»Ruhig, Junge«, sagte ich und schwang mich hinter Martha Knox hinauf. Er tänzelte zur Seite, ehe ich richtig saß, aber diesmal ließ sie ihn tänzeln; dann trieb sie ihn an, und er war schon in einen lockeren Trab gefallen, während ich noch mit beiden Armen ihre Taille umfasste und nach einem Büschel Mähne griff. Sie ließ ihn traben, dann wurde er langsamer und fiel schließlich in Schritt. Sie ließ ihn laufen, wohin er wollte, und er umkreiste zweimal träge die Laterne. Er schnupperte an der Stute, die rasch von ihm fortrückte. Dann ging er zu einem Baum und stellte sich darunter, ganz still.

»Ein toller Ritt«, sagte ich.

Sie trieb ihn an, diesmal nicht nur mit einem leichten Stups, sondern ernsthaft, danach galoppierte er los, und nach zwei weiteren Schlägen fing er an zu rasen. Wir waren zu betrunken dafür, und es war zu dunkel dazu, und es gab zu vieles auf dieser Wiese, über das ein Pferd stolpern konnte, aber wir rasten nur so dahin. Seine Glocken und Hufe machten einen ziemlichen Lärm, und sie überraschten die anderen Pferde, die hinter uns auseinanderstoben. Ich hörte, wie ein paar von ihnen uns mit ihrem Glockengebimmel schnell folgten.

Martha Knox hatte die Zügel in der Hand, aber sie gebrauchte sie nicht, mein Hut war fort, der ihre auch, weggeflogen. Vielleicht war Handy gestolpert oder er war falsch getreten, wie es bei Pferden, die gerne schnell liefen, manchmal vorkam, oder wir saßen nicht richtig, jedenfalls stürzten wir. Da ich sie noch immer umfasst hielt, fielen wir zusammen, so dass wir nicht sagen konnten, wer zuerst fiel oder wessen Schuld es war. Diese Wiese war der beste Ort für die Pferde bei langen Aufenthalten, aber bei dieser Jagd war sie erschöpft. Im nächsten Frühjahr würde es anders sein, bei frischem Gras, nass vom abfließenden Wasser, doch in dieser Nacht war es gefroren und voller Schmutz, und wir schlugen hart auf. Wir fielen auf die gleiche Weise, alle beide. Wir fielen auf unsere Hüften und Schultern. Ich wusste, ich war nicht verletzt, und dachte mir, dass auch sie es nicht war; doch bevor ich fragen konnte, lachte sie schon.

»Oh, Mann«, stöhnte sie. »Verdammt.«

Ich zog meinen Arm unter ihr hervor und rollte mich von der Hüfte auf den Rücken, und sie rollte sich auch auf den Rücken. Wir waren zwar weit entfernt von der Laterne, aber es war Vollmond und er schien hell. Ich drehte mich um und sah Martha Knox' Gesicht neben dem meinen. Ihr Hut war fort, und sie rieb sich den Arm, aber sie blickte nirgendwohin, nur gerade zum Himmel hinauf, in einen Himmel, wie wir ihn nicht oft sehen wegen der Bäume oder schlechtem Wetter oder weil wir schlafen oder ins Feuer starren stattdessen.

Handy kam zurück – zuerst seine Glocke, dann sein riesiges Gesicht über unseren Gesichtern, ganz dicht und heiß. Er beschnupperte uns, als wären wir etwas, das er gern haben würde.

»Du bist ein gutes Pferd, Handy«, lobte Martha Knox – nicht mit der Stimme, mit der wir gewöhnlich zu Pferden redeten, sondern in ganz normalem Tonfall, und es war ihr ernst. Ich glaubte nicht, dass sie von mir geküsst werden wollte, aber es stimmt, dass ich *sie* damals küssen wollte. Sie sah großartig aus. Auf dieser abgestorbenen, gefrorenen Erde sah sie so gut und bedeutend aus wie frisches Gras oder frische Beeren.

»Du bist ein gutes Pferd«, sagte sie noch einmal zu Handy, und es war zu hören, dass sie sich dessen ganz sicher war. Er beschnupperte sie erneut sehr behutsam.

Auch ich blickte nach oben, in den Himmel, und die Sterne sahen eigentlich nicht anders aus als sonst, wenn sie auch irgendwie näher zu sein schienen und fremd. Ich beobachtete sie so lange, bis ich einen von ihnen über uns niedergehen sah, lange und tief. Das beobachtet man bei einem klaren Himmel dort draußen häufig. Aber dieser eine Stern hinterließ einen dünnen Bogen, gleich einer brennenden Zigarette, die über unsere Köpfe geworfen wurde. Wenn Martha Knox das bemerkte, dann nur, als sie schon mit einer Hand nach den Zügeln ihres Pferdes griff, und über so etwas sprach sie nicht.

FABIAN HISCHMANN

Der Damhirsch ist deutlich größer als das Reh, aber kleiner und vor allem leichter als ein Rothirsch

7. *Juni: Ich will es können, aber ich kann es nicht. Ständig muss ich daran denken, wie ich in einer Tour meine Hände desinfiziere und heule und die Kinder trotzdem lachen, was total schlimm ist, weil ich sicher bin, dass sie mich auslachen. Und ich denke daran, wie rot die Sonne in Togo auf- und untergeht, und wie egal mir das ist, weil ich so viel Angst habe.*

Du hebst den Stift vom Papier, versuchst ihn durchzubrechen, hast nicht genügend Kraft.

Du läufst durch den Ort. In der Altstadt flüchtest du vor einem Schauer unter einen der vielen Renaissance-Erker, die dort in die Fußgängerzone ragen. Du isst Zanderknusperli, trinkst Rivella blau dazu, wie eine saublöde Touristin, und genau die willst du auch sein in diesem Moment. Im Kauen siehst du über die Häuser hinweg deine nächste Station. Die Treppen zum Munot, diesem Turm, dieser Festung, sind steil, und in der ausgetrockneten, abschüssigen Grünfläche neben dem Aufgang ruhen Damhirsche, ordentlich aufgereiht, im Schatten von geschlagenem Holz. Weiter oben kotzt ein Mädchen aus einer Turmluke. Vielleicht der Höhe wegen oder weil sie eine Ahnung von vergangenen, blutigen Schlachten

87

bekommt. Der Freund reibt ihr statt des Rückens den Arsch und ruft immer wieder: »It's all right, Liz.«.

Ganz oben riecht es nach verbrannten Würsten vom Kiosk her, und du stützt dich auf die bauchhohe, moosige Brüstung, um dir einen Überblick zu verschaffen. Die spitzen Dächer der Altstadt, ohne Schüsseln und Antennen, um das Bild nicht zu versauen, erzählte der Herbergsvater vorhin. Unweit von dir sitzt ein Paar mit Kind bei den Kanonen und schleckt Eis am Stiel. Das Kind verliert einen Großteil an den Boden und plärrt. Der Vater tröstet, nimmt einen Bissen vom Stiel, der wohl aus Kaugummi ist.

Den Rest schiebt sich das Kind in den verschmierten Mund. Du wirst grob im Kopf, denkst daran, dass viel zu viele Kinder später einmal Arschlöcher werden, weil kaum jemand es fertigbringt, unschuldig zu bleiben. Du bist ziemlich weit oben.

Du stehst vor dem langen Querspiegel im WC der Herberge und reißt einen Hautfetzen aus der Bisswunde an deiner Unterlippe. Im Schlaf ist es passiert, und das ist komisch, weil du dich nicht daran erinnern kannst, geschlafen zu haben. In einer der leeren Kabinen läuft, seit du hier bist, die Klospülung. Im Waschbecken kleben Reste von Seife und Rotz. Blut quillt und schmeckt metallisch. Auf Höhe des Waschbeckens hat jemand an die Wand gekritzelt: *Wir sind alle Opfer.*

Dein Zimmer liegt zum Rhein hin. Neben dir schlafen dort noch drei andere. Zwei kommen seit Tagen erst spät in der Nacht und gehen sehr früh am Morgen. Der Dritte ist gestern angekommen. Hübsch ist der, auf seine Art, mit kecken Haaren. Gerade sitzt er auf dem Stuhl vor dem Fenster, lässt einen kleinen Gummiball aus der Hand fallen und wieder hineinspringen. Das Fenster steht offen, man kann die Möwen hören. Vielleicht wirft jemand Brot von der Brücke.

Du führst jetzt Tagebuch, super albern, aber du musst es tun, weil da niemand ist.

Der Junge liegt auf dem Bett und atmet, und du siehst ihn an und schreibst deshalb ganz krumme Zeilen, schiefe Beichten. Er dreht den Kopf. Er lächelt, wenn auch verhalten. Du formulierst deinen letzten Satz für heute: Die Schweiz ist ein neutraler Ort, und trotzdem hab ich weiter Angst. Deine Lippe tut weh, und in der Kirche gegenüber läutet es zur Spätmesse.

Du gehst neben dem Jungen. »Ich bin Daniel«, hat er gesagt. »Ich bin Eva«, hast du geantwortet. Du inspizierst sein Schuhwerk. Schlichte Boots aus braunem Wildleder, geeignet für jede Jahreszeit und nicht billig. Laternen leuchten aufs Wasser, auf einem Schiff tanzen Menschen. Ihr steuert eine Bar in Ufernähe an.

Die Stühle sind unbequem eckig. Auf den Bierflaschen klebt ein Falke, und du erinnerst dich an dein jugendliches Vorhaben, dich tätowieren zu lassen. Eine Schildkröte oder ein Dreieck wären denkbar gewesen. Daniel reißt das Etikett in kleinen Fetzen auf die Tischplatte, erzählt was von einer Bergkette in Italien, einem früheren Job.

Am Nebentisch stochern Geschäftsmänner im Eis ihrer Caipirinhas, diskutieren in rasendem Schwyzerdütsch. Du verstehst nichts, vermutest, dass sie von weit oben, den Alpenkantonen Graubünden oder Wallis, heruntergestiegen sind, um den Bau eines hochmodernen Hotelkomplexes unter Dach und Fach zu bringen.

Mit dreizehn warst du mit deinem Vater und Melissa, seiner damaligen Freundin, zum Skiurlaub in Saas-Fee. Plötzlich wolltest du lieber Snowboard fahren, und dein Vater ging ohne Einwände mit dir ins Geschäft. Melissa blieb, wie an all diesen Urlaubstagen, so lange in ihrem Liegestuhl im exklusiveren Bereich der Mittelstationsterrasse liegen.

Dein Snowboardlehrer Claude sprach ganz ähnlich wie die Männer nebenan, nur sagte er öfter »cool« und »fresh«, und du wünschtest dir sehr, er würde dich in den Pulverschnee ziehen und küssen. Natürlich küsste er dich nicht und ihr wart nie wieder in Saas-Fee, und Melissa und dein Vater trennten sich im darauf folgenden Frühjahr.

Die Dinge werden porös, bevor sie brechen.

»Kuckuck« – du schreckst auf und siehst Daniel, dessen Augen älter aussehen als das restliche Gesicht. »Wollen wir noch eins trinken?«, fragt er. Du nickst. »Gern, aber lieber woanders.«

Eine Viertelstunde später stehst du neben Daniel an der Reling des Tanzschiffs. Beats wummern von hinten, der Wind lässt eure Shirts um den Bauch flattern. Deins hast du selbst genäht, im Brustbereich ist es zu weit geworden. Daniel findet, es steht dir sehr gut.

Dein Kopf nickt leicht im Rhythmus. »Ich tanz nicht«, stellt Daniel klar, ohne den Blick vom Strom unter ihm zu lassen, stößt Rauch durch die Nasenlöcher. »Das hab ich mir schon gedacht«, erwiderst du, nimmst ihm die Kippe aus den Fingern und ziehst kräftig daran.

»Der Rhein ist nach der Newa der zweitgrößte Fluss nordwestlich der europäischen Hauptwasserscheide und der wasserreichste Nordseezufluss«, erklärt dir Daniel, holt sich die Zigarette zurück.

»Bist ein Erdkundeass, wie?«

Daraufhin sieht er dich so ernst an, als hättest du ihm deine Liebe gestanden.

Dann lauft ihr wieder, am Verkehr entlang, Richtung Altstadt.

»Ich bin vor vier Tagen angekommen«, sagst du, laut und ohne dass er dich danach gefragt hätte in den Lärm der Hauptstraße.

»Okay«, antwortet er, fast zu leise gegen das Brummen der Motoren.

Du redest weiter: »Ich war in Afrika, freiwillig. Hab's nicht gepackt. Mein Vater hat es von Anfang an für eine dumme Idee gehalten. Er denkt, ich bin noch dort. Alle denken sie, ich bin noch dort.« Dir wird bewusst, dass du in den paar Sätzen, nicht so viel hättest sagen müssen, dass du nur darauf gewartet hast, endlich mit einem darüber zu sprechen, und dass es wie auswendig gelernt klingt.

Ihr passiert ein Plakat. Darauf greift eine dunkelhäutige Hand nach einem Schweizer Pass. Die Hand ist rot durchgestrichen. »Unfassbar«, meint Daniel. Gleich daneben wirbt ein Getränkehersteller für Limonade: Die reine Erfrischung.

Eine Menge Schritte schweigt ihr, dann sagt er: »Du wolltest was erleben, wie alle, und bist auf die Fresse gefallen. Es könnte schlimmer sein.« Er lacht und schüttelt den Kopf.

»Ist das so lustig?«

»Irgendwie schon.«

Ein Lkw wird einige Meter vor euch geblitzt. Der Kiosk in unmittelbarer Nähe der Falle leuchtet. Daniel berührt deinen Arm. »Bin gleich wieder da«, sagt er und spurtet zum Kiosk.

Daniel kommt vom Pinkeln zurück, dein Rachen kribbelt vom Schnaps. Auf dem Leder seiner Boots kannst du im Laternenschein Pissespritzer erkennen.

Du hast eigentlich genug, schenkst zum fünften Mal Wodka in einen Plastikbecher – auf den hast du wegen deiner kaputten Lippe bestanden –, reißt das Päckchen Brause auf und sagst:

»Ich fühle mich wie sechzehn.«

Vor dem Schlucken brennt das Pulver in der Wunde, nach dem Schlucken schüttelst du dich.

Du fragst: »Was machst du, Daniel?«

»Ich trinke mit dir, vielleicht bis es hell wird. Das mache ich und ich hoffe, du machst mit«, antwortet er.

Ein Igel huscht über die Straße oder eine große Ratte, und euer Gespräch ist keins, und du merkst, dass du Fragen stellst, wie sie Mädchen in abgeschmackten Coming-of-Age-Kinofilmen schon hundertfach gestellt haben. Du fragst weiter: »Bist du auch geflüchtet?«

Er sieht lange geradeaus, erwidert schließlich: »Ich bin mal nach Costa Rica geflogen, und es gab ziemlich schlimme Turbulenzen. Ich hab gedacht, das war's jetzt. Ein paar Passagiere haben laut gebetet und sich an den Händen gehalten, und die Stewardessen haben einfach weiter gelächelt, als wäre alles ganz normal und so wie immer. Natürlich ist das ihr Job, aber ich könnte das echt nicht.«

Er zündet sich eine Zigarette an, inhaliert tief, guckt schräg und sagt: »Du bist eine toughe Trinkerin.«

»Gib mir noch ein Päckchen mit Waldmeister-Geschmack«, sagst du.

Daniel nickt und klatscht dir auf den Schenkel.

Du siehst ein, dass er nichts über sich sagen wird, und

kippst den trotzigsten Schnaps der bisherigen Nacht. Erneut huscht das Tier über die Straße. Es ist eine Ratte.

Daniels Casio piept zweimal. Im Kiosk hat er auch eine Postkarte gekauft. Er zeigt sie dir, leuchtet mit dem Telefon über das Motiv. Du erkennst eine Menge Wasser, das schäumend Felsen hinabstürzt und grünblau davonfließt. *Grüße vom Rheinfall in Schaffhausen* steht in gelben Buchstaben am linken, oberen Bildrand.

Du ziehst einen unbenutzten Becher aus dem Zehnerpack und stellst ihn vor die Bank auf den noch warmen Asphalt. Im Aufstehen ist dir schwindelig. Mühsam kramst du deine tic tacs aus der Tasche.

»Wir spielen jetzt was«, sagst du und rasselst mit den Minzbonbons.

»Wie heißt das Spiel?«

»Spuck in den Becher.«

»Was kriegt der Gewinner?«

»Ehre und Ruhm!«

»Und der Verlierer?«

»Springt nackt in den Fluss. Bist du dabei?«

»Bin dabei!«

Wieder kommt Daniel vom Pinkeln zurück. Du bist mittlerweile schwer betrunken und hast Angst aufzustehen. Im Becher sind drei tic tacs von Daniel und keins von dir.

»Wir müssen's nicht durchziehen«, sagt Daniel außer Atem, weil er so ein fixer Pisser und Vielraucher ist.

»Wir sowieso nicht. Ich hab verloren«, lallst du zurück und kneifst die Augen zusammen, bis sie tränen. Schnell stehst du dann doch auf, und nach ein paar Sekunden vergeht der

Schwindel, kommt die Kotze. Du versuchst zu schlucken, machst eine Hundertachtziggraddrehung, greifst mit beiden Händen nach der Banklehne, erwischst sie gerade noch, und übergibst dich.

»Scheiße«, schnauft Daniel und tritt näher an dich heran. Du wärest auf Abstand gegangen. Vom Geruch fremder Kotze musst du immer selber kotzen. Du würgst und schämst dich. Daniel reibt dir den Rücken, hält sich fern von deinem Arsch.

Als endlich alles draußen ist, fährst du dir mit der flachen Hand über den Mund, bereust, dass ihr alle tic tacs verspuckt habt. Müde und zitternd sinkst du auf die Bank und sagst: »Auf zum Fluss.« Daniel kratzt sich am skeptischen Kopf.

Auf der anderen Straßenseite rollt ein Skateboarder unter den Laternen und schaut in eure Richtung. Wohl angespornt durch unverhofftes Publikum, tritt er an und springt angeberisch vom Bordstein. Zunächst scheint es, als sei alles gut gegangen, landet er mit den Füßen auf dem Brett, doch dann federt er vom Deck, fliegt durch die Luft und schlägt auf den Boden. »Fuck«, sagt Daniel. Der Skater liegt regungslos da. »Fuck«, sagt Daniel zum zweiten Mal und rennt hin. Noch bevor er ankommt, rappelt der Skater sich auf.

»Alles klar mit dir?«, ruft Daniel, obwohl er nah bei ihm steht. Der Skater klopft sich den Dreck von Kleidern und Händen, dreht sein Board auf die Räder und rollt wortlos davon. Vor der nächsten Ecke brüllt er: »Scheiß Dütsche.«

Daniel steht da und sieht aus wie vieles, nur nicht wie ein Sieger. Langsam senkt er den Kopf. Er welkt, denkst du, und: Wir sind alle Opfer.

Ihr macht euch auf zum Strandbad. Daniel wirkt von Schritt zu Schritt nervöser, kaut pausenlos Fingernägel, taumelt ab und zu. Du fühlst dich vollkommen nüchtern.

Nacktbaden warst du das letzte Mal mit Aljoscha, einem damaligen Praktikanten im Konzern deines Vaters. Ihr fuhrt aus der Stadt zum Weiher in seinem alten Golf Cabrio. Es war furchtbar schwül und überall zirpten Grillen im Mais. Sein Ständer vor dem Schwimmen, währenddessen und danach war Aljoscha peinlich und er machte nichts aus ihm. Ab da warst du dir hundertprozentig sicher, dass er der Falsche war. Auf dem Rückweg goss es wie aus Eimern und das Verdeck klemmte, ließ sich nicht schließen. Es fühlte sich an wie unter der Dusche, wenn man breit ist und die Augen schließt.

Die Wassertemperatur beträgt 18 Grad Celsius, was ziemlich solide ist für Anfang Juni. Der Pegelstand ist im Normalbereich. So steht es auf einer Tafel am Häuschen der Rettungswacht. Schwimmen kostet nichts, auch am Tag, nur ist es ohne Aufsicht zu riskant und nachts wie überall verboten. Der Zaun ist nicht besonders hoch und hat keine Stacheln auf der Krone.

»Komm, ich mach dir eine Räuberleiter«, schlägt Daniel vor. Du trittst in seine Hände. Er kommt mühelos nach, hievt sich sportlich über das Hindernis.

Tagsüber ist das Rheinwasser grün. Jetzt hat es keine Farbe. Sofort ziehst du deine Klamotten aus. Du kannst es selbst kaum fassen, aber mit deinem nackten Körper hast du kein Problem.

»Also los«, sagst du und klatschst in die Hände. Obwohl Daniel gewonnen hat, pellt er sich ebenfalls aus seinem Outfit. Er ist ganz weiß, er leuchtet fast.

Ohne langes Drucksen springst du ins Wasser. Die 18 Grad fühlen sich eisig an. Du stemmst dich gegen den Fluss, spannst die Muskeln, um den Halt nicht zu verlieren. Daniel steht erst bis zu den Knöcheln im Strom.

»Was ist?«, rufst du ihm zu.

»Bleib mal da, bleib da, wo man stehen kann, ja«, ruft er zurück. Stattdessen kraulst du ein paar Züge gegen das andere Ufer, treibst dabei nach rechts. Du hörst ihn noch ins Wasser platschen, dann tauchst du und tauchst und hast die Augen weit aufgerissen, und es ist dunkel und leise. Zug um Zug staunst du über die Stille, berührst ein paar Algen, tauchst schließlich wieder auf. Du schüttelst die nassen Haare aus den Augen und siehst dich um, kannst Daniel aber nirgends entdecken. Du schwimmst zurück ins Flache, deine Ohren drücken vom kalten Wasser. Nachdem du den Druck ausgeglichen hast, hörst du Daniel deinen Namen schreien: »Eva!«, und gleich noch mal: »Eva!«

Seine Stimme kommt nicht aus dem Fluss, sie kommt vom Ufer. Du steigst aus dem Wasser. »Hier bin ich doch«, antwortest und siehst seine weiße Silhouette auf dich zurennen. Als er bei dir ankommt, schubst er dich. »Auf einmal warst du weg«, sagt er mit unsicherer Stimme und dann energischer: »Scheiße, ich hab dich gerufen, und du hast nicht geantwortet. Fuck, ich dachte du ertrinkst.«

»Tut mir leid, ich ...«

Daniel fällt dir ins Wort.

»Blöde Kuh.«

»Ich wollte dir keine Angst einjagen.«

»Ach nein? Hast du aber. Die Strömung ist voll heftig, und es ist stockdunkel, und ...« Er winkt ab, macht kehrt, kickt ins Gras und setzt sich. Du hockst dich neben ihn.

»Es war ganz leise unter Wasser, weißt du. Ich hab nix gehört.«

»Schon gut«, nuschelt er und fährt deutlich lauter fort: »Warum mussten wir das hier jetzt überhaupt noch machen? Wir sind total besoffen und ich ...«

»Du hast es mir vorhin selbst gesagt«, antwortest du, deine Zähne klappern.

»Kann mich nicht erinnern.«

»Weil wir sind wie alle. Weil wir was erleben wollen. Es könnte schlimmer sein.«

Du stehst auf. Vögel schreien den anbrechenden Tag an, und in einiger Entfernung röhren die Damhirsche.

9. Juni: Daniel ist abgereist. Habe einen Flug gebucht und war erneut tauchen.

Länger als nachts.

Die Spitze des Bleistifts bricht ab.

DANIELA DRÖSCHER

Landlieben

Die Wagentür flog ins Schloss. Der Dorfanger vor Ellis Haus schien unter dem Geräusch zu erzittern. Ich blickte in Michas Gesicht, das ungehalten wirkte.

»Nicht vor den Kindern.« Er flüsterte, und an den Achseln seines Hemdes konnte ich sehen, dass er schwitzte. Wann immer wir zu Elli aufs Land hinausfuhren, gab es Streit. Das kleine Gesicht unseres Sohnes sah zu uns auf. Mit seinen vier Jahren wusste Hannes bereits, dass das Geschrei nie länger als ein paar Sekunden währte, ähnlich einem Gewitterblitzen, dem verlässlich besänftigender Regen folgte.

Elli kam auf uns zugestürzt. Eine schwere Parfumwolke umhüllte sie. Ich war sicher, dass sie den Duft nur auflegte, wenn wir zu Besuch kamen. Auch das knappe enge Kleid zu den klobigen Stiefeln und der Schmuck schienen eigens für uns ausgewählt. Hannes klammerte sich sofort wie ein Äffchen an Ellis tätowierte Arme. Er liebte ihre ruppige Art, die Pferde, die hinter dem Haus auf der Koppel grasten, und ihre verwahrlosten Hunde. Elli war ein Punk, laut, direkt und mir stets eine Spur zu tonangebend, wie eine Mutter, die immer wusste, was richtig war und was falsch. Sie und Micha kannten sich von früher, und weil mein Sohn Elli liebte und mein Mann das Land, fuhren wir eben ab und an zu ihr hinaus.

Als Elli die Babyschale auf der Rückbank erblickte, ging ein Zucken durch ihr Gesicht, ganz so, als hätte sie die Geburt unserer Tochter erfolgreich verdrängt und würde nun erst wieder an sie erinnert. Ich hob Hannah aus dem Auto.

Elli seufzte.

»Ich wusste, dass ihr irgendwann mit einem zweiten Kind auftaucht.« Sie trat näher, um die Kleine in Augenschein zu nehmen.

Es war das erste Mal, dass wir sie zu viert besuchten. Nun waren wir kein Paar mit Kind mehr, sondern eine Familie.

»Es gibt nichts Revolutionäreres im 21. Jahrhundert, als eine Familie zu gründen«, sagte ich. Micha hatte den Satz kürzlich in einem Interview mit Pete Townshend entdeckt.

Elli tat, als hörte sie mich nicht, und streichelte weiter Hannahs kleine Hand.

Ellis Ehe war im letzten Winter zerbrochen. Der gemeinsame Sohn, der schon zur Schule ging, verbrachte die Wochenenden seither bei seinem Vater in der Stadt, wohin dieser nach Jahren des ihm verhassten Landlebens zurückgezogen war.

»Das Beste wird sein, wir fahren gleich weiter.« Ohne zu fragen, ob wir damit einverstanden wären, stieg Elli in ihr Auto.

Micha nickte und schob sich hinter das Lenkrad zurück.

»Und wohin?« Wie zum Trotz klammerte ich mich an die offenstehende Wagentür.

»Zu Gina.« Elli kurbelte das Fenster hoch und ließ den Motor an.

»Gina«, wiederholte ich.

»Ellis neue Freundin«, hörte ich Micha murmeln.

Ich ließ die Tür ins Schloss krachen.

Im Auto heulte unsere Tochter, in ungläubiger Wut, dass wir sie erneut in der Babyschale fixiert hatten, und ich musste mich beherrschen, mich nicht laut über ihr Geschrei zu beschweren. Ich verachtete dieses leicht reizbare, naturscheue Wesen, zu dem ich in Ellis Beisein wurde. In meinem Seidenkleid, der dünnen Pelzjacke und den hohen Schuhen wirkte ich in ihrem Reich wie eine Comicfigur. Noch viel mehr als mich selbst aber verabscheute ich den unterwürfigen, perfekten Mann und Vater, in den Micha sich verwandelte.

Wir hielten vor einem Gutshof und stiegen aus. Ein Oldtimer parkte in der alten Scheune, zwei dunkelhäutige Kinder mit lockigem Haar, ein älteres Mädchen und ein kleiner Junge, hüpften im Garten auf einem Riesentrampolin auf und ab. Aus der Haustür trat eine großgewachsene Frau. Ihr Lächeln war herzlich, ihre Haut schimmerte milchkaffeebraun, das schwarze Kraushaar war mit einem hellen Kopftuch bedeckt.

»Woher kennt ihr euch?«, fragte ich Elli.

»Aus dem Supermarkt. Sie stand an der Kasse hinter mir und hat ununterbrochen geheult.« Elli lächelte, unheilvoll, wie mir schien. »Ihr Kerl hat sie sitzen lassen.«

Die Nachricht traf mich unverhofft. Ich suchte Michas Blick, doch seine Augen waren ohne einen Funken Argwohn. Er schien nichts dabei zu finden, dass Elli uns eine frisch zerstörte Familie aufzwang.

Gina schüttelte uns die Hände, ihr Lächeln war breit und zugleich sehr zart, ich mochte sie.

Während Gina gleich wieder im Haus verschwand, setzten wir anderen uns um den Kaffeetisch, der im Garten aufgebaut war. Hannes war zu Ginas Kindern gestürmt und hüpfte ebenfalls auf dem Trampolin. Ich fühlte den Impuls, ihn zu Vorsicht zu ermahnen, denn er kam von unseren Besuchen bei Elli stets mit Schürfwunden und kleineren Prellungen zurück. Doch anstatt ihn offen zurechtzuweisen, behielt ich ihn so lange im Blick, bis ich glaubte, dass er gefahrlos spielte. Erst dann ließ ich mich tief ins Polster des Gartenstuhls sinken. Hannah saß still auf meinem Schoß. Ich schloss die Augen, begierig danach, für einen Moment die Last der Aufsicht nicht zu spüren. Die Frühlingssonne wärmte meine Lider, in der Ferne sangen Vögel, ansonsten war es angenehm still. Nur Ellis Parfum hatte sich in meiner Nase festgesetzt.

»Auf die müsst ihr gut aufpassen. So hübsch, wie die ist.«

Ich schlug die Augen auf und sah, wie Elli das zarte Gesicht unserer Tochter studierte.

»Ihr kennt euch also von früher?« Mit einer schwungvollen Bewegung stellte Gina ein Blech Bienenstich vor uns hin. Der Kuchen war ein wenig schief geraten und flachte an der einen Seite sichtbar ab.

»Er ist mein bester Freund.« Elli stupste Micha kess mit dem Ellbogen in die Seite. »Und unser Patenonkel.«

Verblüfft zog Micha die Brauen hoch. Nie war davon die Rede gewesen, dass er die Patenschaft für Ellis Sohn innehatte. Elli nutzte die Gegenwart derer, die hier versammelt waren, um Micha das Amt unterzujubeln, vor Zeugen gewissermaßen, die es ihm unmöglich machten, die Verbindung jemals zu leugnen.

Ich sah ihn eindringlich an, Micha aber rutschte nur unruhig auf dem Stuhl herum. Ich zog die Pelzjacke fester um mich und wollte nach dem Softpack Zigaretten greifen, das er auf den Tisch gelegt hatte, zögerte aber. Ich stillte noch, und Elli würde sicher eine Bemerkung machen, so wie sie mir damals, als wir zusammen Silvester gefeiert hatten und ich mit Hannes schwanger war, mein Glas Sekt verdorben hatte mit dem Hinweis, schon eine winzige Menge Alkohol genüge, um beim Ungeborenen einen Hirnschaden herbeizuführen.

Gerade verteilte Elli Pappteller auf dem Tisch, so selbstverständlich, als wäre sie Ginas Mitbewohnerin oder Mutter oder Geliebte, in irgendeiner Art Ersatz jedenfalls für Ginas treulosen Mann. Sie nahm ihr sogar das große Fleischermesser aus der Hand und begann, den Kuchen in große, unförmige Stücke zu zerteilen. Mechanisch tastete ich nach dem Kaffeelöffel und zerlegte das Stück Bienenstich, das Elli mir ungefragt auf den Pappteller geschoben hatte. Ihr eigenes nahm sie sich mit bloßen Händen. Die Kinder hatten sich um den Tisch versammelt. Als ich bemerkte, wie Hannes es Elli nachtat und seine Fettfinger abschleckte, schob ich ihm eine Gabel und ein Taschentuch zu. Es war Elli anzusehen, wie sie darüber dachte.

»Schön ist es hier.« Micha seufzte und ließ den Blick über Haus und Garten schweifen.

Gina seufzte ebenfalls. Sie wollte etwas sagen, schwieg dann aber mit Blick auf die Kinder, die in Windeseile ihre Kuchenstücke verputzt hatten und schon wieder im Garten unterwegs waren. Ich sah hinüber zum Trampolin, das unter ihren Sprüngen zitterte.

»Der Kerl lässt sie Miete zahlen, stellt euch das vor. Seine eigenen Kinder.« Elli sprach nicht ohne einen gewissen Eifer in der Stimme.

Erst jetzt bemerkte ich, dass die Reifen des Oldtimers zerstochen waren und auf dem Heck eine kleine Piratenflagge gehisst worden war.

»Ohne Elli wäre ich durchgedreht in den letzten Wochen«, sagte Gina und ergriff ihre Hand. Tränen traten ihr in die Augen, sie wedelte mit den Fingern vor ihrem Gesicht umher.

Micha nahm das Softpack vom Tisch und klopfte eine Zigarette heraus. Gespräche, die derartige Intimitäten enthüllten, waren ihm schon rein körperlich unangenehm, ich konnte sehen, wie unwohl er sich fühlte. Elli deutete auf ein Fenster im ersten Stock, das geöffnet worden war. Leise Elektromusik war zu hören.

»Er könnte ruhig rauskommen, finde ich«, sagte Elli. Sie hatte Gina die Hand entzogen und hielt die Arme verschränkt.

»Er mag keinen Kuchen«, sagte Gina und zuckte die Achseln.

»Wer?«, fragte ich.

»Mein neuer Freund.«

Erleichtert atmete ich auf. Es beruhigte mich, dass die schöne Gina nach der Trennung nicht allein geblieben war.

»Ich glaube eher, er mag keine Kinder«, murmelte Elli und starrte wie blind auf mein zerkrümeltes Kuchenstück, so lange, bis auch Micha und Gina den Blick darauf richteten. Es war plötzlich, als hätte ich Partei ergriffen für diesen mir unbekannten, kuchen- und kinderscheuen Mann, der sich dort oben in seinem Zimmer verbarrikadierte, als stünde ich mit meinem Desinteresse an Bienenstich automatisch aufseiten der fahnenflüchtigen Väter und Landlebenverächter.

Als wir aufgegessen hatten, schlug Gina vor, wir sollten zum See hinuntergehen. Ihre Kinder seien zu einem Geburtstag im Ort eingeladen. Sie selbst wollte, Ellis Überredungsversuchen zum Trotz, bei ihrem Freund im Haus bleiben.

Als ich mich am Tor noch einmal umdrehte, sah ich, dass sich im oberen Stockwerk, von wo die Musik kam, die Fenster schlossen, und hörte Gina und den unbekannten Mann auflachen.

Der Weg war auf beiden Seiten dicht mit Brennnesseln bewachsen. Hannah stolperte juchzend über den Kies, sie hatte gerade erst laufen gelernt. Es war mühsam, sie davon zu überzeugen, Abstand zu den gezackten Blättern zu halten. Elli lief neben mir, sie schwieg und gab sich betont unbeteiligt.

»Lass sie doch laufen«, sagte sie schließlich. »Was soll schon passieren?«

»Was soll das heißen, ›was soll schon passieren‹?«

Ich deutete auf die Nesselbüsche zu unseren Füßen.

»Und wenn schon?« Elli zuckte die Achseln.

Hannah machte sich einen Spaß daraus, sich von meiner Hand loszureißen, sie lief davon, ich fing sie wieder ein. So ging es eine Weile, irgendwann hatte ich genug.

»Ich habe keine Lust mehr«, rief ich, die Hände zum Trichter geformt, in Richtung Micha, der mit Hannes vorausgegangen war, doch die beiden schritten unbeirrt voran. Zu allem Unglück hatten sich in meiner Pelzjacke Kletten verfangen, ich blieb stehen und pulte die kleinen stachligen Kugeln heraus.

»Du und Hannah, wollt ihr nicht doch lieber bei Gina im Garten bleiben?« Elli hatte sich vor mir auf dem Weg aufgebaut und ihre Hände auf meine Schultern gelegt.

»Schon gut.« Ich schüttelte ihre Arme ab, schnappte Hannah und ging weiter, niemals wäre es mir eingefallen, meine beiden Jungs mit Elli allein zu lassen.

Hinter einer Biegung lag schließlich der See. Einige Schritte hinter den anderen zurück beobachtete ich, dass Elli sich nah am Wasser postiert hatte. Mit ihren dünnen Beinen in den schweren Stiefeln sah sie aus wie die Anführerin einer Punkband. Hannah stolperte los in Richtung Ufer, Micha hatte sich bereits die Schuhe und Strümpfe ausgezogen, auch Hannes lief barfuß durch den Sand.

Als ich zu Elli aufgeschlossen hatte, standen wir beide wortlos da, die Kiefermuskeln aufs Äußerste gespannt. Irgendwann ließ sie sich in den Sand fallen. Ich setzte mich ein Stück weiter hinter sie, krallte meinen Blick in ihr lockiges Haar, es schimmerte goldbraun in der Sonne. Ich hätte sie am Schopf packen und herumschleudern wollen und glaubte zu wissen, dass sie Ähnliches verspürte.

Nach einer Weile kehrten Micha und die Kinder zu uns zurück, Hannes jauchzte und zog an meiner Hand. Beim Aufstehen stellte ich fest, dass der Sand feucht und mein Kleid nass geworden war. Micha lachte, legte die Hand auf den dunklen Fleck und zog mich an sich, um mich zu küssen, ich aber sträubte mich.

»Mir ist kalt.« Ungehalten wischte ich an mir herum.

Er ließ von mir ab.

Elli schnaubte verächtlich.

»Das nächste Mal binden wir dir einen Stuhl unter den Hintern«, sagte sie.

Wut schäumte in mir auf. Ich wollte sie schubsen, sie sollte hinfallen, und etwas an ihr sollte bluten.

»Wie ist das eigentlich für deinen Kleinen? Mit der Trennung?«, entfuhr es mir.

Elli sah mich aus aufgerissenen Augen an. Ohne ein Wort drehte sie mir den Rücken zu. Micha sah mich vorwurfsvoll an. Statt meinem Ärger weiter Luft zu machen, hob ich Hannah hoch. Schon wieder hatte sie in Richtung der Brennnesseln losstürmen wollen. Sie strampelte und wehrte sich, ich hielt sie fest im Arm.

Micha hatte seine Sonnenbrille zurückgeschoben, schweigend liefen wir nebeneinander. Sein Blick trieb mir Tränen in die Augen, und ich vergrub meine Hände noch fester in den kleinen Kinderkörper.

Elli hatte indes einen großen Stock aus dem Gestrüpp hervorgezogen und ihn Hannes in die Hand gedrückt. Sie war ein Stück vorausgelaufen, und unser Sohn war ihr gefolgt wie ein kleiner Hund. Er schwang den Stock nach links und rechts, und stieß dazu wilde Brülllaute aus. Seine Freude versetzte mir kleine Stiche.

Mir war, als wäre sie nur dazu bestimmt, mir vor Augen zu führen, dass Elli eine Mutter war, mit der man Abenteuer erlebte, während ich lieber Bücher vorlas als Wälder zu durchstreifen.

Dann waren die beiden plötzlich hinter einer Anhöhe verschwunden und Hannes' Gebrüll verstummte. In die Stille fuhr plötzlich ein Traktorknattern. Es wurde lauter, die Bäume um uns herum zitterten, und ich hätte nicht sagen können, ob die Panik zuerst mich oder Micha oder uns beide gleichzeitig befiel. Micha löste sich von meiner Seite, auch ich rannte los. Fast wäre ich gestolpert. Hannah, die das Ganze wohl für ein Spiel hielt, jauchzte auf meinem Arm.

Außer Atem blieb ich auf der Anhöhe stehen. Nur wenige Meter vor mir saß Hannes am Wegrand, vollkommen unversehrt, den wachen hellen Blick auf Elli gerichtet, die neben ihm kniete. Der Traktor fuhr in sicherem Abstand langsam an den beiden vorbei.

Micha war schon ein Stück weiter. Er hatte die Hände hinter dem Kopf verschränkt, vielleicht, um den Rest Adrenalin aus den Gliedern strömen zu lassen, vielleicht, um die Angst, die er gerade noch verspürt hatte, vor Elli zu verbergen.

Als sie mich kommen sah, begann sie, auf Hannes ein-zureden. Erst jetzt bemerkte ich, dass er vor einem Meer aus Brennnesseln hockte.

»Pass auf!«, rief ich.

Hannes sah nur kurz und wie blind in meine Richtung, Elli schaute nicht einmal auf.

»Wenn du ihr gut zuredest, kannst du die Brennnessel so-gar streicheln«, hörte ich sie sagen.

Mit ihrer gebräunten, sehnigen Hand, an der Adern her-vorquollen, umfasste sie eine der Stauden. Elli konnte sie so mühelos berühren, als striche sie über ein Kissen aus Moos. Sofort tat Hannes es ihr nach. Ich wollte schreien, doch meine Stimme saß fest. Hannes heulte auf, hielt die Hand von sich weg. Entsetzt sah er zu Elli empor. Sie hatte sich erhoben und blickte auf ihn herab.

»Du warst nicht laut genug. Die Brennnessel hat dich nicht gehört«, sagte sie. Dann drehte sie sich um und ging weiter.

Auf Hannes' Handrücken hatten sich bereits kleine Pusteln gebildet. Ich hielt Ausschau nach Micha, aber der scherzte weiter vorn mit Elli, die ihn fast eingeholt hatte. Hannes be-gann zu weinen. Ich versuchte abwechselnd, seine Hand zu nehmen und ihn zu umarmen. Er stieß mich weg.

»Sie hat mich nicht gehört.« Strohhalmdicke Tränenbäche liefen über seine schmutzigen Wangen. »Die Brennnessel. Sie hat mich nicht gehört.« Er weinte immer lauter, und schließ-lich stimmte auch Hannah in das Brüllen mit ein.

Als wir am Haus ankamen, war Ellis Auto verschwunden. Micha lehnte an unserem Wagen. Er nahm mir die Kinder ab und schnallte sie auf der Rückbank an. Wortlos stieg ich ein.

Micha lenkte das Auto die kleine Straße hinab. Und da kam endlich der Zorn: Mit der flachen Hand schlug ich aufs Armaturenbrett. Mir war zum Heulen zumute, vor allem, da ich begriff, dass Micha tatsächlich nichts mitgekriegt hatte.

»Aber bei Elli hat es ja funktioniert«, sagte er nach einer Weile, um mich zu besänftigen.

»Das soll sie ihrem Sohn beibringen, nicht meinem«, schrie ich.

»Weißt du eigentlich, warum er nie da ist, wenn wir kommen?«, fragte Micha. Er sah auf die Straße.

»Das ist mir egal«, sagte ich.

»Weil es ihn traurig macht.«

»Traurig.«

»Es macht ihn traurig, uns zu sehen.«

Unwillkürlich drehte ich mich um. Hannes und Hannah waren eingeschlafen. Die Frühlingssonne hatte ihnen die Wangen gefärbt, und Hannes' Unterschenkel waren von einzelnen Striemen gezeichnet. Ich musste an Elli denken, wie sie vor mir am See gestanden hatte. Ihre dünnen Beine in den schweren Schuhen kamen mir plötzlich armselig vor, wie die Beine von Spatzen.

Die Kornfelder um uns herum leuchteten, kein Luftzug bürstete sie, nur die Schatten der großen Windräder zitterten darin.

CHRISTINE KOSCHMIEDER
It's Graffiti, not a love song, stupid

Wie traurige Girlanden hängen die Zwiebelringe in seiner Erinnerung und beißen. Gut, dass er gestern bei Ikea den großen Zehnlitertopf gekauft hat. Jahrelang hat er verklebte Nudelklumpen mit der Gabel zu trennen versucht oder verklebte Nudeln als Spezialität ausgegeben, nur, weil kein Topf groß genug war, um ausreichend Wasser für zwei Packungen Nudeln zu fassen. Konnte keiner verstehen, warum er nicht endlich einen besorgt hat, wo der Prinz und er doch ständig für die anderen kochen. Und jedes Mal hat ein großer Topf gefehlt. Deswegen haben sie oft in zwei Schichten gekocht. Oder die anderen mussten ihren großen Topf mit dem Fahrstuhl drei Stockwerke nach unten fahren und zwei Straßen weiter vier Stockwerke treppauf tragen. Oder es gab Ofenkartoffeln mit Olivenöl und Salz statt Pellkartoffeln. Heute, auf der Fahrt zum Flughafen, steht der neue Zehnlitertopf im Kofferraum. Fährt mit nach Berlin, weil er gestern zu faul war, ihn aus dem Kofferraum zu holen und nach oben zu tragen. Heute, auf der Fahrt zum Flughafen, die stattfindet, weil Silber ihren Zug verpasst hat. Die heute stattfindet, weil Silber heute um 11:25 Uhr ihren Flug von Tegel nach Tallinn erwischen muss. Es kann nie schaden, einen Zehnlitertopf im Kofferraum zu haben. Besonders an Tagen wie heute, wenn der Zug ohne Silber nach Berlin fährt, nach Berlin, wo ihr Flug nach Tallinn nicht auf sie wartet, und Brenda Lee aus dem Kassettenrekorder ruft: *Lover come back to me.*

Seit einem halben Jahr kocht er nicht mehr. Seit einem halben Jahr bereitet er Speisen nur noch zu. Lässt den Basmati aus dem Vorratsglas in die schäumende Butter rieseln, wartet, bis er zu duften anfängt, wirft eine halbe Handvoll Salz hinterher, bevor er die Brühe aufgießt. Das vergisst er nie, seit der Prinz ihn nicht mehr daran erinnert. Der Prinz hat sich jedes Mal beschwert, wenn er das Salz vergessen hat. Immer. Selbst wenn er es nicht vergessen hatte. Später hat der Prinz keinen Reis mehr gegessen. Was er seitdem schneidet, schneidet er gleichgültig. Putenfleisch, Cocktailtomaten, Cornichons, Zwiebelringe. Schlägt gleichgültig Eigelb für die Béarnaise im Wasserbad auf, verrührt Senf und Honig für sein legendäres Salatdressing, gleichgültig. Kassiert das Lob der Gäste. Gleichgültig. Und jetzt fährt er seinen neuen Zehnlitertopf auf die Autobahnauffahrt nach Berlin. Jahrelang ist er standhaft an den Aktionsregalen bei Tchibo und Aldi vorbeigegangen. Natürlich hat er sie gesehen, manchmal hat er sogar die Preise verglichen. Aber derjenige mit der Ahnung von Töpfen, das war der Prinz, Qualität hat ihren Preis, deswegen konnte der Prinz seine Flohmarkttöpfe kaum aushalten und auch nicht, dass er nie den Silikonbratenwender benutzt hat, um die Bratkartoffeln zu wenden oder die Spiegeleier anzuheben. Jetzt verstauben sie auf den Regalbrettern, seine Flohmarkttöpfe und Pfannen, deren Beschichtung er gar nicht zerstören konnte, weil sie keine haben. Dass auch das zerkerbte Holzbrett vom Trödel stammt, hat er für sich behalten. Als ob es hygienischer würde, wenn es seine eigene Großmutter gewesen wäre, die darauf Koteletts geklopft hätte. Als wären die Koteletts unbekannter Großmütter unhygienischer. Auch ohne die Herkunft des Bretts zu kennen, hatten die anderen genug zu fluchen. Dass keins von seinen Schneidemessern scharf ist. Dass er keinen elektrischen Dosenöffner hat. Und nur einen Handquirl. Keine Limetten. Als ob Zitronen dasselbe wären. Und der eingeschweißte Lachs am Stück, viel zu groß für den Backofen. Und steifgefroren. Ein steifgefrorener Tiefkühllachs passt nicht in den Backofen. Also haben sie ihn in die Spüle gestellt und sich eine Flasche Bier vom Balkon geholt, während das heiße Wasser über den Lachs gelaufen ist. Den mitgebrachten Aldi-Wein aufgemacht, »keine Ahnung, ob der schmeckt«, »das muss nichts heißen, meine Eltern fahren sogar extra zum Weinkaufen zu Aldi, und die haben das eigentlich nicht nötig«. Die Eltern vom Prinz haben auch Aldi-Wein gekauft und getrunken. Wahrscheinlich tun sie's immer noch. So wie er immer noch in der Küche steht.

Manchmal wundert er sich beim Auspacken, wie die Dinge in seine Einkaufstüte gekommen sind. Die Avocado, der Feldsalat, die tiefgefrorenen Garnelen. Dinge, die geschnitten, gewaschen, aufgetaut, bearbeitet werden müssen, bevor sie gegessen werden können. Manchmal versucht er, sich zu disziplinieren. Diszipliniert nicht mehr zu kochen. Diszipliniert Bihunsuppe aus der Büchse zu kaufen, mit Aufreißlasche. Damit er den Dosenöffner nicht suchen muss. Oder portionierte Nudelgerichte, mit Tomatenmark im Alubeutel und beigepackter Würzmischung, verzehrfertig in zehn Minuten. Oder Tütensuppen. Die mag er sogar richtig gern. Eigentlich eher Suppe an sich als Fertigsuppen. Aber Suppe an sich gibt es auch nur noch selten. Immer, wenn sie Gulaschsuppe kochen wollten, mussten sie ja einen großen Topf ausleihen. Jetzt müsste er ihn nur aus dem Kofferraum holen. Ausgerechnet den Topf hat er im Kofferraum gelassen. Dabei waren die anderen Einkäufe viel unhandlicher und schwerer. Er hätte den leichten Topf zuerst hochtragen und die Pakete mit den Lampen und dem Wäschesack für später oder jemand anderen liegen lassen können. Jemand anderer ist allerdings nicht in der Wohnung, und bei den Freunden im Haus müsste er klingeln, sich vielleicht sogar unterhalten und dann auch noch dankbar sein. Also strahlt der Deckenfluter schon die hohe Altbaudecke an und der Wäschesack hat die verschwitzte Bettwäsche der letzten Wochen geschluckt, selbst die zahllosen Plastikstreifen hat er gestern Abend noch vollständig zu einem Lampenschirm zusammengesteckt. Nur der Topf ist im Auto geblieben, zwischen dem Weidenkorb mit den Arbeitshandschuhen und der Pflanz- und Gartenhacke, dem leeren Bierkasten und dem Volleyball, den er für seine Sammelpunkte an der Tankstelle eingelöst hat, und fährt jetzt mit zum Flughafen nach Berlin.

Silber würgt Brenda Lee mitten in *You don't have to say you love me* ab und dirigiert ihre Verzweiflung durch ihr Handy. Dass sie diesen Flug erwischen *muss*. Dass sie doch überhaupt erst gestern den Rückflug umgebucht und einen Tag vorverlegt hat. Dass sie, falls sie jetzt den Hinflug verpasst und morgen erst fliegt, also noch einen Tag weniger. Dass sie doch bei der netten Kollegin. Die ihr doch zugesichert hätte, dass, selbst wenn sie den Flug nicht. Dass sie dann am nächsten Morgen für dreißig Euro Standby. Dass sie doch schon im Auto. Doch schon auf der Autobahn. Doch schon fast in Berlin. Der Leberwurstgeschmack tröstet ihn darüber hinweg, dass sie Brenda Lee abgewürgt hat, und Leberwurst ist gut gegen den Pelz auf der Zunge. Silber hat ihn heute Morgen zu früh erwischt, im Schlafanzug und gerade mit dem ersten Kaffee. Noch bevor er Milch und Zucker hineinschütten konnte. Also noch vor dem richtigen Anfang. Gestern Nacht musste er sich betrinken. Und seit keiner mehr mit Aldi-Wein vorbeikommt und er nur Wodka hatte und er den nicht pur trinken wollte, hat er ihn mit naturtrübem Apfelsaft gemischt. Gestern Abend hat das noch geschmeckt. Das Telefon hat er heute nur abgenommen, weil so frühe Anrufe wichtig sein *müssen*. Silber hat also ihren Zug verpasst und verpasst deswegen bestimmt ihren Flieger. »Ich weiß ja, dass du nicht, aber ich weiß sonst niemanden.« Natürlich passt es nicht. Natürlich sagt er Ja. Lässt die Kaffeetasse stehen, den Deckenfluter an, die nasse Bettwäsche in der Waschmaschine und den lieben Gott einen guten Mann sein. Wann ist er schon unentbehrlich, seit die andern nicht mehr zum Kochen kommen, keiner mehr als Letzter spät und betrunken nach Hause wankt, und die Zwiebelgirlanden nur noch in seiner Erinnerung hängen. Passieren ja genügend andere Dinge. Die einen kriegen ein Kind. Das wollten sie so. Darüber reden sie schon lange. Jetzt hat es geklappt. Bei den anderen nicht. Darüber reden sie schon lange nicht. Aber alle wissen es. Und trauen sich deswegen nicht, ihnen zu erzählen, dass es geklappt hat. Sie erfahren es trotzdem, und manchmal ist Schweigen viel geschwätziger als das geschwätzigste Reden. Angestrengt sind sie alle. Weil sie ein Kind haben. Weil sie ein Kind kriegen. Weil sie kein Kind kriegen. Weil sie so viel arbeiten. Weil sie nicht genug arbeiten. Weil sie so wichtig sind. Weil sie nicht wichtig genug sind. Weil es nach Zwiebeln stinkt. Weil sie sich viel zu selten sehen. Weil sie sich selbst nicht über den Weg trauen, wenn sie behaupten, dass das nicht passieren darf, dass nur gerade im Moment. Aber bald wieder. Wenn erst mal. Dann. Sie wollen glauben, was sie sagen. SMS lassen sich löschen. Deswegen schreibt er Briefe. Über das Kochen, dass man dafür Freunde braucht, und natürlich einen Topf. Über das Essen und was Essen von Nahrungsaufnahme unterscheidet. Nahrung kann man aus durchsichtigen Fünfliterbeuteln über eine Kanüle aufnehmen. Abendessen hat der Prinz das genannt, und dann haben sie sich angezickt, wenn der Prinz mit seinem durchsichtigen Beutel mal wieder nicht rechtzeitig am Abendbrottisch saß. Wenn Zwiebelringe sich erst in der Erinnerung festgesetzt haben, lassen sie sich nicht mehr weichdünsten.

Natürlich muss Silber pinkeln. Das erste Mal an der Tankstelle kurz hinter Leipzig. Zwanzig Minuten später muss sie schon wieder, und jetzt reicht die Zeit zum Anhalten nicht mehr. Also klettert Silber bei 160 km/h über den Fahrersitz nach hinten in den Kofferraum und pinkelt in den großen Topf. Er dreht dazu Brenda Lee wieder auf, denn Silber kann nicht pinkeln, wenn ihr jemand dabei zuhört. Mit Brenda Lees Hilfe kann sie und erreicht auch ihren Flug auf die letzte Sekunde. Ihre Pisse fährt er am Brandenburger Tor vorbei, Unter den Linden entlang, zurück nach Leipzig. Die Pflanz- und Gartenhacke im Kofferraum ist für den Friedhof. Der Prinz ist im November 2003 gestorben. Tallinn ist im wirklichen Leben Barcelona. Aber sonst ist alles so, wie es sich anhört.

ELIN HILDERBRAND

Die Frage

In ihrem ganzen Leben war Claire Danner Crispin noch nie so nervös wegen einer Verabredung gewesen.

»Was, glaubst du, will er von mir?«, fragte sie Siobhan.

»Er will dich vögeln«, sagte Siobhan, dann lachte sie, als wäre dieser Gedanke so grotesk und abwegig, wie er ja auch war.

Lock Dixon hatte Claire angerufen und sie zum Mittagessen im Jachtclub eingeladen.

»Ich würde gerne etwas mit Ihnen besprechen«, hatte er gesagt. »Haben Sie am Dienstag Zeit?«

Claire war vollkommen überrascht gewesen. Als sie seinen Namen auf dem Display gesehen hatte, hätte sie den Anruf fast auf ihre Mailbox weitergeleitet. »Ja. Ja, habe ich. Dienstag.«

Sie war zu dem Schluss gekommen, dass es wohl um die Stiftung ging. Nachdem er seine Firma in Boston verkauft hatte und ganz nach Nantucket gezogen war, hatte Lock Dixon freundlicherweise eingewilligt, Geschäftsführer von *Nantucket's Children* zu werden, der größten gemeinnützigen Organisation auf der Insel. Freundlicherweise, weil Lock Dixon so reich war, dass er nie wieder hätte arbeiten müssen. Claire war kurz vor ihrer letzten Schwangerschaft Mitglied des Vorstands von *Nantucket's Children* geworden, doch wegen ihres Sturzes in der Werkstatt und Zacks verfrühter Geburt und all der Komplikationen, die sich daraus ergeben hatten, war sie bisher kaum mehr als ein Name im Briefkopf gewesen. Trotzdem war es die Stiftung, die sie beide jetzt miteinander verband.

Aber es gab ein weiteres unsichtbares Band: die unausgesprochene Anschuldigung hinsichtlich Daphnes Unfall. Wollte Lock jene Nacht heute, Jahre später, wieder aufleben lassen?, sorgte sich Claire. Sie knöpfte ihre Strickjacke schief zu und hätte auf dem Parkplatz des Jachtclubs beinahe ihre Schlüssel im Wagen liegen gelassen.

Doch sobald Claire und Lock an ihrem Tisch mit Blick auf den gepflegten Rasen und den blauen Hafen dahinter saßen, war er es, der nervös wirkte, durcheinander, aufgeregt. Er wand sich auf seinem schmiedeeisernen Stuhl; er machte furchtbaren Wirbel um Claires Essenswünsche (»Bestellen Sie, was Sie wollen«, sagte er. »Nehmen Sie den Hummersalat. Was immer Sie mögen.«). Nachdem sie bestellt hatten und der Small Talk erschöpft war, folgte eine dramatische Pause, ein Zögern, ein Räuspern. Claire hätte fast gelacht; es war, als bekäme sie gleich einen Heiratsantrag.

Würde sie in Erwägung ziehen, die Sommergala von *Nantucket's Children* im nächsten August zu organisieren?

Erleichterung überwältigte Claire. Sie fühlte sich wie von Lachgas durchströmt; sie fühlte sich, als ob sie schwebte. Es war, als wäre das unsichtbare Band zerschnitten worden; sie war befreit von der schrecklichen Last, die ihre Beziehung zu Lock Dixon beschwerte. War es in Ordnung, sich vorzustellen, dass die Anschuldigung, die sie vor Jahren in seinem Blick gelesen hatte, nichts weiter gewesen war als ein Produkt ihrer Fantasie?

Sie war so in ihre Gedanken vertieft, dass sie nicht gleich

antwortete. Eigentlich konnte man sogar sagen, dass sie die Frage als solche überhaupt nicht gehört hatte. Es war wie damals, als sie mit siebzehn im Leichtathletiktraining ohnmächtig geworden und fest davon überzeugt gewesen war, schwanger zu sein. Sie war sich so sicher, dass sie Matthew sagte, er würde seine Gitarre verkaufen müssen, damit sie die Abtreibung bezahlen konnten; sie weinte sich in den Schlaf, hatte Angst, in die Hölle zu kommen; sie beschloss, das Baby zu behalten. Ihre Mutter würde es aufziehen, während Claire das College besuchte ...

Als Claire zum Arzt ging, meinte der: »Sie sind nicht schwanger. Ihr Problem ist eine Anämie.«

»Anämie!«, hatte sie frohlockend gerufen.

»Organisieren?«, fragte sie jetzt.

»Es ist eine Menge Arbeit, aber wahrscheinlich nicht so viel, wie Sie denken. Sie werden Hilfe bekommen. Ich weiß, dass Sie viel zu tun haben, aber ...«

Ja, drei Kinder plus ein Baby und das Glasblasen, das sie erst einmal zurückgestellt hatte, um sich ganz auf die Familie konzentrieren zu können. Sie war nicht die richtige Ansprechpartnerin. Nicht in absehbarer Zeit. Vielleicht irgendwann einmal, wenn sie wieder Boden unter den Füßen hatte. Dann dämmerte Claire, warum er sie gefragt hatte: Die Sommergala sollte ein Konzert werden. Lock wandte sich an sie, weil man wollte, dass Matthew auftrat. Max West, ihre Highschool-Liebe, heute einer der größten Rockstars der Welt.

Claire atmete tief die kostbare Luft des Jachtclubs ein. Eine Million Gedanken schossen ihr durch den Kopf: Jason würde sie umbringen, Siobhan würde lachen und sie Weichei nennen (»Du grenzt dich nicht ab!«), *eine Margarita, kein Salz. Das kriegst du nie raus.* Würde Matthew es tun, wenn sie ihn bat?

Sie hatte seit Jahren nicht mit ihm gesprochen. Vielleicht, vielleicht. Anämie! *Nantucket's Children* stand für eine gute Sache. Die beste Sache.

Entscheidend war jedoch, dass Lock Dixon der einzige Mensch war, dem Claire wirklich nichts abschlagen konnte. Was in der Nacht von Daphnes Unfall geschehen war, stand als unerledigte Angelegenheit zwischen ihnen, und zwar so, dass Claire das Gefühl hatte, Lock etwas schuldig zu sein.

»Ja«, sagte sie deshalb. »Sehr gern. Es wäre mir wirklich eine Ehre.«

Obwohl sie vier Kinder hatte? Obwohl sie seit Zacks Geburt nicht ein Glas geblasen hatte?

»Wirklich?« Lock klang überrascht.

»Absolut«, sagte Claire.

»Na dann, in Ordnung«, sagte Lock. Er hob sein beschlagenes Glas mit Eistee, Claire tat es ihm nach, und sie stießen an und besiegelten damit ihre Abmachung. »Vielen Dank.«

Jason würde sie umbringen.

Sie waren seit vierzehn Jahren zusammen, seit zwölf Jahren verheiratet. Sie hatten sich hier auf Nantucket kennengelernt, im heißesten Sommer der Inselgeschichte. Jason war auf der Insel geboren und aufgewachsen; er kannte sie in und auswendig und war stolz darauf, sie Claire zu zeigen. Jeder Tag war wie ein Geschenk: Sie sammelten bei Sonnenuntergang Muscheln an der Südküste, sie badeten nackt in den privaten Swimmingpools an der Hulbert Avenue (Jason wusste, welche Pools Alarmanlagen hatten und welche nicht). Es war in jeder Hinsicht eine Sommerromanze. Claire hatte gerade ihren Abschluss in Glasbläserei an der RISD, der Rhode Island School of Design, gemacht und war hin- und hergerissen, weil sie nicht wusste, ob sie ein Stellenangebot der Firma Corning annehmen oder sich einem reisenden Kunstmarkt anschließen und sich das Land ansehen sollte. Jason hatte an der Northwestern einen Abschluss in Politologie gemacht, den er für nutzlos erklärte. Vier verschwendete Jahre, sagte er über seine Collegezeit, bis auf das Bier und die Nähe zum Fenway Park und die Einführung in die Theorien von de Tocqueville (sie war sich allerdings ziemlich sicher, dass er sie damit nur beeindrucken wollte). Er wünschte sich, auf Nantucket zu leben und Häuser zu bauen.

Sie waren verliebt gewesen in jenem Sommer, aber Claire erinnerte sich, wie vergänglich es sich angefühlt hatte, wie fragil, unbeständig, flüchtig. In Wahrheit kannten sie einander kaum. Claire erzählte Jason von ihren Jahren mit Matthew – mit Max West, *dem* Max West mit seinem »This Could Be a Song« –, doch Jason glaubte ihr nicht. Glaubte ihr nicht! Ebenso wenig glaubte er ihr, dass sie Glas blasen konnte. Auch als sie ihm später ihre Kelche und Bonbonschalen zeigte, schüttelte er den Kopf, verwundert, aber nicht anerkennend.

Sie segelten mit Jasons Hobie Cat, sie angelten Seebrassen und Streifenbarsche, sie tauchten vom Boot in das dunkle Wasser, sie machten Lagerfeuer am Great Point und schliefen unter den Sternen, sie liebten sich mit der wilden Hingabe zweier Zwanzigjähriger, die nichts zu verlieren haben. Sie verbrachten viel Zeit mit Jasons Bruder Carter, der Koch im Galley Restaurant war, und dessen Freundin Siobhan, die aus der irischen Grafschaft Cork stammte. Siobhan trug eine viereckig gerahmte Brille und hatte auf ihrer blassen Nase dunkle Sommersprossen, die aussahen wie Pfeffer auf Kartoffelbrei. Claire verliebte sich ebenso in Carter und Siobhan wie in

Jason und eines Abends war sie betrunken und kühn genug, um zu sagen: »Und wenn ich nun nach dem Labor Day nicht bei Corning anfange? Wenn ich auf Nantucket bleibe und Jason heirate? Und wenn du, Siobhan, Carter heiratest und wir unsere Kinder gemeinsam aufziehen und glücklich sind bis ans Ende unserer Tage?«

Sie hatten sie ausgelacht; Siobhan hatte gemeint, sie solle nicht so blödes Zeug reden – aber sie, Claire Danner, hatte recht behalten, und jetzt waren sie alle Crispins. Zehn insgesamt, einschließlich der Kinder. Wie im Märchen – nur dass es harte, frustrierende, langweilige Realität war. Aus Jason und Claire, ehemals zwei Jugendliche, von Kopf bis Fuß sonnengebräunt, mit Sand in den Poritzen, waren Mom und Dad geworden, Leiter eines Mini-Betriebs, der Familie Crispin in der Featherbed Lane 22. Jason hatte jahrelang für Eli Drummond gearbeitet und an den Wochenenden an ihrem eigenen Haus sowie dem Anbau für Claires Glaswerkstatt geschuftet. Dann heuerte er vier Litauer an und machte sich selbstständig. Claire widmete sich fünf Kunden mit einer speziellen und teuren Vorliebe für Kunstwerke aus Glas. In schneller Folge brachte sie JD, Ottilie und Shea zur Welt. Claire arbeitete sporadisch – wenn die Kinder im Bett waren, ehe sie aufwachten. Als Shea in die Vorschule kam, konnte sie mehr arbeiten. Alles war in Ordnung, einigermaßen, manchmal gut, doch es gab auch Probleme. Jason fing an, bei der Arbeit zu rauchen – rauchen! –, und versuchte, den Geruch mit Bier oder Pfefferminzpastillen zu überdecken. Er grollte, wenn Claire ihm den Sex verweigerte. Sie versuchte ihm zu erklären, wie es sich anfühlte, den ganzen Tag von drei Kindern belagert zu werden. Sie war ihre Sklavin, ihre Dienstbotin; sie rackerte sich für sie ab. War es da ein Wunder, dass sie am Abend in Ruhe gelassen werden wollte? Jason war nie besonders wissbegierig gewesen (nach jenem ersten Sommer hatte er de Tocqueville nicht wieder erwähnt), und im Laufe der Zeit übte der Fernseher einen immer größeren Reiz auf ihn aus. Claire machte der Apparat wahnsinnig, das Zappen, die Sportsendungen.

Jasons Liebesaffäre mit der Glotze, die heimlichen Zigaretten, seine Frühstücke im Downyflake, wo er sich mit Kollegen traf und auf neue Aufträge hoffte, all das stieß Claire ab.

Jason hatte auch wunderbare Seiten. Er arbeitete hart, er sorgte gut für seine Familie, er brüstete sich damit, einfach und geradlinig, ehrlich und aufrichtig zu sein; er war der rechte Winkel in der Reißschiene, die Blase in der Wasserwaage, immer ausbalanciert, mit sich im Reinen. Keine Katze im Sack. Die Kinder vergötterte er. In ihrem Sohn JD hatte er einen treuen Soldaten, und mit den Mädchen – Ottilie und Shea – kam er ebenfalls gut klar, wenn er auch den Namen ihrer Tanzlehrerin nicht kannte und noch nicht einmal wusste, wo der Unterricht stattfand.

Als Claire mit Zack schwanger wurde, lief alles in guten Bahnen. Sie arbeitete an einem Riesenauftrag für ihren besten Kunden, Chick Klaussen, einer Skulptur für die Eingangshalle seines Bürohauses in der West 54th Street in Manhattan. Sie wollte kurz vor der Entbindung damit fertig sein. Jason freute sich, denn im tiefsten Herzen war er ein glücklicher Erzeuger. Er hätte sich zehn Kinder zugelegt, wenn Claire mitgespielt hätte, einen Stall voll, eine Rasselbande, eine Fußballmannschaft, einen Stamm: den Crispin-Clan.

Auch in der zweiunddreißigsten Woche arbeitete Claire noch an dem Klaussen-Auftrag. Ihr blieben nicht mehr als ein, zwei Wochen. »Höchstens!«, versprach sie Jason, obwohl ihr Arzt wollte, dass sie früher aufhörte. »Zu heiß da drinnen«, meinte er. »Zu riskant für Sie und das Baby.« Es war tatsächlich sehr heiß bei dem abschließenden Feinschliff, mit dem sie beschäftigt war; sie trank nicht genug Wasser und sie wurde ohnmächtig. Sie kippte um, schnitt sich in den Arm, brach sich zwei Rippen, und sofort setzten vorzeitige Wehen ein. Im Rettungshubschrauber sagte man ihr, dass sie das Baby höchstwahrscheinlich verlieren werde. Aber Zack überlebte; die Ärzte holten ihn per Notkaiserschnitt, und er musste fünf Wochen auf der Intensivstation für Neugeborene in einem Brutkasten verbringen. Doch er lebte, und Claires Verletzungen heilten.

Jason war bis ins Mark erschüttert. Er hatte dabeigestanden, als sie Claire aufschnitten – Claire, deren Körper in weniger als einer halben Stunde intravenös zwei Beutel Kochsalzlösung aufgesogen hatte, so dehydriert war sie –, und rechnete fest damit, dass sie einen toten Fötus herausziehen würden. Aber dann der Schrei. Es war eine Offenbarung für Jason, es war der Moment seiner Wiedergeburt, der Moment, in dem ein erwachsener Mann, der glaubte, alles zu kennen, etwas über die menschliche Natur lernte. Er saß an Claires Bett, während Zack den ersten von fünfunddreißig Tagen auf der Intensivstation verbrachte, und nahm ihr das Versprechen ab, nicht mehr zu arbeiten.

»Eine Zeit lang wenigstens«, sagte er. »Lass den Klaussen-Auftrag von einem Atelier fertigstellen.«

Schärfer formulierte er seinen Vorwurf nicht. Aber das brauchte er auch nicht – Claire machte sich selbst Vorwürfe. Natürlich machte sie sich welche! Ihre Blutgruppe war höchst selten, AB positiv: der Universalempfänger. Und das passte nur zu gut. Gebt ihr die Schuld, soll sie sich schämen; sie konnte sich nicht abgrenzen; sie nahm alles auf sich. Sie erklärte sich bereit, nicht mehr zu arbeiten, und übergab den Klaussen-Auftrag zur Fertigstellung an ein Glasatelier in Brooklyn.

Zack eroberte Jasons Herz – und Claires ebenfalls –, weil sie ihn beinahe verloren hätten. Auch jetzt noch, sieben Monate danach, wachte Claire oft mitten in der Nacht auf und sorgte sich über die Nachwirkungen ihres Sturzes. Sie beobachtete Zack, hielt zwanghaft Ausschau nach altersgemäßen Reaktionen, wünschte sich, seine Augen würden jenen Schimmer zeigen, jene Verheißung, die in den Augen ihrer anderen Kinder gelegen hatte: Intelligenz, Motivation, Entschlossenheit. Seit Zacks Geburt lebte sie mit der flüsternden Stimme: *Irgendwas stimmt nicht mit ihm.* Ständig setzte sie Jason zu: »Glaubst du, bei der Entbindung ist etwas schiefgegangen? Glaubst du, es gibt etwas, das Dr. Patel mir nicht sagt oder das sie nicht bemerkt?« Und Jason erwiderte immer: »Herrgott noch mal, Claire, es geht ihm gut!« Doch für Claire klang das nach Verdrängung. Es klang, als wäre Jason blind vor Liebe.

Wie sollte sie Jason von der Gala erzählen? Claire wartete das Abendessen ab – Brathähnchen, Jasons Lieblingsgericht –, sie wartete, bis sie die Mädchen gebadet und ihnen vorgelesen hatte und JD mit duschen und den Hausaufgaben fertig war. Sie wartete, bis Zack sein Fläschchen bekommen hatte, bis Jason entspannt auf dem Sofa saß, die Fernbedienung in der Hand. Der Apparat war an, aber Jason hatte sich noch nicht festgelegt. Jetzt war es an der Zeit zu gestehen! Das hier war mittlerweile ihr Leben, doch Claire erinnerte sich noch gut an den nackten, grinsenden Jason, einen Muschelrechen in der Hand, dessen sonnengebleichtes Haar wie Gold glänzte.

»Ich habe heute mit Lock Dixon zu Mittag gegessen«, sagte sie. »Im Jachtclub.«

Er hörte sie, aber er hörte nicht zu. »Ach ja?«

»Überrascht dich das nicht?«

Jason wechselte den Sender. Claire hasste den Fernseher, den riesigen, leuchtenden, zwitschernden Bildschirm. »Ein bisschen schon.«

»Er hat mich gefragt, ob ich die Sommergala mitorganisiere.«

»Was ist das?«

»Du weißt doch, die Veranstaltung von *Nantucket's Children*. Das Konzert. Wo wir letzten Monat waren.«

Bei der diesjährigen Gala hatte Jason hinten an der Bar mit seinen Angelkumpels abgehangen, während sie den beiden Organisatorinnen applaudierte, als diese auf die Bühne schwebten, um Blumensträuße entgegenzunehmen, als wären sie zu Abschlussballköniginnen ernannt worden. Als hätten sie einen Oscar gewonnen. Claire hatte der Glamour in seinen Bann gezogen. Die bloße Tatsache, dass sie bei einem zivilisierten Mittagessen im Jachtclub an einem Tisch gesessen hatte, weckte in ihr die Hoffnung, dass sich durch die Einwilligung, die Sommergala für *Nantucket's Children* mitzuorganisieren, ihr ganzes Leben in diese Richtung verändern würde. So wie heute aß sie sonst nie zu Mittag – üblich war Salzgebäck, das sie sich aus einer Dose im Handschuhfach ihres Honda Pilot blindlings in den Mund stopfte, wenn sie die Kinder von der Schule abholte. War sie zu Hause, bedeutete Mittagessen (eigentlich eine Kombination aus Frühstück und Mittagessen), dass sie um halb zwölf Getreideflocken in eine Schüssel mit Milch häufte, die matschig wurden, ehe Claire damit fertig war, weil das Baby schrie oder das Telefon klingelte oder die Krümel unter ihren Füßen ihre ohnehin schon hohe Toleranzschwelle gegenüber Dreck und Müll endgültig überschritten

126

und sie klein beigab und nach dem Staubsauger griff. Die Gala mitzuorganisieren verliehe ihrem Leben vielleicht eine Aura von Würde, jenen goldenen Glanz, der ein Leben begleitet, das guten Taten gewidmet ist. Wie konnte sie Jason das erklären?

»Er hat gefragt, ob du sie organisieren willst?«

»Mitorganisieren. Ich hätte Unterstützung.«

»Du hast doch hoffentlich abgelehnt.«

Sie streichelte Zacks weichen Kopf. »Ich habe zugesagt.«

»Mein Gott, Claire.«

Was war so falsch daran? Sie und Jason hatten die letzten sieben Monate in tiefer Dankbarkeit für ihr eigenes Glück zugebracht; war es jetzt nicht an der Zeit, an andere zu denken? Geld für Kinder zu sammeln, deren Eltern sich mit drei Jobs krank schufteten?

»Es ist für einen guten Zweck«, sagte sie.

Jason schnaubte und stellte den Ton lauter. Und das, sagte sie sich, war wohl das Beste, was sie hatte erwarten können.

»Du bist verrückt, Clairsy. Vollkommen bescheuert.«

Das war Siobhan am nächsten Morgen am Telefon, nachdem Claire ihr erzählt hatte: »Lock Dixon hat mich gebeten, die Sommergala für *Nantucket's Children* zu organisieren, und ich habe kapituliert wie ein Soldat ohne Gewehr.«

»Ich bin nicht verrückt.«

»Du bist einfach zu sehr du selbst.«

»Genau«, sagte Claire mit weniger Schwung. »Jason ist nicht begeistert. Habe ich einen Riesenfehler gemacht?«

»Ja«, sagte Siobhan.

Claire hatte die letzten zwanzig Stunden damit zugebracht, sich einzureden, dass es eine Ehre war, gefragt worden zu sein. »Es wird Spaß machen.«

»Es wird Arbeit und Stress und elende Mühsal sein, wie du sie noch nie erlebt hast.«

»Es ist für einen guten Zweck«, versuchte Claire es erneut.

»Das klingt ziemlich einstudiert«, sagte Siobhan. »Nenn mir den wahren Grund.«

Ich habe es getan, weil Lock mich gebeten hat, dachte Claire. Aber das würde Siobhan vollends auf die Palme bringen. »Ich konnte nicht Nein sagen.«

»Bingo. Du grenzt dich nicht ab. Deine Zellen haben keine Membran.«

Richtig: Das war Claires Problem seit ihrer Kindheit. Ihre Eltern hatten dauernd gestritten, und Claire hatte sich als Einzelkind dafür verantwortlich gefühlt, schuldig an ihrem Unglück, und ihre Eltern hatten nichts getan, um sie davon abzubringen. (Kinder waren damals wirklich anders aufgewachsen.)

Sie war leichte, zu leichte Beute. Sie konnte Lock nichts abschlagen, übrigens auch niemand anderem.

»Ich möchte, dass du mitmachst«, sagte Claire. Siobhan und Carter betrieben eine Catering-Firma namens Island Fare. Sie belieferten Veranstaltungen wie das Popkonzert am Jetties Beach sowie Hunderte kleinerer Cocktail- und Dinnerpartys, Brunches, Picknicks und Hochzeiten – die Sommergala war allerdings nie dabei gewesen. Claire wollte mit Siobhan zusammenarbeiten, weil Siobhan ihre beste Freundin war, ihre liebste; doch ihre Freundin klang gereizt.

»Bittest du mich, das Catering für die Gala zu übernehmen?«, fragte sie. »Oder erwartest du, dass ich mich mit dir abschufte, und irgendein anderer kriegt den Job?«

»Oh«, sagte Claire. Wenn es nach ihr gegangen wäre, hätten Siobhan und Carter natürlich das Catering übernommen, aber Claire wusste nicht, ob sie als Mitorganisatorin das Recht hatte, jemanden anzuheuern, und selbst wenn ja, war sie noch nicht bereit, davon Gebrauch zu machen. Wenn irgendjemand das nun als Nepotismus bezeichnete? (Was mit Sicherheit passieren würde.) Noch schlimmer wäre es, wenn sie Carter und Siobhan buchte und die anderen Vorstandsmitglieder einen Riesenrabatt erwarteten, den Carter und Siobhan nicht einräumen wollten oder konnten. Gott, wie schwierig! Sie war seit fünf Minuten im Amt und bereits in einem Dilemma.

»Hör mal«, sagte Claire. »Du musst nicht ...«

»Schon gut, schon gut, ich mache es.«

»Aber wegen des Caterings kann ich nichts versprechen.«

»Das ist okay.«

Claire war sich nicht ganz sicher, wo sie nun stand. War Siobhan jetzt mit im Planungsausschuss? Würde sie am Mittwoch, dem neunzehnten September, um acht Uhr, zu dessen erster Sitzung erscheinen? Würde sie nicht, glaubte Claire. Sie würde den Termin vergessen, und Claire rief sie nicht an, um sie daran zu erinnern.

Als Claire also nun das Kopfende der schmalen Treppe des Elijah-Baker-Hauses erreichte (ein Prachtstück, 1846 erbaut; Elijah Baker hatte ein Vermögen mit der Herstellung von Damenkorsetts aus Walknochen verdient) und das Büro von *Nantucket's Children* betrat, traf sie nur ... auf Lock Dixon. Er saß in einem blau gestreiften Hemd und mit gelber Krawatte hinter seinem Schreibtisch, den Kopf gesenkt, sodass Claire die kahle Stelle darauf sehen konnte. Er schrieb auf einem Block und schien nicht gehört zu haben, wie Claire die Treppe heraufkam (unmöglich – sie trug Clogs). Also hatte er sie gehört und nur noch nicht begrüßt. Claire war befangen. Sie hätte Siobhan anrufen und mitschleppen sollen, gleichgültig, wie peinlich oder unethisch das war.

»Lock?«, sagte sie. »Hallo.«

Lock hob den Kopf. Er trug eine Lesebrille, die er sofort abnahm, als wäre sie ein Geheimnis, und lächelte Claire an. Es war ein echtes Lächeln, das sein ganzes Gesicht erhellte, und Claire spürte, wie die Luft im Raum geradezu knisterte dank der Kraft dieses Lächelns. Es jagte ihr einen Stromstoß durchs Herz; es hätte sie vom Tode erwecken können, dieses Lächeln.

Claire nahm es als Belohnung dafür, dass sie »Ja, gern. Es wäre mir eine Ehre« gesagt hatte. Wenn man Mitorganisatorin einer Sommergala war, freuten sich die Leute, einen zu sehen. Oder sie waren dankbar. Oder erleichtert.

Lock stand auf. »Hallo, Claire. Warten Sie, ich hole Ihnen ...«

»Ich brauche nichts«, sagte sie. »Treffen wir uns hier oder im ...«

Das Büro von *Nantucket's Children* bestand aus zwei durch einen Flur getrennten Räumen, und am Ende des Flurs waren ein Bad und eine kleine Küche. Der eine Raum war das eigentliche Büro, wo Lock arbeitete und auch Gavin Andrews, der Büroleiter und Buchhalter, seinen Schreibtisch hatte, und gegenüber lag der sogenannte Sitzungssaal, der einen großen runden Tisch und acht Stühle enthielt. Jedes architektonische Detail erinnerte an die Blütezeit des Walfangs, die Nantucket bekannt gemacht hatte: Der Fußboden war aus hundertfünfzig Jahre alten Fichtenholzdielen gefertigt und die Türen hatten Oberlichter aus Bleiglas – allerdings gingen mit dem altmodischen Charme auch altmodische Annehmlichkeiten oder vielmehr deren Fehlen einher. Bei den Vorstandssitzungen war es im Sommer drückend heiß und im Winter eiskalt, und jedes Mal, wenn Claire das Bad benutzte, verstopfte die Toilette.

Heute Abend jedoch wirkte das Büro ungewöhnlich einladend. Jetzt im September war es draußen schon dunkel. Durch das Fenster hinter Locks Rücken konnte Claire die ganze Main Street überblicken; Nantucket glitzerte wie ein Spielzeugdorf. Lock arbeitete im Licht einer Schreibtischlampe und im blauen Schein seines Computerbildschirms, auf der Schreibunterlage vor sich ein halbes Sandwich – Truthahn und Preiselbeersauce – auf weißem Schlachterpapier. Er war also jetzt, um acht Uhr, noch nicht zu Hause gewesen. Claires Gedanken schweiften zu Daphne ab. Wenn Lock jeden Abend im Büro verbrachte, machte sie sich dann allein etwas zu essen? Las sie Zeitschriften, nahm sie ein Bad, sah sie fern? Daphne war seit ihrem Unfall in der Öffentlichkeit nicht mehr dieselbe wie früher, aber privat? Ging es ihr da besser oder schlechter? Heather, die Tochter, war im Internat. Andover. Es war ein heiß diskutiertes Thema in Claires Freundeskreis gewesen: Wie hatte Heather Dixon mit ihren durchschnittlichen Noten und einer Verhaltensstörung es auf die beste vorbereitende Schule des Landes geschafft? Es war ihr Hockeyspiel, vermuteten alle, und wahrscheinlich hatten sie recht, denn Heather war eine gute Sportlerin, doch Claire glaubte, dass es Heather Dixon aus dem schieren Willen heraus, ihrer Mutter zu entfliehen, gelungen war, in Andover aufgenommen zu werden. Ihr Weggang hatte Lock das Herz gebrochen, und es war auch seltsam, dass er eine Institution namens *Nantucket's Children* leitete, wenn seine eigene Tochter gar nicht richtig zu diesen Kindern gehörte. Heather Dixon besuchte die Insel selten; diesen Sommer, hatte Claire gehört, war sie in einem Ferienlager in Maine gewesen.

»Setzen wir uns doch hier zusammen«, sagte Lock. Seine Stimme schreckte Claire auf. In Gedanken an ihn versunken, hatte sie ganz vergessen, dass er im selben Raum war. »Das ist gemütlicher.«

Gemütlicher?, dachte Claire. Sie errötete, als Lock ihr einen Stuhl an den Schreibtisch schob. Gemütlicher klang, als wollten sie beide sich unter einer Decke aneinanderkuscheln. Doch Lock hatte recht: Das Büro war gemütlich mit seinem gedämpften Licht und dem schwachen Geruch nach Holzrauch, der durch die Risse im Fensterrahmen drang, und der klassischen Musik aus dem Bose-Radio.

Jetzt, da sie Mitorganisatorin war, würde sie vielleicht öfter solche ruhigen und friedlichen Stunden erleben. Dieser Raum – dessen bauliche Ausgestaltung und elegantes antikes Mobiliar eine Atmosphäre der Gelehrsamkeit und Wohltätigkeit reicher Leute schufen – stand in krassem Gegensatz zu der Szenerie, die Claire eben hinter sich gelassen hatte. Zu Hause hatte sie Abendessen zubereitet: Tacos, das Einzige, was ihr immer glückte, späten Mais von der Farm und einen grünen Salat, dessen Dressing sie gewissenhaft selbst gemacht hatte (frische Kräuter aus dem Garten, fein gehackte Zwiebeln). Jason kam, wie immer nach Mentholzigaretten riechend, herein, und die Kinder stürzten sich begeistert auf ihn. Wie konnte Claire ihnen seine Zuwendung verweigern? Das hier war seine Tageszeit. Diesen gewohnten Gang der Dinge durfte sie nicht unterbrechen, nur weil sie eine Sitzung hatte. Also blieb es ihr überlassen, alles aus der Küche ins Esszimmer zu schleppen und dabei nicht so zu wirken, als wäre sie in Eile. Jason beendete seine Rauferei mit den Kindern damit, dass er Zack in seinen Hochstuhl hob, was hilfreich war, denn wenn Claire das versuchte, bekam Zack einen Tobsuchtsanfall. Die

Mahlzeit verlief einigermaßen gut, was bedeutete, dass nur sechzig oder siebzig Ermahnungen, aufzuessen, nötig waren. Claire erhob sich gleich nach dem Tischgebet und bestrich den Mais für die Mädchen mit Butter; sie stand zweimal auf, um Milch nachzuschenken, und flößte Zack, als sie sich wieder gesetzt hatte, Möhrenpüree ein, wobei ein Schritt vorwärts zwei Schritte zurück nach sich zog. Zack fand noch keinen Geschmack an fester Nahrung. Er schob das meiste davon mit der Zunge wieder aus seinem Mund, sodass es auf sein Lätzchen tropfte oder auf das Tablett seines Hochstuhls, wo er gern mit der Hand darin herumpatschte. Claire, die stets versuchte, ihre Kleinen für Kunst zu interessieren, zog einen Vergleich mit Jackson Pollock: Jack the Dripper, Zack the Dripper. Trotzdem fanden die Kinder es meist eklig. JD (mit neun Claires Ältester) nannte Zack den »Geisteskranken«. Claire hasste es, wenn JD diesen Begriff verwendete, nicht weil sie fürchtete, Zack könnte ihn verstehen, sondern weil er ihre Ängste widerspiegelte. *Irgendwas stimmt nicht mit ihm.*

Jetzt, hier im Büro, merkte Claire, welchen Heißhunger sie hatte. Bei all den Geschehnissen am Essenstisch hatte sie selbst keine Sekunde für einen Bissen übrig gehabt.

Lock sah, wie Claire seine ungegessene Sandwichhälfte anstarrte.

»Haben Sie Hunger?«, fragte er. »Hätten Sie ... Ich weiß nicht, ob es unhöflich ist, jemandem seine Reste anzubieten, aber diese Hälfte habe ich nicht angerührt, ich schwöre es. Möchten Sie sie?«

»Nein, nein«, entgegnete Claire rasch. »Ich habe zu Hause gegessen.«

»Ach so. Gut. Natürlich. Und wie wär's mit einem Schluck Wein?«

»Wein?«, wiederholte Claire. Jason würde jetzt sicher mit Zubettbringen beschäftigt sein. Das lief normalerweise wie am Schnürchen: Baden der jüngeren drei, während JD die letzten Hausaufgaben erledigte, danach duschte JD. Dann Vorlesen für die Mädchen und Zack, was funktionierte, falls Jason daran gedacht hatte, Zack ein Fläschchen zu geben. Die Flasche musste dreißig Sekunden lang in die Mikrowelle. Wusste Jason das? Claire beäugte das Telefon auf Locks Schreibtisch. Sie sollte anrufen und sich vergewissern. Natürlich war auch Pan, das thailändische Au-pair-Mädchen, das seit Zacks Geburt bei ihnen lebte, noch im Haus, aber Pan verließ abends selten ihr Zimmer. Trotzdem, falls Jason in der Klemme saß, würde er sich an Pan wenden, und sie würde Zacks Fläschchen zubereiten und ihn in den Schlaf wiegen.

»Ein Glas Wein hätte ich gern«, sagte Claire.

Eine der guten Seiten daran, Mitorganisatorin der Sommergala zu sein und abends an Sitzungen teilnehmen zu müssen, dachte Claire, war die, dass Jason sich dann öfter mit den Kindern beschäftigen würde.

»Wunderbar«, sagte Lock. Er verschwand im Flur und kehrte mit zwei an seinen Fingern baumelnden Gläsern und einer gekühlten Flasche Weißwein zurück.

Sehr merkwürdig, dachte Claire. Wein im Büro.

Lock präsentierte ihr die Flasche wie ein Sommelier. »Das ist ein Viognier, ein Weißer aus dem Rhône-Tal, meine Lieblingsrebe.«

»Tatsächlich?«, sagte Claire.

»Meine Frau findet ihn zu herb. Zu sauer. Aber ich liebe seine Spritzigkeit.« Er goss Claire ein, und sie trank einen Schluck. Wein war wie klassische Musik eines der Dinge, über die Claire gern mehr gewusst hätte. Sie hatte versucht, Jason für eine Weinverkostung zu interessieren, die an der Gemeindeschule abgehalten wurde, doch er hatte mit der Begründung abgelehnt, er trinke nie Wein, sondern nur Bier. Dieser Wein schmeckte klar, er schmeckte nach Gras – sollte sie das Wort »Gras« benutzen, oder würde das dümmlich klingen? Sie wollte Lock glücklich machen (im Geiste hörte sie Siobhan »Du grenzt dich nicht ab!« schreien), und deshalb erklärte sie: »Ich finde ihn sehr gut.«

»Wirklich?«

»Ja. Er schmeckt nach Wiese.«

Noch ein Lächeln von Lock. Fünf Jahre hatte sie mit der Gewissheit verbracht, dass er sie hasste, ihr Vorwürfe machte – und jetzt dieses Lächeln! Es wärmte sie bis in die Magengrube.

»Freut mich, dass Sie ihn mögen«, sagte Lock. Er goss sich sein Glas ebenso voll wie Claires. War das okay – im Büro Wein zu trinken, allein mit Lock Dixon? Waren die Sitzungen mit seinen früheren Mitorganisatoren auch so gelaufen?

»Kommt Adams?«, fragte Claire. Adams Fiske, ein ortsansässiger Rechtsanwalt mit Wuschelkopf und einer von Claires besten Freunden, war Vorstandsvorsitzender.

»Der ist diese Woche in Duxbury«, sagte Lock.

»Ich habe meine Schwägerin Siobhan eingeladen«, sagte Claire. »Aber wahrscheinlich hat sie es vergessen.«

»Okay«, sagte Lock. Es hörte sich an, als sei ihm das vollkommen gleichgültig. Er hob sein Glas. »Prost!«, sagte er. »Auf die Sommergala!«

»Auf die Sommergala«, sagte Claire.

»Ich bin so froh, dass Sie eingewilligt haben mitzumachen«, sagte Lock. »Wir wollten Sie wirklich gern an Bord haben.«

Claire errötete wieder und nippte an ihrem Wein. »Ist mir ein Vergnügen.«

Lock setzte sich auf die Schreibtischkante. Er trug Khakihosen, Slipper ohne Socken und einen Ledergürtel mit einer silbernen Schnalle, in die ein Monogramm graviert war. Seinen Schlips hatte er gelockert und die oberen beiden Knöpfe seines Hemds waren geöffnet. Claire fand ihn auf eine neue Art faszinierend. Warum nur? Sie wusste über ihn lediglich, dass er ein reicher Mann war. Das war interessant. Genauer gesagt, war es interessant, dass er diesen Job angenommen hatte (der ihm, wie Claire als Vorstandsmitglied wusste, zweiundachtzigtausend Dollar pro Jahr einbrachte), obwohl er so reich war, dass er eigentlich nie mehr hätte arbeiten müssen.

»Ich glaube, wir haben eine Mitorganisatorin für Sie gefunden«, sagte Lock.

»Oh«, sagte Claire. »Gut.« Es war gut; Claire konnte mit Sicherheit nicht die ganze Verantwortung für die Gala auf sich laden. Und dennoch war sie nervös. Als Künstlerin arbeitete sie allein. In gewissem Sinne hätte sie Jason als ihren Mitorganisator bezeichnen können – Mitorganisator der Familie –, aber es war gut möglich, dass sie heute Abend heimkam und JD (ungeduscht und ohne fertige Hausaufgaben) am Computer, die Mädchen mit zerzausten Haaren (man musste sie sorgfältig kämmen) im Bett und Zack weggetreten auf Jasons Schoß vor *Junkyard Wars* vorfand. »Wer ist es?«

»Isabelle French. Kennen Sie sie? Sie ist seit dem Frühjahr im Vorstand.«

Isabelle French. Kannte Claire sie? Sie hatte eine Frau mit Hochsteckfrisur vor Augen, die baumelnde Ohrringe trug und eine Art extravaganten indischen Kaftan, der Claire an die Beatles in ihrer psychedelischen Phase erinnerte. So hatte sie

Isabelle French bei der Gala in Erinnerung. Isabelle hatte einen Cosmopolitan getrunken, sie hatte getanzt; Claire hatte sie mit rosigem Gesicht und atemlos von der Tanzfläche kommen sehen. Claire fragte sich, ob sie sich an die Richtige entsann.

»Ich ... ich glaube«, sagte sie.

»Sie ist sehr nett. Und ganz erpicht darauf, sich mehr zu engagieren.«

»Sie wohnt ...?«

»In New York.«

»Okay. Ist sie ...?«

»Berufstätig? Nein, ich glaube nicht. Sie arbeitet höchstens ehrenamtlich, meine ich.«

»Hat sie ...?«

»Kinder? Nein, keine Kinder.«

Es folgte ein kurzes Schweigen. Die Einrichtung hieß *Nantucket's Children*, sie war für Menschen, denen Kinder am Herzen lagen, was meist bedeutete, dass sie selbst welche hatten.

»Keine Kinder?«, sagte Claire und fragte sich, ob Adams Fiske so unverfroren gewesen war, die Frau nur wegen ihrer Brieftasche in den Vorstand aufzunehmen.

»Keine Kinder«, bestätigte Lock.

»Ist sie ...?«

»Geschieden«, sagte Lock. »Von einem Typen, mit dem ich am Willliams College war, übrigens. Wobei das keine Rolle spielt. Ich habe Marshall French seit Jahren nicht gesehen und kenne Isabelle, ehrlich gesagt, nur flüchtig. Adams hat sie an Bord geholt. Aber ich weiß, dass sie sehr nett ist. Und zupackend.«

»Prima«, sagte Claire. Und dann, um nicht weniger zupackend zu erscheinen, zog sie ein Notizbuch aus der Tasche – das sie eigens zu diesem Zweck gekauft hatte – und fügte hinzu: »Sollen wir uns an die Arbeit machen?«

Die Sommergala von *Nantucket's Children*: Ziel war es, tausend Tickets zu verkaufen. Der Abend würde mit Cocktails und herumgereichten Horsd'œuvres beginnen. Darauf folgte ein Abendessen, in dessen Verlauf Lock eine Powerpoint-Präsentation der Projekte zeigen würde, die *Nantucket's Children* finanzierte. Danach hatten die Gäste (voraussichtlich) schon einiges getrunken, und man traf Vorbereitungen für die Auktion. Das Markenzeichen der Sommergala von *Nantucket's Children* war, dass nur ein Objekt versteigert wurde (ein wertvolles Stück, bei dem man sich einen Erlös von mindestens fünfzigtausend Dollar erhoffte). Den Abschluss bildete ein Konzert mit einem Sänger oder einer Band, die populäre Tanzhits aufzuweisen hatten. Zum Beispiel die Beach Boys (2004), die Village People (2005), Frankie Valli and The Four Seasons (2007). Mit Spenden brachte die Veranstaltung über eine Million Dollar ein. Das Geld wurde auf die zweiundzwanzig Initiativen und Projekte verteilt, die ausschließlich den auf der Insel lebenden Kindern zugutekamen.

»Egal, was gesagt wird, das Wichtigste ist das Konzert«, erklärte Lock. »Das hebt unser Event von anderen ab. Jeder kann ein Zelt aufbauen, eine Catering-Firma anheuern und eine Auktion veranstalten. Aber bei uns gibt es Musik. Das macht uns sexy. Deshalb kommen die Leute.«

»Genau«, sagte Claire.

»Und man munkelt, Sie kennen ...«

»Max West«, sagte Claire.

»Max West«, sagte Lock. Wieder das Lächeln, diesmal verstärkt durch Bewunderung. Sicher, klar, Max West war ein

Superstar, in einer Liga mit Elton John, Bon Jovi, Mick Jagger, hatte über dreißig Hits gehabt. Er sang seit fast zwanzig Jahren, seit dem Sommer nach seinem und Claires Highschool-Abschluss, als er in Asbury Park im Stone Pony gespielt und ein Agent ihn gehört hatte und … na ja. Rockstar. Claire war das Herz gebrochen – Gott, hatte sie geweint; hinter dem Club, wo es nach leeren Bierflaschen und Müll stank, hatte sie jeden Abend nach seinem Auftritt geheult und sich an Matthew geklammert, weil sie wusste, dass es zu Ende war. Sie ging auf die RISD, und er ging nach … Kalifornien. Um eine Platte aufzunehmen. Sie waren damals andere Menschen gewesen. Er jedenfalls ganz bestimmt – Matthew Westfield –, ehe er Max West wurde, ehe er bei den Amtseinführungspartys in Washington spielte, ehe er für Prinzessin Diana auftrat, ehe seinetwegen das Shea Stadium sechsmal hintereinander ausverkauft war, ehe er in Kathmandu ein Livealbum aufnahm, das ihm doppeltes Platin einbrachte. Ehe er heiratete, zweimal, und entziehen musste, dreimal.

»Ja, ich kenne ihn. Wir sind zusammen zur Highschool gegangen. Er war mein … Freund.«

»Das hat mir jemand erzählt«, sagte Lock. »Aber ich …«

»Sie haben es nicht geglaubt?«, sagte Claire. Genau. Niemand glaubte es auf Anhieb. Claire und Matthew waren seit der siebten Klasse beste Freunde gewesen, und dann, eines Abends, Jahre später, als sie alt genug waren, um erregt und neugierig zu sein, hatte Matthew sie geküsst – in einem Schulbus. Sie waren beide im Chor und auf dem Rückweg von einem Ausflug ins Altersheim. Matthew sang nicht nur im Chor, sondern war auch die Führungsstimme des Barbershop-Quartetts, und das war die Musik, die den alten Leuten am besten gefallen hatte. Sweet Rosie O'Grady. Sie hatten wie verrückt geklatscht, und Matthew hatte sich übertrieben tief verbeugt und einer alten Frau die Hand geküsst. Claire, auf der obersten Stufe zwischen den anderen Sopranistinnen stehend, war unerklärlich stolz auf ihn gewesen. Also saßen sie jetzt in dem dunklen Bus nebeneinander wie schon hundertmal zuvor, und Claire legte ihre Hand auf Matthews Knie und ihren Kopf auf seine Schulter, und dann küssten sie sich.

»Nicht, dass ich es nicht geglaubt hätte«, sagte Lock. »Es ist nur so, dass ... ich weiß nicht, er ist so berühmt.«

»War er damals aber nicht«, sagte Claire. »Damals war er nur ein ganz normaler Teenager.«

»Die Frage ist«, sagte Lock, »ob wir ihn kriegen.«

»Ich kann es versuchen.«

»Umsonst?«

Claire trank von ihrem Wein. »Ich kann es versuchen.«

Lock beugte sich zu ihr. Seine Augen strahlten. Er hat sehr freundliche Augen, dachte Claire. Sehr freundlich oder sehr traurig. »Das würden Sie tun?«

»Ich muss ihn nur aufspüren«, sagte sie und schrieb »Matthew finden« auf die erste Zeile der ersten Seite ihres Notizbuchs. Das war das Schwierigste, ihn aufzuspüren. »Ich habe seit Jahren nicht mit ihm gesprochen.«

»Ach nein?«, sagte Lock. Jetzt klang er besorgt, vielleicht sogar argwöhnisch. »Glauben Sie, dass er sich an Sie erinnert?«

»Ich war seine Highschool-Liebe«, sagte Claire. »Seine Highschool-Liebe vergisst man nicht, oder?«

Lock starrte sie an. Claire spürte, wie das Trillern der Flöte ihr die Wirbelsäule hinaufjagte und die Basstöne der Tuba in ihrem Bauch widerhallten. Mit Lock allein bei dieser »Sitzung« zu sein, brachte sie durcheinander. Vielleicht lag es auch an den Gedanken an Matthew, dass sie sich so fühlte – wie ein Teenager, der dabei ist, sich zu verlieben, dessen Welt voller ausgefallener romantischer Möglichkeiten ist.

»Was noch?«, fragte sie.

Ehe er antworten konnte, fiel Claires Blick auf einen Gegenstand auf dem Bücherregal links von dem Fenster mit seinen zwanzig Scheiben. Es war eine grünweiß getigerte Vase mit einer sternförmigen Öffnung. Sie war eins von Claires Stücken und befand sich genau in ihrem Blickfeld, und doch hatte sie sie bis zu dieser Sekunde nicht bemerkt. Es war, als hätte sie eins ihrer eigenen Kinder nicht erkannt. Sie stand auf, nahm die Vase vom Regal und drehte sie im Licht. Vor zwei Jahren hatte sie zwischen zwei Großaufträgen zwölf davon für Transom, einen Laden in der Stadt, angefertigt. Die Farben variierten, doch alle hatten Tigerstreifen oder Leopardenflecken. *Dschungelserie* hatte sie sie genannt. Sonst fertigte Claire immer nur auf Bestellung sehr reicher Kunden Einzelstücke an, deshalb war es vergnüglich und befreiend gewesen, diese einfachen, aber doch besonderen Vasen herzustellen. Transom hatte sie alle innerhalb von zwei Wochen verkauft.

»Woher haben Sie die?«, fragte Claire.

»Aus dem Geschäft in der Stadt ...«

»Transom?«

»Dieser Eckladen, ja.«

»Sie haben sie gekauft?«

»Habe ich.«

»Für ... sich selbst?«

»Für mich selbst, ja. Fürs Büro. Ein paar Wochen lang haben wir Blumen reingestellt, aber mir gefällt sie leer besser. Sie ist ein Kunstwerk.«

»Oh«, sagte Claire.

»Ich bin ein großer Fan Ihrer Glasarbeiten.«

Jetzt war Claire argwöhnisch. »Wie viele davon haben Sie denn gesehen?«

»Wir sind mit den Klaussens befreundet. Wir kennen die *Ballons*.«

»Aha«, sagte Claire.

»Ich lese *GlassArt* und habe die darin abgebildeten Arbeiten von Ihnen gesehen. Und ich kenne die Museumsstücke.«

»Das eine Stück«, korrigierte Claire. »Im Whitney.«

»Und die Vasen im Museum von Shelburne«, sagte Lock. »Sie sind wunderschön.«

»Wow«, sagte Claire. Ihr Gesicht wurde heiß und rot; auf ihren Wangen würden zwei Blumensträußchen erscheinen. Sie war verlegen und fühlte sich geschmeichelt – Lock Dixon kannte ihre Arbeiten. *Kannte* sie. Er las *GlassArt*, das eine Auflage von ungefähr siebenhundert hatte.

Lock räusperte sich. »Das ist jetzt ein bisschen unüblich, aber wären Sie bereit, ein Stück für die Versteigerung anzufertigen?«

»Bei der Gala, meinen Sie?« Lock nickte.

Claire schüttelte verwirrt den Kopf. Gegenstand der Auktion bei der Gala war immer etwas Ausgefallenes, etwas, das man sonst nicht käuflich erwerben konnte: eine Woche in einem schottischen Schloss mit Golf in St. Andrews oder ein italienisches Festmahl für zwölf Personen, gekocht von Mario Batali.

»Das verstehe ich nicht. Wir müssen Geld einnehmen.«

»Genau, deshalb müsste das Stück den *Ballons* ebenbürtig sein.«

Claire kehrte zu ihrem Stuhl zurück und trank ihren Wein aus. Da sie nichts gegessen hatte, vibrierte ihr Kopf wie eine

Stimmgabel. »Ich arbeite nicht mehr. Ich habe die Glaswerkstatt geschlossen, als mein Sohn geboren wurde.«

»Aber doch nur vorübergehend, habe ich gehört? Eine Auszeit, kein Ruhestand?«

Claire legte ihre Hände aufs Gesicht, um sich die Wangen zu kühlen. Lock Dixon wusste mehr über sie – weitaus mehr –, als sie vermutet hatte. Das weckte ihre Neugier. Wie hatte er davon erfahren? Von wem? Claire wusste selbst nicht, wann sie ihre Arbeit wieder aufnehmen würde. Die Werkstatt hinter dem Haus war verrammelt und verriegelt, schlummerte erkaltet vor sich hin. Claire betrachtete sie mit Sehnsucht – natürlich, denn das Glasblasen lag ihr im Blut –, aber auch mit dem Gefühl, die richtigen Prioritäten gesetzt zu haben. Sie hatte vier Kinder, die sie brauchten. Zum Glasblasen konnte sie zurückkehren, wenn sie alle zur Schule gingen.

»Ich arbeite nicht mehr«, wiederholte Claire deshalb.

»Sie wollen also kein Stück für die Auktion anfertigen?«

Claire starrte ihn an. Verspottete er sie? Wollte er sie herausfordern? Er schenkte ihr mehr Wein ein, den sie dankbar annahm.

»Ich arbeite nicht«, sagte sie.

»Stellen Sie sich vor, wie das den Preis steigern würde«, sagte Lock. »Sie haben seit über einem Jahr nichts mehr produziert – im nächsten August wären es fast zwei Jahre, stimmt's? Das könnte ein triumphales Comeback werden.«

»Aber Kunst ist subjektiv. Wenn ich nun etwas mache, das niemandem gefällt?«

»Sie sind ein Genie.«

»Jetzt nehmen Sie mich auf den Arm.«

»Ich habe einen Vorschlag«, sagte er.

»Was für einen?«, fragte Claire.

Er sah sie schweigend und mit dem Anflug eines Lächelns an. Claire war verwirrt. Er machte sich lustig über sie, und sie genoss es. Es erregte ihre Sinne, reizte ihre Intelligenz. Lock Dixon war – bis auf ihre wenigen Kunden – vielleicht der einzige Mensch auf der Welt, den es interessierte, ob sie wieder mit dem Glasblasen anfing. Aber er konnte sie nicht dazu verlocken, nur weil er ein Mann war, ein reicher Mann, ein Mann, der ihr ein Glas Wein eingegossen hatte, ein Mann, dessen Frau Claire unabsichtlich ein Unrecht zugefügt hatte. Er würde sie nicht dazu bewegen. Sie konnte sich abgrenzen!

»Was für einen?«, fragte sie noch einmal.

»Ich werde selbst fünfzigtausend Dollar dafür bieten.«

»Was?«, sagte Claire ungläubig.

Er beugte sich vor, um ihr in die Augen zu sehen. Sein Gesicht war so nahe, dass sie ihn hätte küssen können. Schon der flüchtige Gedanke daran trieb ihr erneut die Röte in die Wangen. Sie stieß ihn im Geiste von sich und rückte auf ihrem Stuhl ein paar Zentimeter von ihm ab.

»Das tun Sie nicht.«

»Doch. Fünfzigtausend. Wenn Sie ein Objekt für die Auktion kreieren, ein echtes Claire-Danner-Crispin-Original, Museumsqualität, Einzelstück, was immer Ihnen einfällt, biete ich persönlich fünfzigtausend Dollar.«

Claire schüttelte den Kopf. Er machte Witze. Er musste Witze machen: Fünfzigtausend Dollar betrug sein jährliches Nettogehalt als Geschäftsführer.

»Sie sind verrückt«, sagte sie.

»Vielleicht«, sagte er in einem Ton, der bedeutungsvoll klang, doch obwohl Claire vom Wein berauscht war, ließ sie nicht zu, dass er ihre Entschlossenheit ins Wanken brachte.

Sie stand auf. »Ich arbeite nicht mehr«, sagte sie zu ihrem eigenen Erstaunen. Sie wollte dem ganzen Universum Gutes tun, sie wollte freundlich sein – aber selbst sie hatte ihre Grenzen.

Die Kinder schliefen alle, als Claire nach Hause kam, und sie sah nach ihnen und tappte dabei im Dunkeln umher wie ein Waschbär. Sie wirkten einigermaßen sauber, die Haare der Mädchen waren gekämmt und JDs Schularbeiten gemacht, wenn auch nachlässig in seinen Rucksack gestopft. Claire glättete die Seiten mit den Mathematikaufgaben und steckte sie ordentlich wieder hinein. Im Babyzimmer zog sie Zack die Decke über die Schultern und streichelte seine Wange. Gott, welche Sorgen sie sich um ihn machte! Er *war* gesund, obwohl er ein Frühchen war; ihre Kinderärztin Dr. Patel versicherte ihr das immer wieder.

Im Schlafzimmer wartete Jason auf sie. Er wollte dauernd Sex, auch nach so vielen Ehejahren. War das normal?

Es wäre eine gute Nacht gewesen, um ihn ernsthaft, kreativ und bemüht zu verwöhnen, doch Sex erschien ihr heute zu harmlos. Sie war völlig aufgedreht von ihrem Treffen mit Lock Dixon. Sie hätte gern in ihren alten Ausgaben von *Glass-Art* geblättert. Am liebsten wäre sie in die Werkstatt gegangen – Museumsqualität! – und hätte bis zum Morgengrauen gezeichnet.

»Komm ins Bett«, sagte Jason.

An die Werkstatt zu denken fühlte sich plötzlich an wie etwas Verbotenes. »Wie lief's mit den Kindern?«

»Gut. Komm ins Bett.«

»Willst du nicht wissen, wie meine Sitzung war?«

»Wie war deine Sitzung?«

»Es war erstaunlich«, sagte sie. Er bat sie nicht, ausführlicher zu werden, und Claire dachte: Was soll's? Ihre Definition von »erstaunlich« war völlig anders als Jasons. Jason war Bauunternehmer; für ihn war es erstaunlich, wenn der Klempner pünktlich auftauchte. Erstaunlich war ein meterlanger Streifenbarsch, gefangen mit einer Fliege.

»Komm ins Bett, bitte, Claire. Bitte, Baby!«

»Okay«, sagte sie. Sie putzte sich die Zähne, dann ließ sie sich Zeit damit, das Gesicht zu waschen und einzucremen, dann wischte sie über den Waschtisch und das Becken in der Hoffnung, Jason würde derweilen einschlafen. Doch als sie unter die Decke kroch, hatte Jason noch seine Lampe an. Er war ihrer Seite des Betts zugewandt und hatte die Hände ausgestreckt, als wäre sie ein Basketball, den er fangen wollte.

»Die Kinder haben dich nicht zu sehr angestrengt?«, fragte sie.

»Nee, die waren prima.«

»Hast du ihnen vorgelesen?«

»Ich habe Zack vorgelesen, Ottilie hat Shea vorgelesen, JD hat seine Hausaufgaben gemacht und dann noch etwas gelesen.«

»Gut«, sagte Claire und entspannte sich. »Also, die Sitzung ...« Sie hielt inne – nicht weil sie zögerte einzugestehen, dass an ihr nur sie und Lock teilgenommen hatten, sondern weil Jasons Hände bereits unter ihr Nachthemd gewandert waren. Es interessierte ihn nicht, was bei der Sitzung vorgefallen war. Sie packte seine Handgelenke, doch er war hartnäckig, und sie ließ ihn gewähren. Ihr Sexualleben war stabil, aber es gab einen Teil ihrer Ehe, der verdorrt war, wenn er überhaupt je existiert hatte. Welcher Teil war das? Wenn Claire zu Jason sagte: »Wir reden nicht miteinander«, entgegnete er ihr, sie sei albern. »Wir reden ständig«, fügte er dann hinzu. Ja, über die Kinder, darüber, was es zu essen geben sollte, über die Wartung des Autos, über Joes vierzigsten Geburtstag nächste Woche, darüber, welche Rechnungen bezahlt werden mussten, wann er abends nach Hause kommen würde. Doch wenn Claire versucht hätte, ihr Treffen mit Lock zu beschreiben und dessen zahlreiche Aspekte – Matthew, wie es war, an Matthew zu denken, wie es war, sich an Daphne und den Unfall zu erinnern, Locks Interesse an Claires Glasarbeiten und seine Bitte, sie möge wegen eines Stücks für die Auktion ihren Ruhestand aufgeben –, würden Jasons Augen vor Langeweile glasig werden. Sie würde ihn damit von dem abhalten, was wirklich wichtig war – Sex! Außerdem würde er womöglich wütend werden – wie kam *Lock Dixon* dazu, seiner Frau zu sagen, sie solle wieder mit dem Glasblasen anfangen? Es war einfacher für Claire, den Mund zu halten, Jason körperlich zu befriedigen und zu versuchen, ihre innere Erregung zu dämpfen.

Matthew finden. Museumsqualität. Silberne Gürtelschnalle. Die Dschungelserie. Walknochenkorsetts. Viognier, der nach Wiese schmeckt. Fünfzigtausend Dollar. Klassische Musik: Sie sollte wirklich versuchen, mehr darüber zu lernen.

Sie schloss die Augen und küsste ihren Mann.

TOM LIEHR

Sushi mit Uschi

Sebastian Fennich schob den schweren Schalenkoffer mit dem Fuß voran und rückte dann selbst auf, wobei ihm Laptop- und Kameratasche gegen die Hüfte schlugen. Er schwitzte und roch die Ausdünstungen der anderen Fluggäste, die ihn dicht gedrängt umstanden – der Flughafen Tegel platzte aus allen Nähten und gab sich gehörig Mühe, das auch olfaktorisch zu unterstreichen. Gegen das Gewicht der Taschen ankämpfend, wischte Sebastian sich mit dem Handrücken über das Gesicht und sah auf die Uhr – kurz vor sieben. Der Flug nach Tokio/Narita über Kopenhagen, Gesamtdauer satte achtzehn Stunden, ginge in siebzig Minuten, aber keine seiner drei Begleitungen war bislang zu sehen – immerhin, von einer wusste er inzwischen sicher, dass sie nicht mehr kommen würde. Im Taxi, während der Fahrt hierher, hatte er eine SMS erhalten: *Lieber Sebastian, es tut mir leid, aber ich werde nicht mitkommen. Es ist aus. Ich wünsche Euch trotzdem viel Spaß. Das Ticket zahle ich natürlich. Mona*

Seine Versuche, Mona anzurufen, waren erwartungsgemäß erfolglos geblieben; die Teilnehmerin war nicht erreichbar – und würde das auch bleiben, bis sie sicher sein konnte, dass er im Flieger säße und seinerseits unerreichbar wäre. Prinzipiell hatte ihn die Mitteilung nicht überrascht, denn die Beziehung kränkelte schon seit einer Weile, aber der Zeitpunkt – den er eigentlich selbst hatte wählen wollen – war dann doch verblüffend, denn während der Reisevorbereitungen hatte Mona sich noch begeistert gegeben und sich glaubhaft auf die Japan-Tour gefreut. Trennen hätten sie sich hinterher noch immer können. Als Sebastian kurz nach seinen Gefühlen forschte, war da wenig mehr als diese Überraschung.

Noch immer sieben Leute vor ihm. Verkürzte sich die Schlange oder verdichtete sie sich nur aus Ungeduld? Er blickte sich um, sah Geschäftsmenschen in Kostümen und Anzügen, Dänen auf der Heimreise, wie er vermutete, und ein paar Touristen. Die Halle war erfüllt von Gemurmel und Gelächter, ein paar Kleinkinder tupften kurze Schreie in das Klangbild, ergänzt durch unverständliche Ansagen aus den Lautsprechern. Aus Richtung der Schiebetüren, die sich pausenlos öffneten und schlossen, drang der Qualm von hastig Abschlusszigaretten inhalierenden Touristen und pausierenden Flughafenbediensteten herein. Sebastian hustete eher aus Gewohnheit. Mona, die das Rauchen verachtete, hatte ihn mit subtilen Mitteln dazu gebracht, dieser Form der Ablehnung beizupflichten. Wann immer jemand auch nur in ihrer mittelbaren Nähe rauchte, hustete Mona auffällig, und irgendwann hatte Sebastian damit angefangen, es ihr – zu ihrem großen Gefallen – gleichzutun. Jetzt musste er lächeln. In diesem Augenblick betrat Uschi die Halle.

Ihr klischeeblondes Haar schwang hin und her, während Uschi auf die Zehenspitzen stieg und sich umsah. Ihr übermäßig gebräuntes, dazu auffallend geschminktes Gesicht bewegte sich ruckartig seitwärts; er musste an eine kunterbunte Taube denken, die vom Picken aufsieht. Sie trug ein D&G-Shirt, dazu schillernde, hellblaue Leggins, farblich passende High Heels und kiloweise Goldschmuck. Ihr Gepäck, zwei Koffer, eine Handtasche und ein Beautycase, alles Ton in

Ton, stammte von dieser Münchener Firma, die ausschließlich Kunden bediente, die mit Sylt-Aufklebern an den Autos herumfuhren, ohne je einen Fuß auf die Insel gesetzt zu haben. Uschi verkörperte ein Weltbild, das mit Sebastians so viel gemein hatte wie das Husten einer Ratte mit der japanischen Sprache: Sie war von Kopf bis Fuß eine Frau, der betrunkene Bauarbeiter vom Gerüst aus nachpfiffen, die aber jedem Mann mit Stil die Schamesröte ins Gesicht trieb. Und Uschi sah nicht nur so aus, sie war auch so blöd wie eine Laugenbrezel. Wie so oft fragte sich Sebastian in diesem Augenblick, was ein Mann wie Tobi nur an dieser Frau fand.

»Sebastian! Sebastian-Schätzchen!«, zwitscherte sie jetzt, auch für andere erkennbar in seine Richtung, und nicht wenige drehten sich zu ihm um und grinsten – mitleidig? Schadenfroh? Oder doch irgendwie neidisch? Sebastian tat ein paar Sekunden lang so, als gelte ihm das Gekrähe gar nicht, dann nickte er langsam und formte stumm das Wort »Uschi«.

Zehn Sekunden später stand sie neben ihm. Ein Fluggast hinter ihnen hob zu Protest an, aber Sebastian musste ihn nur kurz ansehen. Immerhin war er nicht nur zwei Meter vier groß, sondern auch breitschultrig und mit einem kantigen Kopf ausgestattet, den man eher bei einem Leistungssportler erwartete als bei einem Programmierer, für den »Sport« zuletzt daraus bestanden hatte, einmal pro Woche mit Mona zwei Stunden Tennis zu spielen.

Uschi umarmte ihn, Sebastian ließ das über sich ergehen, während er vom Geruch ihres Parfums bewusstlos zu werden drohte. Als hätte sie in dem Zeug gebadet. Er schob sie sanft von sich und fragte:

»Wo bleibt Tobias?«

»Er ist noch nicht da? Wie blöd ist *das* denn?«

Uschi ließ Handtasche und Beautycase achtlos fallen, dann tippte sie mit ihren Fingern, die in langen, auffällig verzierten Nagelstudiofabrikaten endeten, auf einem Smartphone herum, das wiederum in einer rosafarbenen, mit Swarovski-Kristallen besetzten Hülle steckte. Sebastian atmete flach. Das Ticketicketicke von Uschis Fingern nervte ihn. Uschi nervte ihn. Die SMS von Mona nervte ihn. Aber er freute sich immer noch auf Tokio, worauf er sich jetzt zu konzentrieren versuchte. Die Erfüllung eines langjährigen Traums. Japan mit Tobi. Okay, nicht mehr mit Mona. Okay, mit Uschi. Aber auch mit Tobi. Und eben: Japan. *Ja!*

Uschi hielt sich das Telefon ans Ohr und grinste Sebastian dabei an. Er sah weg, zum Counter – noch sechs Leute. Sebastian schob seinen Krempel voran, Uschi folgte umständlich, noch immer mit dem Telefon beschäftigt. Dann nahm sie es vom Ohr.

»Geht nicht ran. Wie scheiße ist *das* denn?«

»Sehr«, nuschelte Sebastian.

»Aber hallo. Versuch du mal!«

»Was?«

»Tobi anrufen, du Dussel.«

Jemand hinter ihnen lachte, aber Sebastian ignorierte es. Er zog die Stirn kraus, dann setzte er Laptop- und Kameratasche ab, holte das Telefon aus der Jacke und wählte Tobis Nummer, ließ es klingeln. Achtmal. Zehnmal. Fünfzehnmal. Besetztzeichen.

Er starrte auf das Display, dann zur Tür, in der Hoffnung, Tobi würde in diesem Augenblick auftauchen und Uschis Betreuung übernehmen. Aber nichts dergleichen geschah. Dann piepte das Telefon. *Probleme. Komme nach. Tobi.* Komme nach?

Sebastian sah Uschi an, die ihn mit einem Blick fixierte, den sie sonst vermutlich für Konkurrentinnen im Ausverkaufsgedränge parat hielt.

»Von Tobi?«, fragte sie schließlich. Sebastian nickte.

»Er hat Probleme und will nachkommen.«

»Probleme?«, wiederholte sie, vergleichsweise nachdenklich. Sebastian wartete auf eine Ist-das-denn-Variante, aber sie schwieg. Die Schlange rückte vor, noch vier Leute. Er knetete seinen Nasenrücken zwischen Daumen und Zeigefinger. Wie stellte sich Tobi das vor, nachzukommen? Wollte er mit dem Taxi nach Kopenhagen fahren? Oder bis nach Tokio?

»Scheiße«, sagte er leise. Während er das tat, setzte sich eine Frau hinter den zweiten Counter und winkte kurz, als wolle sie eigentlich nicht zur Kenntnis genommen werden. Sebastian warf den zwei Pärchen hinter ihnen, die Anstalten machten, vorbeizuschlüpfen, einen kurzen Blick zu, schulterte dann sein Gepäck und wuchtete es auf das Band neben dem neu eröffneten Check-in-Schalter.

Eine Stunde später saßen sie im Flugzeug, hier noch Economy, aber im Anschlussflug würden sie Business reisen. Während dieser Stunde, eingeklemmt in einem Sitz für sehr viel kleinere Menschen, hatte Sebastian fünfzig Ist-das-denn-Varianten gezählt, ohne dass es eine inhaltliche Wiederholung gegeben hatte. Das Boarding hatte sich erheblich dadurch verzögert, dass sich Uschi bei der Auswahl der Gratiszeitschriften im Einstiegsbereich der Maschine nicht hatte entscheiden können. Eine genervte Flugbegleiterin hatte schließlich einen Stapel zusammengesammelt und ihn der Blondine überreicht.

»Wie cool ist *das* denn? Ich kann *alle* nehmen?«, kommentierte sie fröhlich grinsend.

Sebastian hatte in der Zwischenzeit unermüdlich versucht, seinen Freund zu erreichen, direkt, per SMS, Skype, Messenger und Mail, jedoch erfolglos. Er dachte darüber nach, welche Art von Problemen es wohl geben könnte – geschäftliche konnten es kaum sein, denn Tobi und Sebastian waren gut bezahlte Kollegen in einer gut laufenden Firma, in sicheren Jobs und mit persönlichem Know-how ausgestattet, das zu transferieren der Geschäftsleitung schwerfallen dürfte: *Brauer Development* lebte vom Know-how der beiden. Also private Probleme. Aber welcher Art? Tobi hatte keine Angehörigen, von Sebastian abgesehen nur wenige Freunde, und seine Freundin saß plappernd neben Sebastian, der sich fühlte wie ein Kreuzworträtsellöser mit einem leeren Gitter ohne Hinweise vor sich.

In Kopenhagen angekommen, manövrierte er Uschi in die Business-Lounge, wo er sich abermals bemühte, Tobi zu erreichen. In den Firmenserver hatte sich sein Kumpel kürzlich eingeloggt, wie Sebastian herausfand, aber damit hatte es sich auch schon. Er schrieb eine Kurznachricht: *Wenn Du Dich nicht innerhalb der nächsten drei Stunden meldest, kannst Du Dir einen neuen besten Freund suchen. G.* Dann schlief er ein, und das letzte, was er hörte, war: »Champagner? Oh, hier gibt's Champagner! Wie geil ist *das* denn?«

Obwohl er noch immer keine Nachricht von Tobi erhalten hatte, entspannte sich Sebastian ein wenig, als sie die Maschine nach Tokio bestiegen. Er war noch nie Business oder First geflogen und somit nicht weniger überrascht als Uschi, als sie eine Flugbegleiterin, die wie Claudia Schiffer in ihren besseren Zeiten aussah, in den vorderen Bereich des Airbus führte, um ihnen dort Sitze anzubieten, die ungefähr fünfmal so groß waren wie die Economy-Hocker im vorigen Flugzeug. Und sie hatten die Business-Klasse fast für sich; drei Geschäftsleute, die umgehend ihre Laptops aufklappten, nahmen eine Reihe ein, und zwei Reihen hinter ihrer eigenen entdeckte Sebastian zwei ältere Japaner. Vielleicht gäbe es irgendwann eine Gelegenheit, sie anzusprechen. Er konnte es kaum erwarten, endlich außerhalb der Sprachschule, der Facebook-Bekanntschaften und der Deutsch-Japanischen-Gesellschaft seine Japanischkenntnisse anzubringen. Ach was, in Tokio würde er mit Hunderten von ihnen reden!

Es gab Tische, die man nicht einmal ausklappen musste, kleine Täschchen mit allerlei Kosmetikzeug, Kreditkartentelefone, ein gewaltiges Bedienpanel für das Entertainmentsystem – und schon vor Abflug die Frage, was man zu trinken wünschte. Sebastian bestellte ein Bier, Uschi Prosecco, und dann drückte sie ein paar Knöpfe und kiekste laut, als die Massagefunktion des Sitzes startete. Sebastian zog die Jacke aus, schickte eine letzte Kurznachricht an Tobi, hoffend, dass der Kumpel tatsächlich eine Möglichkeit finden würde, nachzukommen, nippte am Bier und versuchte, sich auf den wahnwitzig teuren Flug zu freuen, ohne dabei allzu sehr von seiner Sitznachbarin abgelenkt zu werden. Was misslang. Uschis aromatische Präsenz ließ sich selbst mit geschlossenen Augen nicht leugnen. Es war, als hätte sich eine Uschi-Hülle über Sebastian gesenkt. Er betete stumm dafür, dass sie alsbald einschlafen und ihn während der nächsten dreizehn Stunden verschonen würde. Daran, was er in Tokio mit ihr anfangen sollte, wagte er noch gar nicht zu denken.

Aber natürlich ging die Rechnung nicht auf, denn kurz nach dem Start hatte Uschi das Entertainmentsystem entdeckt, das nicht nur Filme, sondern auch Videospiele anbot.

In der Hitze des Gefechts gab sie immer wieder Kommentare zum Spielverlauf ab oder feuerte lautstark ihr Alter Ego an, bis einer der Geschäftsleute sich sanft beschwerte und Claudia Schiffer freundlich darum bat, dass Uschi die Aliens doch etwas leiser abschießen möge. Sie nickte nur schweigend und setzte die Kopfhörer ab. Dann drehte sie sich zu Sebastian und fragte unvermittelt:

»Tobi ist dein bester Freund, nicht?«

Sebastian war überrascht, aber er nickte.

»Klar, ja«, brachte er schließlich heraus.

Uschi nickte ebenfalls, ihn nachdenklich musternd. Erstmals sah er an ihr einen Gesichtsausdruck, der überhaupt nicht ins ganzheitliche Klischee passte, das sie verkörperte – Sebastian erkannte so etwas wie Empathie, eine Form von Sorge, und noch etwas, das er nicht einordnen konnte.

»Warum fragst du?« Die Frage war ausgesprochen, bevor er sie gedacht hatte.

Uschi zog die Unterlippe in den Mund und kräuselte die Stirn.

»Vertraust du ihm?«

»Sicher.«

»A-ha.«

Sie fixierte ihn weiterhin, schwieg aber. Claudia Schiffer brachte Speisekarten, während der Pilot Flugzeiten und Wetterinformationen verkündete. Zwölf Grad Celsius in Tokio, starker Wind und gelegentliche Schauer. Die Maschine wackelte ein bisschen, erreichte die Reiseflughöhe. Sebastian dachte darüber nach, wie sich seine Mitreisende in ihrem Outfit fühlen würde, wenn sie das Terminal verließen.

»Ich nehme das da«, riss sie ihn aus den Gedanken, als sie der Flugbegleiterin mit spitzem Finger ihr Wunschgericht auf der Karte zeigte. Dabei schenkte sie Sebastian einen amüsierten Blick.

»Sushi mit Uschi!«, sagte sie grinsend. »Wie schön ist *das* denn! Na los, mein Lieber, jetzt gibt's kein Zurück mehr.«

Sebastian war überrumpelt. So groß das Faible für das Land seiner Träume immer gewesen war, an Sushi hatte er sich nie gewagt. Ja, er hatte sich der Speise sogar vehement verweigert. Roher Fisch, außerhalb von Japan und dazu auch nur selten von Meisterhand zubereitet, das konnte doch nicht gutgehen. Aber waren es Uschis Schlagfertigkeit oder ihr belustigter, sogar seltsam wissender Blick, den er nicht richtig zu entschlüsseln wusste? Jedenfalls war es ihm einfach so rausgerutscht, spontaner, als ihm lieb und für seine Verhältnisse üblich war:

»Ja, einmal Sushi mit Uschi, ich auch bitte«, gab er ohne Nachdenken seine Bestellung bei der Schiffer auf und staunte nicht schlecht über sich selbst. Er wollte zurückrudern, doch als er seiner Sitznachbarin in die Augen sah, war der Impuls verschwunden. Warum auch nicht? Es gab für alles ein erstes Mal, schließlich stand er womöglich gerade vor einem ganz neuen Abschnitt seines Lebens.

Sie schwiegen eine Weile, während sie auf das Essen warteten.

»Weißt du«, begann sie dann.

»Ja?«

Uschi blinzelte und sah zur Kabinendecke.

»Mona ist nicht gekommen, richtig?«

»Sonst säße sie hier«, gab er leicht säuerlich zurück. Aber Uschi lächelte nur.

»Und Tobi hat sich auch abgemeldet.«

Sebastian nickte, zeitgleich formte sich ein Gedanke, der

ihn mehr als nur verblüffte. Er sah seine Reisebegleiterin an, die ihn zu studieren schien. Frau Schiffer platzierte den Prosecco auf ihrem Tischchen, außerdem ein neues Bier auf Sebastians. Dazu kamen zwei exquisit angerichtete Platten mit der japanischen Nationalspeise. Sie prosteten einander zu, aber an Uschis Blick änderte sich nichts.

»Schon ein komischer Zufall«, sagte sie schließlich. Die Maschine rumpelte, Uschi hielt wieselflink die Schaumweinflasche fest, während Sebastian danebengriff und dem Bier dabei zusehen musste, wie es sich über das Panel des Entertainmentsystems ergoss. In Sekundenbruchteilen stand die Flugbegleiterin neben ihm und tupfte so hingebungsvoll mit einem Kleenextuch darauf herum, dass Sebastian sich wie ein sabberndes Baby vorkam.

»Komischer Zufall?«, wiederholte er unwillig.

»Dir ist da nichts ... aufgefallen?«, fragte Uschi.

»Aufgefallen?«, nuschelte er.

Sie strich sich die Haare hinter die Ohren, drückte den Rücken durch und fixierte ihn abermals.

»Wenn wir mal zu viert unterwegs waren? Nie irgendwas? Wie ignorant ist *das* denn?«

Sebastian war perplex und dachte an das Essen vergangene Woche beim Spanier. Tobi und Mona, wie sie gemeinsam lachten und die Vorspeisen des anderen kosteten. Die Begrüßungen, die während der letzten Begegnungen immer intensiver ausgefallen waren. An ihre immer selteneren Fragen danach, wie es Tobi ginge. Als hätte Mona das bereits gewusst.

»Ich sag's ja nur ungern«, unterbrach Uschi seine Gedanken, »zumal es mich auch betrifft. Aber ich würde meinen Arsch drauf verwetten, dass die beiden was laufen haben. Was Ernsthaftes.«

Sie aßen schweigend weiter, und Sebastian konnte sein Staunen über die Fingerfertigkeit seiner Begleiterin, die, ganz im Gegensatz zu ihm und trotz ihrer Nagelkunstwerke, problemlos und wie selbstverständlich mit den Stäbchen hantierte, nicht verbergen. Zudem musste er sich eingestehen, dass ihn seine bisherigen Vorurteile rohem Fisch im Reis-Algen-Mantel gegenüber um ein spektakuläres Geschmackserlebnis gebracht hatten – selbst hier im Flugzeug.

Nach dem Essen bugsierte Uschi ihre pralle Handtasche aus der Gepäckablage und ging zum Waschraum. Sebastian schloss die Augen und dachte an Japan. Er konnte sich nicht mehr genau erinnern, vermutlich war eine Fernsehsendung der Anlass gewesen – oder es hatte sich nur um den Wunsch gehandelt, als Jugendlicher ein möglichst originelles Hobby zu haben. Seine Japan-Zuneigung hatte sich entwickelt, als er dreizehn war. Er hatte sich Bücher über diese merkwürdige, übervölkerte, wirtschaftlich so erfolgreiche und landschaftlich beeindruckende Inselgruppe schenken lassen, hatte Filme ausgeliehen, meistens Dokumentationen, und er hatte damit begonnen, die Sprache zu lernen. Mit fünfzehn war er in die Deutsch-Japanische-Gesellschaft eingetreten, mit achtzehn beherrschte er die Sprache schon recht sicher in Wort und Schrift, später dann fast fließend. Je mehr er über das Land erfuhr und je mehr er sich in die seltsame Kultur verliebte, desto größer aber war seine Angst geworden, tatsächlich dorthin zu reisen. Bis diese Mail von BBCDI gekommen war, dem größten internationalen Konkurrenten von *Brauer Development* – wovon niemand wusste, außer Tobi, dem er sich anvertraut hatte und der glaubte, Sebastian dazu überredet zu haben, die Reise anzutreten.

Sebastian öffnete die Augen, er war noch immer allein, also

griff er nach dem Telefon, zog seine Kreditkarte durch den Schlitz und wählte Monas Festnetznummer. Es rauschte und knackte fast eine halbe Minute lang, dann ertönte das Freizeichen. Achtmal. Zehnmal. Fünfzehnmal.

»... gehe schon«, hörte Sebastian dann. Es war Tobis Stimme, gut zu vernehmen, obwohl der Freund wahrscheinlich versuchte, die Hand übers Mikrofon zu halten.

Sebastian war nicht sehr überrascht, eher ein bisschen amüsiert.

»Du Arsch«, sagte er nur.

»Sebastian?«

»Tobias.«

Schweigen, pro Sekunde ein Euro, dachte Sebastian.

»Ich kann das erklären.«

»Es gibt immer eine Erklärung. Fragt sich nur, ob sie der Wahrheit entspricht.«

Tobias schwieg wieder.

»Wer ist dran?«, fragte Mona aus dem Hintergrund. Sebastian stellte sich vor, wie sie gerade aus der Dusche gekommen war, nur mit einem Handtuch um die Hüfte. Und Tobi war vielleicht sogar nackt.

»Ach du Scheiße, es ist Sebastian«, sagte Tobias leise.

Mona blieb still, Sebastian legte einfach auf.

Zwei Minuten später setzte sich eine gut aussehende blonde Frau auf den Platz neben ihn. Er kniff die Augen zusammen. War Uschi dezenter geschminkt? Ihre Gesichtsfarbe erschien ihm auf einmal viel natürlicher, und sie trug ein einfaches weißes Shirt zu Jeans und Turnschuhen.

Sein Erstaunen wuchs noch, als sie ein Buch aus der Handtasche zog – »Der Mann ohne Eigenschaften« – und etwa bei der Hälfte aufschlug. Sie erwiderte Sebastians Blick mit einem herausfordernden Grinsen.

»Weißt du«, begann sie, tief einatmend. »Ich war sechzehn und objektiv die beste in Physik, aber ich habe trotzdem schlechtere Noten als meine männlichen Mitschüler bekommen. Ich habe sogar an ›Jugend forscht‹ teilgenommen und bin mit einer ›lobenden Erwähnung‹ abgespeist worden, obwohl mein Projekt mehr Aufmerksamkeit verdient gehabt hätte.«

»Wer *bist* du?«, fragte Sebastian verblüfft.

»Uschi – mit einem Diplom in Festkörperphysik.«

»Festkörperphysik«, wiederholte er leise.

»Die Physik der Körper, die sich im festen Aggregatzustand befinden.«

Sebastian schaffte es nicht einmal, »Aha« zu sagen.

Sie lächelte verständnisvoll.

»Stell dir vor, du bist eine Frau, eine *gut aussehende* Frau, blond, groß, und du heißt auch noch Uschi.«

Sebastian glotzte nur.

»Mein Professor hat mich nie richtig ernst genommen und mir immer nur in den Ausschnitt gestarrt, wenn ich ihm von meinen Plänen erzählt habe. Und irgendwann hat er mich auch noch auf die ganz üble Art angemacht.« Sie pausierte kurz, schob sich ein Reststück Sushi in den Mund, kaute ausführlich, nippte dann am Prosecco und musterte Sebastian schließlich mit einem ironischen Blick. »Das Problem war, dass er nicht verstehen wollte. ›Eine Frau wie du‹, sagte er. ›Eine Frau wie du.‹ Meine Fähigkeiten waren völlig irrelevant. Und würden es immer sein.«

Sie verzog das Gesicht.

»Misogynie«, sagte Sebastian, wieder sehr leise.

»Genau. Ich verlor die Lust daran, das Doppelte von dem leisten zu müssen, was meine männlichen Kollegen konnten, um dann als Quotenfrau zu enden. Was ist das für eine Gesellschaft, die verdammte *Quotenfrauen* braucht?«

Sebastian wusste keine Antwort.

»Und so ging es weiter, unaufhörlich. Für ein Quäntchen Respekt musste ich mich abrackern, echter Respekt blieb außerhalb meiner Reichweite. Dafür hätte ich mir wohl eine Glatze rasieren, die Brüste verkleinern und meinen Namen ändern lassen müssen. Ich habe den bequemeren Weg gewählt, mich dafür entschieden, ganz Uschi zu sein. Ein Konkurrenzkampf, den ich leicht beherrschen konnte. Immerhin sind Männer *Männer*. Sie hören einfach mit dem Denken auf, wenn sie Brüste sehen. Nicht einmal Kinder kann man so leicht manipulieren.«

»Aber ...«, setzte Sebastian an.

»Klar. Es gibt eine Menge Abers. *Aber* ich konnte mir die Männer aussuchen ...«

»Und Tobi?«

»... ist ein Idiot. Bei ihm lag ich daneben.« Sie pausierte kurz. »*Liege* ich daneben. Er ist ein elender Opportunist, dessen Fähnchen schneller umschwenkt als der Wind wechselt. Der nur in deinem Fahrwasser existieren kann. Wie lange kennt ihr euch?«

»Beinahe zwanzig Jahre«, antwortete Sebastian nach kurzem Nachdenken.

Uschi lächelte schmal.

»Gab es in dieser Zeit irgendwann *irgendeinen* Impuls, der von ihm ausging?«

Er öffnete den Mund.

»Keinen, da bin ich mir sicher«, sagte sie bestimmt. »Er existiert nur in deinem Schatten. Job, Vorlieben, Freizeitverhalten, alles. Er ist ...«, sie atmete tief ein, »eine männliche Uschi.«

Das schrie nach Widerspruch, aber dann erkannte Sebastian den Widerspruch im Widerspruch. Heilige Scheiße.

»Du warst dabei, als wir uns kennengelernt haben.«

Sebastian nickte, er erinnerte sich gut an diesen Abend. Irgendeine Bar im Lützowkiez. Plötzlich hatte Uschi neben ihnen gestanden. Tobi hatte Sebastian angegrinst und dann seine Show abgezogen. Uschi hatte gekiekst und gelächelt und getrunken und geschäkert. Bei einem gemeinsamen Toilettenbesuch hatte Tobi gesagt: »Sie kommt natürlich nicht an deine Mona ran, aber wenn sie auch nur annähernd so im Bett ist, wie sie plappert, wird das eine meiner besten Nächte in diesem Quartal.«

Der Flieger machte einen Satz, und sie griffen beide nach Sebastians Bier, wobei sich ihre Hände kurz berührten.

Die restlichen neun Stunden vergingen buchstäblich wie im Flug; nicht für eine Sekunde kam Langeweile auf, oder Müdigkeit. Sebastian hörte ihr fasziniert zu und erzählte seinerseits: Von seiner Vorliebe für dieses seltsame Land im Pazifik, auf das sie in Höchstgeschwindigkeit zuhielten, von seinen Träumen, von seinem Wunsch, ein Leben zu führen, das ihm Gelegenheit bot, sich mit dieser fremden und zugleich vertrauten Kultur auseinanderzusetzen, die ihn, wenn er ehrlich zu sich war, mehr interessierte als die eigene. Uschi lächelte fast ununterbrochen und wollte ein paar Sätze Japanisch von ihm hören. Er übersetzte ad hoc einen Absatz aus »Der Mann ohne Eigenschaften«, was beide sehr amüsierte.

»Eigentlich«, sagte sie irgendwann, »eigentlich ging mir Japan immer am Arsch vorbei.« Sie grinste entschuldigend.

»Aber als Tobias davon zu sprechen begann, dass diese Reise anstünde, hat etwas in mir Klick gemacht. Ich meine ...« Sie legte die Hand an die Stirn, strich sich eine Strähne aus dem Gesicht, eine ruhige, in sich gekehrte Geste, die Sebastian rührte. Sie seufzte. »... Japaner. Kleine Menschen mit schwarzen Haaren. Eine traditionsbewusste Kultur, nicht nur im positiven Sinn. Aber auch ein Land im Umbruch. Werte werden hinterfragt. Es ist etwas im Gange, etwas Neues im Entstehen. Vielleicht wäre das ein Neuanfang?«

»Wie meinst du das?«, fragte Sebastian leise und musterte ihre schmale linke Hand. Die Nagelstudio-Kunstwerke waren das Einzige, was an die alte Uschi erinnerte. Und natürlich ihr Duft, den sie nicht so einfach hatte abwaschen können – sie roch noch immer wie eine Qualitätstesterin aus dem Parfumwerk. Aber irgendwie hatte er sich an diesen Duft gewöhnt. Wenn er ehrlich zu sich war, mochte er ihn sogar.

»Ich lerne Sprachen schnell, kann sehr gut Englisch. Als große, blonde Frau bin ich dort eine Besonderheit, aber vielleicht ohne all diese Vorurteile.« Sie nickte, griff gleichzeitig nach seiner Hand.

*

Sie brachten das Check-in routiniert hinter sich. Während sie auf das Boarding warteten, schloss Sebastian die Augen, hielt dabei aber weiter Uschis Hand. Das Gefühl, das er empfand, während er mit dem Daumen ihren grazilen Handballen streichelte, genoss er außerordentlich. Er lächelte still, dachte an die Idee, in diesem Land zu leben, und wie absurd sie ihm inzwischen vorkam. Letztlich hatten sich seine Befürchtungen bewahrheitet, ohne der schönen Reise einen Abbruch zu tun: Japan war nicht das, was er sich in seiner jugendlichen Naivität jahrzehntelang vorgestellt hatte. Das Land war in erster Linie chaotisch, auf seltsame Weise zugleich fort- und rückschrittlich, ein neongreller Ameisenhaufen, der seine oft missverstandenen Traditionen bevorzugt als Ausrede dafür nutzte, Individualität nur in engen Grenzen zuzulassen – und offensichtliche Probleme offensiv zu ignorieren. Sebastian fand das vor allem anstrengend. Schön, interessant, auch spannend, zuweilen sogar beglückend und herzlich, und es hatte während der vergangenen drei Wochen einige Begegnungen gegeben, die ihn schlicht begeistert hatten. Tatsächlich wäre sogar die Option, den Job anzutreten, mehr als nur eine Option gewesen – als er bei BBCDI anrief, um den vereinbarten Gesprächstermin abzusagen, bot man ihm noch am Telefon einen hochdotierten Vertrag nebst Eigenheim in einem Vorort von Tokio, Limousine mit Chauffeur und einige weitere Vorzüge an. Er musste keine Sekunde darüber nachdenken, das Angebot abzulehnen, aber es kostete ihn mehrere Minuten, die Absage so höflich zu formulieren, dass sein Gesprächspartner nicht noch am Apparat Harakiri beging, um den Gesichtsverlust zu kompensieren.

Uschi war es ähnlich ergangen. Sie hatten Großstädte besucht und waren zusammen übers Land gefahren. Wo sie auch hinkamen, überall war man ihr mit Respekt begegnet, mit höflichem Erstaunen, hatte aber auch keinen Zweifel daran gelassen, dass eine selbstbewusste Frau in Japan noch weniger gewünscht war als in Deutschland. Sebastian hatte sie nicht weiter fragen müssen, er sah einfach, was sie dachte. Etwa ab diesem Punkt war aus der Reise ein schlichter Urlaub geworden. Ein schöner, zweisamer Urlaub.

Er öffnete die Augen, die Flugbegleiterin rief zum Boarding auf. Sebastian schaltete das Telefon ein, um seine Mails abzurufen, zum ersten Mal seit drei Wochen. Da sie wieder Business flogen, war keine Eile geboten. Er klickte sich durch weitgehend uninteressante berufliche und private Nachrichten, bis er auf eine von Tobias stieß. Der Gedanke an den ehemaligen Freund ließ ein kurzes Unwohlsein aufkommen. Dann las er die Mail. Tobi war gefeuert worden, denn er hatte versucht, das Angebot, das er, ohne Sebastian davon zu erzählen, ebenfalls von dem japanischen Konkurrenten bekommen hatte, als Einsatz beim Pokern um höhere Vergütungen zu verwenden. Walter Brauer aber war kein Mann, der sich erpressen ließ, er hatte Tobi einfach entlassen. Der Schilderung ging eine elend lange Bitte um Verständnis, Verzeihung, weitere Chancen und all dieses Zeug voran, nebst einem eindringlichen Appell an ihre jahrzehntelange Freundschaft; und zwischen den Zeilen las Sebastian, dass es mit Mona wohl doch nicht so gut lief. Immerhin war Tobi Raucher – und noch vieles mehr, das Sebastians Ex eigentlich hasste. Er lächelte milde, als er den Schluss las. Wie es denn aussähe, fragte Tobi schließlich, und meinte den potenziellen Job in Japan.

Sebastians Antwort fiel kurz aus: »Fick dich«, und er sortierte Tobis Mailadressen in die Blacklist seines Spamfilters. Es schmerzte kaum.

Er hörte nie wieder von den beiden, jedenfalls nicht direkt. Wochen später nahm ihn Walter Brauer beiseite.

»Sie hatten dieses Angebot auch, Fennich, oder?«, fragte der Firmenchef, wobei er eine Augenbraue hochzog und zugleich lächelte. Immerhin hatte Sebastian kurz zuvor ein

Projekt beendet, das die Alleinstellungsmerkmale von *Brauer Development* um ein weiteres ergänzte.

Auch Sebastian musste schmunzeln. Dann nickte er langsam.

»Merkner ist jetzt bei denen«, erklärte Brauer. Er legte den Kopf schief. »Aber nach allem, was man so hört, läuft es wohl nicht allzu prächtig.«

»Ich hätte Sie natürlich informiert, wenn ich das Angebot ernsthaft in Erwägung gezogen hätte«, sagte Sebastian. »Sie wissen, dass mich Japan schon immer gereizt hat.«

»Aber verstanden habe ich das nie.«

»Das«, sagte Sebastian langsam und dachte dabei an seine Verlobte, der er den Heiratsantrag an dem Tag gemacht hatte, als ihr das Promotionsstipendium zugesagt worden war, »geht mir inzwischen auch so.«

»Na ja.« Brauer grinste breit. »Die Sushi-Fresser werden an Merkner keine Freude haben. Ich hab den sowieso nur geduldet, weil Sie nicht ohne ihn zu kriegen waren.«

»Sagen Sie das nicht.«

»Ist aber so.«

»Nein, ich meine das mit den Sushi-Fressern. Das sind Menschen wie Sie und ich. Für die Kultur, in die man hineingeboren wird, kann keiner was.«

Brauer seufzte.

»Wenn Sie das sagen.«

JAN JEPSEN

Buddhas Grinsen

Das Zimmer, das wir uns teilen, hat höchstens acht Quadratmeter. Dichter Qualm hängt wie Zuckerwatte unter der Decke. Es stinkt süßlich nach Verwesung. Und lüften geht nicht in der fensterlosen Absteige in der Khao San Road – Backpacker Land. Noch das geringste Problem.

»Heftig ... das Zeug«, sage ich.

»Findest du?«, fragt Anju neben mir auf dem Bett, meine Reisebekanntschaft seit drei Tagen. Sie ist Halb-Inderin und schön gar kein Ausdruck für sie. Allein ihre Wimpern, so ungewöhnlich lang und ungeschminkt, wie kleine Fächer. Sie blinzelt oft damit, fast zu oft. Ein Defekt, sagt sie, nachdem ihr mal als Kind eine Wimper ins Auge gewachsen ist.

»Findest du eigentlich auch, dass sich das Zimmer wie ein Sarkophag anfühlt?«, fragt sie.

Im Gegensatz zu mir belustigt sie die Vorstellung. Mir kommt das wie ein Omen vor. Als hätte sie mit ihrer Frage einen großen, bösen Flaschengeist entkorkt.

»Doch, ja, stimmt ... total«, sage ich, im Anflug einer ersten Panik, »... Sarkophag, kommt hin.«

Dabei konnte ich mein Glück bis eben noch kaum fassen. Aber Glück lässt sich nicht beliebig steigern. So gesehen war der Joint vielleicht ein Fehler.

»Hey, wirst du eigentlich immer so still, wenn du was geraucht hast?«

169

Was? Ja, nein, kann sein. Keine Ahnung. Ich habe so lange nichts mehr geraucht (plötzlich weiß ich auch wieder warum) und zucke mit den Schultern. Allemal berechtigte Frage. So gut kennen wir uns ja nicht. Ich meine, es fehlt noch an Vertrautheit, um so still, praktisch wie tot nebeneinander zu liegen. Oder, schlimmer – in meinem Falle vielleicht gerade sterbend.

Kein Scheiß: »Once you get it it's too late!«, hatte der Mönch im Kloster neulich gesagt. Und dass es mit einem trockenen Mund anfängt. Deshalb komme ich drauf. Mein Mund ist trocken. Verdammt trocken. Als hätte ich mich tagelang von Knäckebrot mit Moltofill ernährt.

»Kau mir bloß kein Ohr ab«, sagt Anju und knufft mir kichernd in die Flanke. »Weißt du ... wozu ich jetzt Lust hätte?«

Was? Nein, weiß ich nicht. Ich weiß nur, es klingt irgendwie vielversprechend. Aber falls es das ist, worauf ich seit Tagen hoffe, kommt es zur Unzeit. Denn Angst essen nicht nur Seele, sondern als Aperitif auch sämtliche Libido auf. Ich kann mich kaum konzentrieren. Ein Gefühl, als würde ich ein Monster an einer viel zu dünnen Leine spazieren führen. Ich muss aufpassen, dass es sich nicht losreißt. Aber wenn man aufpassen muss, ist es meist zu spät. Wie gesagt: »Once you get it it's too late!«

Zack, ein erster Adrenalinschub schießt mir ins Rückenmark. Das Präludium einer ausgewachsenen Paranoia. Ich schnelle im Bett hoch wie ein Crashtest Dummy.

»Alles okay?«, fragt Anju und sieht mich an.

»Hoffentlich!«

»Hoffentlich? Wieso, was meinst du?«

Ich meine, *once I get it it's too late* – und zucke mit den Schultern. Es ist mir peinlich. Sünde, echt! Warum gerade hier und jetzt mit ihr? Unser erstes gemeinsames Zimmer. Und die Rucksäcke in der Ecke machen es praktisch vor – schmiegen sich mangels Platz eng aneinander.

Auf meine Frage, woran man es merke, hatte der Mönch die Augen bis zum Anschlag verdreht. Er mimte spastische Zuckungen und grimassierte wie beim Zombie-Casting. Nach dem, was wir gerade geraucht haben, ist das Hirnhefe für eine 1A-Paranoia. Meine Gedanken machen längst, was sie wollen. Fallen über mich her wie eine Rotte Bluthunde. Und überhaupt: die Scheißhunde. Erinnere mich nicht. Die sind schuld. Lauter stinkende Schatten. Morgens um vier. Im Kloster. Auf dem Weg zur Meditation. Wie Wegelagerer mitten auf dem Trampelpfad. Ich kann sie sehen und kläffen hören. Zehn, zwölf Stück. Erst feige und zögerlich. Dann hinterhältig. Während ich bloß brav die Arschbacken zusammenkneife. Musst du machen. Praktisch Prinz Eisenherz. Sonst hast du keine Chance, hat jedenfalls der Mönch gemeint. Die Viecher können das riechen. Wenn man keine Angst hat, weiß selbst ein Tiger nicht um seine Gefährlichkeit, meinte er, so sinngemäß. Buddhistischer bullshit – muss man sich nur mal mein Bein angucken. Außerdem war ich schon fast vorbei (und viel zu verpennt, um richtig Angst zu haben), als mir plötzlich das räudigste Viech von hinten an die Wade geht und nicht mehr loslassen will. Im Prinzip bis jetzt.

Zack, nächster Lavaschub. Eine Riesenspritze Adrenalin, direkt ins Rückenmark.

»Sag mal, war das überhaupt ... Dope?«, frage ich.

»Sicher. Was denn sonst?«

»Keine Ahnung, fühlt sich irgendwie ... so« – nächste Wallung – »so ... trippig an.«

»Quatsch, Trip! Wie kommst 'n darauf?«

Stimmt, Quatsch, alles Kopfkino. In Farbe und 3D. Ich darf mir das nicht einbilden. Angeblich ist die Androhung von Folter ja schlimmer als die Folter selbst. Wahrscheinlich habe ich einfach nur zu oft, zu tief und zu lange inhaliert. Und deshalb Durst. Klar! Ist doch so, wenn man kifft! Sag, dass es so ist. Dass sich die Zunge so anfühlt, als sei sie am Gaumen festgenäht. Und dass es bloß ganz normaler Durst ist. Und keine verdammte Tollwut. Ich kann das nämlich längst nicht mehr unterscheiden. Ob das schon die ersten Symptome sind. Der trockene Mund, die Hitzewallungen, der Schwindel. Alles dabei. Und dieses Kribbeln im Körper. Als machte sich gerade eine Armee Blattschneiderameisen unter der Haut zu schaffen.

»Hey, wirklich alles klar bei dir?« Anju hält mir die Kerze vors Gesicht. Schneller kann ein Lächeln nicht verblühen. »Scheiße, wie siehst du denn aus? Wie Hui Buh, das Schlossgespenst.«

»Ich hab ... tierisch Durst!« Und diesen Verdacht (das sage ich noch nicht). Diesen verdammten *Once-you-get-it*-Verdacht.

»Kann man was gegen machen.«

»Wogegen?«

»Na, Durst. Soll ich uns was zu trinken holen? Cola? Oder lieber Bier?«

Egal, denke ich, Valium wär mir sowieso lieber. Wenn es schon kein Gegengift gibt. Ist so. Angeblich hat weltweit überhaupt erst ein Mensch die Tollwut überlebt. Unwahrscheinlich, dass ich zufällig der zweite bin. Bei mindestens fünfundfünfzigtausend Todesfällen jährlich, weltweit. Dunkelziffer weit höher. Zack, nächster Lavaschub. Eine Art Terror-Tusch, so heftig, dass er für zwei reicht.

»Okay, bis gleich«, sagt Anju und hat es plötzlich eilig. Will die fliehen? Hab ich Schaum vorm Mund, blute ich aus den Augen? Sie hüpft vom Bett zur Tür und meint: »Bin gleich wieder da, okay? Ruhig Blut, Blonder! Guck, ist nämlich gar kein Sarkophag, man kann rausgehen.«

Ja, okay, *sweet*. Glaubt die, ich leide an Klaustrophobie? Ich versuche ein Lächeln, das mir regelrecht entgleist und nur für einen Mundwinkel reicht.

»You know, it's a serious problem here in Thailand! No good«, meinte der Mönch, nachdem er seine Mimik wieder eingerenkt hatte, und fasste noch mal zusammen: erst trockener Mund, Hitzewallungen, Kreislaufbeschwerden. Dann kommen die Zuckungen, die Ausfälle, Halluzination, das Ausflippen ... der Schaum, kurzum, die ganze urbane Wut. So heißt das nämlich: urbane Wut, was vergleichsweise harmlos klingt. In Wahrheit mündet es immer im Koma. Dann kommt der Erstickungstod. Und zwar ausnahmslos.

Ich sitze senkrecht im Bett und betrachte die nässende Wunde. Sind da etwa mehr Haare drumherum als sonst? Plötzlich muss ich an »American Werewolf« denken, David Naughtons Vollmondmutation zum Monster. Bisschen lustig auch. Ein Rolemodel für den Grüffelo. Nicht lustig aber, wenn dasselbe gerade mit mir passiert. Sollte ich Anju besser wegschicken beziehungsweise aussperren? Lauf, Baby, schnell, lauf um dein Leben, solange du kannst! Bevor ich dich, was weiß ich, reiße, vergewaltige, zu Schaschlik mache. Und morgen früh ahnungslos im hiesigen Zoo im Wolfsgehege aufwache. Wie im Film damals.

Im selben Moment kommt sie zurück. Ah! Wenn Anblicke heilen könnten. Ayurveda für die Augen. Behutsam manövriert sie ein Tablett durch die Tür.

»Cola war aus, aber ich hab uns Wasser und Obstsalat mitgebracht. Papaya mit frisch gepressten Limonen. Ich hoffe, du magst das. Vitamine sind gut. Die bringen dich runter.«

Sie stellt das Tablett aufs Bett und sieht mein Bein.

»Sssssshhhhhit, was ist das denn? Das ... sieht ja übel aus.«

Mein Reden – auch wenn ich ausnahmsweise mal keine Bestätigung will.

»Das ist ...«, sage ich, »vielleicht der Grund dafür ...«

»Grund wofür?«

»Rabies«, sage ich, »also Tollwut!«

Es folgt ein langer, irritierter Blick.

»Wie ... Tollwut? Was für Tollwut denn?«

»Ach, egal. Vergiss es.« Ich schüttele den Kopf und weiß kaum, was schlimmer ist, die Tatsache, sich infiziert zu haben oder sich gerade als paranoider Hanswurst und unwürdiger Reisebegleiter zu outen.

»Sorry, aber ... Kiffen ist wohl nix für dich – kann das sein? Das sieht nicht gut aus, okay. Aber wieso ist das gleich Tollwut?« Anju schmunzelt verhalten. »Lass mal sehen.«

Weniger angewidert als aufmerksam inspiziert sie die Wunde und berührt dabei behutsam mein Bein. Vornübergebeugt gewährt mir ihre Bluse dabei einen tiefen Einblick. Die perfekte Symmetrie. Sehen und sterben. Sünde, ehrlich. Normalerweise wär ich spätestens jetzt ganz klar und fokussiert. Aber, wie gesagt, Angst essen Seele auf und die fleischlichen Freuden vorweg.

»Okay, das sieht nicht sooo gut aus, Casper«, ihre Stirn kräuselt sich, »aber Tollwut? Geht's nicht 'ne Nummer kleiner?«

Allein das tut gut, ihre Anteilnahme. So heile, heile Segen. Wieder zucke ich bloß mit den Schultern.

»Soll ich ... pusten?«, fragt sie prompt, und ihre Hand wandert ein Stück höher. Den Kopf im Nacken. Mein Blick in ihrer

Bluse. Und so, wie sie guckt, reichlich lasziv, meint sie doch wohl eher ... blasen. Kann das sein? Der etwas andere Trost – als lebensrettende Sofortmaßnahme.

»Stopp, warte, geh da lieber nicht so dicht ran ... das ist total ansteckend.«

»Was ist ansteckend?« Sie sieht mich jetzt an, anders. Aggressiv fast.

»Na, das hier ...«, ich deute aufs Bein, »Tollwut!«

»Hallo? Das ist ein Wunde, Casper!« (Es klingt wie »du Casper«.) »Was soll denn daran ansteckend sein?« Offenbar ist ihr wirklich eher nach Bett- als Krankenbettgeschichte.

»Und die weißen Punkte da, was ist das? Bewegt sich da nicht was?«

»Wie bewegen? So à la Maden? Quatsch«, sagt sie, als sei ich zu blöde. Oder prüde. »Typisch Mann. Kleiner Hypochonder, wie!?« Sie nimmt dennoch die Kerze und sieht nach. »Das sind Leukozyten, weißt du, weiße Blutkörperchen. Tieeeerisch gefährlich!« Es klingt, als spräche sie mit ihrem kleinen, behinderten Bruder. »Nein, vollkommen normal sind die. Passen auf, dass da niemand Falsches rankommt. Die Blutpolizei, die wissen schon, was sie tun müssen!«

Ich nicke und ziehe mein Bein weg. Beruhigen tut mich das nicht. Bei ihrem »tierisch« muss ich sofort wieder an diesen Köter denken.

»Ich hab dir doch von meinem Klosteraufenthalt erzählt letzte Woche ... in Suan Mokkh. Im Garden of Liberation?«

»Ja, wieso?«

»Daher kommt das.«

»Wie, daher? Meditationsunfall oder wie?« Anju fängt an zu lachen. Mehr ein Auslachen. Klingt aber gekünstelt.

»Ja, so ungefähr, auf dem Weg dorthin«, und ich erzähle

ihr die Kurzfassung. Der Versuch einer Rechtfertigung und Rehabilitation: Was der Mönch zum Thema Tollwut gemeint hat, dass es mit einem trockenen Mund anfängt. Und dann nicht mehr aufhört. Nie wieder. Erst wenn man tot ist. Und dass ich schon vor dem Biss in der *Bangkok Post* einen Artikel über das hiesige Rabies-Problem gelesen hatte. Gerade im Süden Thailands. Ich ende mit dem Satz: »Und irgendwie kommt mir das alles gerade so vor wie eine Art Russisch Roulette – in Zeitlupe.«

Anju nickt nachdenklich und lässt sogar mein Bein los.

»Verstehe.«

Allmählich scheint der Ernst der Lage auch bei ihr durchzusickern. Ich weiß gar nicht, ob ich das will. Ihr Spott war irgendwie heilsamer.

»Ach komm, Casper, du hast keine Tollwut. Du bist höchstens eine kleine Dramaqueen, wetten? Hier, jetzt trink erst mal n' Schluck!«

Dein Wort in Gottes Ohren, denke ich und nicke.

»Tetanus geimpft bist du ja, oder?«

Ich nicke weiter.

»Und wie lange ist die ... Inkubationszeit? Weißt du das?«

Keine Ahnung.

»Aber ... vielleicht ... ich meine, wenn du dir echt Sorgen machst, sollten wir – vorsichtshalber – mal in ein Krankenhaus fahren. Schon wegen der Wunde. Kann ja nicht schaden, wenn da mal ein Profi draufguckt.«

Allein dass sie »wir« sagt, tut gut. Ein verbaler Bypass. Einen besseren Grund zu überleben, kann ich mir gerade kaum vorstellen.

Draußen ist es schwül und die Luft so zäh wie Kaugummi. Als würde man Hubba Bubba inhalieren – Hubba Bubba mit Abgasgeschmack. Am Ende der Khao San Road halten wir ein Tuk Tuk an.

»To the ... hospital, please«, sagt Anju und fügt leichtsinnigerweise ein »quick« hinzu.

Der Fahrer nickt nur und gibt Gas. Viel Gas. Alles. Er schaltet zwei-, dreimal und bringt die Sitzbank zum Vibrieren. Offenbar in der festen Überzeugung, nichts könne ihm oder uns passieren, es sei denn – es soll so sein. Karma, heißt das dann. Und nicht Kollision, wie bei uns. Sonst gäbe es ja Gurte. Auf dem Lenker klebt das Bild eines grinsenden Buddhas. Des Mannes, der es geschafft hat, als Erster das ewige Rad des Lebens anzuhalten. Dieses Tuk Tuk könnte selbst er nicht so ohne Weiteres stoppen. Täuscht es, oder zieht der Buddha wirklich nur einen Mundwinkel hoch? Sieht fast aus wie ein hämisches Grinsen.

Unsere Fahrt gleicht einem Tiefflug. Einen Moment löst die Angst vor einem Crash meine andere Sorge ab. Nach fünfzehn ungesunden Minuten erreichen wir das Krankenhaus und geben dem Mann hundert Baht. Er nickt zufrieden und meint:

«Okay, ei wait here fo ju, okay, Mister, no prob'em!«

»Yes, why not?«, sagt Anju. »We come back, soon.«

Ja, wirklich?, denke ich und eile dem Krankenhausportal entgegen. Das rote Kreuz über dem Eingang zieht mich magisch an, der Geruch, die Menschen in weißen Kitteln.

»Lass mich mal machen«, sagt Anju und geht zielstrebig, zwei Schritte vor mir, auf die Pförtnerloge zu. Wahrscheinlich weil ihr Englisch besser ist als meins.

»Excuse me, Sir, we need a doctor, my friend here is ... not well«, sagte sie energisch durchs aufgeklappte Oval.

»Wait, please, a moment«, erwidert der Pförtner und greift zum Telefon. Er wählt, spricht, nickt und fragt durchs Fenster:

»Excuse me, Doktor ask, what problem ju häb.«

»Rabies«, stoße ich hervor, und kaum habe ich es ausgesprochen, bricht der Pförtner in schallendes Gelächter aus.

»Mister? Ju sure? Ju häb babys? No possib'e!«

Ich gehe mit dem Mund dicht vor die Scheibe und sage:

»No Babys, Mister! Rabies ... you understand? Here ... look«, ich versuche mein Bein hochzuhalten. »I got bitten by a dog! In a monastery ...«

Der Mann hört sofort auf zu lachen.

»Oh, rabies, understand, sorry. Different matter. No funny.« Er nimmt die linke Hand vom Hörer und spricht abermals in die Muschel. »Okay, Doktor come! Yu wait he'e, please.«

Kurz darauf erscheint eine rundliche Frau im weißen Kittel am Ende des Flurs. In aller Seelenruhe und Flip-Flops schlurft sie den Gang entlang.

»You English?«, fragt sie schon von Weitem.

Ich schüttele den Kopf.

»American?«

»No, from Germany!«

»Oho, Ger-mä-ny«, fast gesungen. »Very nice country. Been there – two times«, sagt die Ärztin. »An' very clean, no? Okay, what problem you have?«

Ich schildere es ihr in aller Kürze. Das Kloster, die Hunde, der Biss, meine Befürchtung.

»Oho, I see, and now you tink you have rabies, no?«

Ich nicke und stelle die Gegenfrage:

»And you? What do you think?«

»Hm, me donno«, sagt die Ärztin und zuckt mit den Schultern. »Maybe yes, maybe no. But what can we do now?«

Eine Frage, die man aus dem Mund einer Ärztin nicht hören will. Falls sie überhaupt eine Ärztin ist. Ihre Flip-Flops und ihr Auftreten lassen mich stutzen. Sie sieht müde aus, überarbeitet, fast selbst nach Patientin oder Putzfrau.

»Let's see! Come, follow me, please.«

Am Ende des Gangs öffnet sie die Tür zu einem Behandlungszimmer.

»Sit down, please«, sagt sie zu Anju und deutet auf einen Stuhl. »You married?«

Anju schüttelt den Kopf:

»Not yet!« Musik in meinen Ohren.

»He ... no husband? Why not?«, fragt die Ärztin abermals, so dass mich die Befürchtung beschleicht, sie will Anju darauf vorbereiten, bald Witwe zu sein.

»Just friends«, sagt meine schwindelerregend schöne Begleiterin und fügte noch ein »we just met« hinzu.

»Oho«, die Ärztin nickt, kommt auf mich zu. Ihr Lächeln verschwindet augenblicklich. »Okay, you sit here«, sagt sie und bedeutet mir, auf einer Trage Platz zu nehmen. »Let's see, so you tink you häb rabies, no?«, fragt sie und sieht mich lange und eindringlich an. Als wollte sie mich hypnotisieren.

Well, keine Ahnung.

»I got bitten by a dog.«

»Big dog?«

Ja, so mittel. Wieso ist das wichtig? Ich halte meine flache Hand etwas über Kniehöhe. Auch Fledermäuse übertragen Tollwut oder nicht?

»Big enough to bite! Like this ...« Ich zeige ihr die Wunde. Keine Regung in ihrem Gesicht. Schon mal gut, denke ich.

»And now? Where is now?«

»Who?«

»The do-og!«

Als sei ich schwer von Kapee.

»In Suan Mokkh. Somewhere in the monastery!«

»Oho, Suan Mokkh«, sagt sie, als sei das bekannt für Tollwut. »Why? What do you do in Suan Mokkh. Become a monk?«

»Yes, but just for a few days!«

»Oho, I see.« Sie lächelt spöttisch. Dann ein langer, eindringlicher und irgendwie ratloser Blick. Jetzt hoffe ich geradezu, dass sie keine Ärztin ist. »We have lot of rabies here. Serious problem in Thailand.« Sie nickt, wie um sich selbst zu bestätigen. »No like Germany, you know?«

Ja, weiß ich. Klar. Ich nicke. Deutschland ist das Paradies.

»So what can we do now? Germany very clean. But you now häb rabies. True?«

Doch. Glaub schon. Bei Füchsen und so. Im Wald. Ich hab die Schilder vor Augen. *Achtung Tollwut – Gefährdeter Bezirk.* Waren mal mehr früher. Keine Ahnung. Ich zucke mit den Schultern.

»You know what we do in Thailand? Normally we bring the dog here.«

Was? Wirklich? Den Hund? Hierher, ins Krankenhaus? Wieso denn den Scheißhund?

»Really?«

»Yes, really. Dead dog, of course. For examination. We take blood and see, if rabies yes or no. To be sure – hundred percent. Is best.«

Verstehe. Sehr effizient. Und ungefähr das Gegenteil davon, jemanden zu Tode zu pflegen.

»So where is the dog now?«

Im Kloster, Mensch. Weit weg. In Suan Mokkh, denke ich. Wo sonst? Beißt wahrscheinlich gerade den nächsten Scheißtouri auf Selbsterfahrungstrip. So gesehen – mehr existentielle Erfahrung geht kaum.

»So you maybe go back and bring here!«

Was? Ein Witz, oder? Die will mich verarschen. Auf jeden Fall. Wie soll das gehen? Ich blicke kurz zu Anju und versuche mir vorzustellen, wie ich den Hund hier anschleppe, noch dazu tot. Im Bus. Und welchen überhaupt? Es war stockdunkel. Den würde ich im Leben nicht wiedererkennen. Und überhaupt, sehe ich aus wie Tarzan? Crocodile Dundee? Siegfried und Roy?

»I'm serious. Is best for you! And cheapest ...«, sagt die Ärztin. »No joke!«

»Sorry, Doctor, that's impossible«, sage ich.

»Well, no, then, my friend, I'm sorry for you«, sagt sie und schweigt. Zu lange. Und wringt mir damit den letzten Rest Adrenalin aus der Nebenniere. »You know, because of rabies ... many people die every year. People here no have enough money for injection.« Sie steht auf, als sei der Fall damit erledigt. »It's very expensive for people in Thailand. You know?«

»Yes, I know.« Aber ist das meine Schuld? Warum quält die mich so?

»It's true«, meint die Ärztin und geht endlich zu einem Schrank, ein Kühlschrank in der Ecke des Behandlungszimmers. Sie entnimmt zwei Packungen und fragt: »But, yes, it's also true, you German, no? You're lucky man, have plenty money, no?«

Ich schüttle den Kopf. Geht so. Nein. Zweitausend Dollar in Travellerschecks. Aber wohl genug für lebensrettende Spritzen. Das schon. Und einen Flug nach Hause. Stimmt.

»I'm a student.«

»Oho, study, you? What study?«

»German literature.«

»Ah, good, so you can read«, sagt die Ärztin und drückt mir eine der beiden Packungen in die Hand. »Look here!«

Ich werfe einen Blick drauf und sehe – ein Stück Heimat: *Made in Germany. By Behring.* Home sweet home, denke ich, aber nicht besonders lange. PCEC *Rabies Vaccine* steht auf der Packung. One dose. For human use. Approved by the Paul Ehrlich Institut. Store at +2 to +8°C. Mit Kuli ist in krakeliger Schrift EMERGENCY hinzugefügt.

»So which one you want?«, fragt die Ärztin und hält mir die zweite Packung hin.

Keine Ahnung. Was ist der Unterschied?

»One vaccine, this here for twenty dollars and this for sixty dollars? You choose.«

»Okay, but ... which one is better?«

»Same same.«

Wie? Same same? Wirklich dasselbe? Die Impfung zu zwanzig Dollar, sagt die Ärztin, würde lediglich aus Hühnerembryonen, die zu sechzig aus »human embryos« gewonnen.

Waaaaas? Ein Witz, oder? Das muss ein Witz sein. Hühner oder ... Scheiße! Abgetriebene Babys? Nicht ihr Ernst? Und wenn doch, wieso sagt die dann »same same«? Einen Moment macht mich das Adrenalin ganz klar. Ich werfe einen hilfesuchenden Blick zu Anju. Ihr Gesicht spiegelt mein Entsetzen.

»So, which one you choose?« Die Ärztin hält die Packungen abwechselnd hoch wie bei einem Quiz.

»And what's actually the difference?«, frage ich, von den Zutaten mal abgesehen und obwohl ich mich längst entschieden habe.

»No difference.« Die teure Spritze sei nur bei Allergien gegen Hühnereiweiß nötig. »So are you allergic, Mister?«

»No! I'm not. Thank god. Only vegetarian«, sage ich und versuche ein Lächeln. In diesem Fall würde ich aber eine Ausnahme machen. Und dann höre ich mich plötzlich wie im Restaurant oder in einem Monty-Python-Sketch sagen – aus Notwehr, sonst wird man ja sofort verrückt: »I'd rather have the chicken then!« Statt süßsauer mal subkutan, bitte!

»Okay, is good, too, and cheaper. You pay cash?«, fragt die Ärztin und zieht die Spritze auf.

Ich nicke.

In drei Tagen sei die nächste fällig. Dann noch mal in sieben Tagen, zwei Wochen und die letzte Spritze nach einem Monat.

»You understand? I write down for you.«

Ich nicke. Die schönste Frage aber stammt von Anju:

»And then he is save?«

»Yes, save«, sagt die Ärztin. »Hopefully after five injections. Important. Now number one, please.« Sie deutet auf mein Gesäß und will Anju rausschicken.

Ich winke ab.

»No, no it's ok, no problem.« Wer meine Ängste kennt, denke ich, hat quasi schon die größte Blöße gesehen.

»But you no married!«

Die Ärztin besteht darauf. Und das im größten Puff der Welt, denke ich noch. Kurz darauf bekomme ich das erste von fünf Hühnern injiziert. Anschließend trägt die Frau in Weiß die Packung mit den menschlichen Embryonen wieder zurück und öffnet den Schrank. Ich ziehe mir gerade die Hose hoch, fummle am Gürtel und denke, stopp mal, irgendwas stimmt nicht. Der Kühlschrank ist in Wahrheit eine weißlackierte Kommode.

»No problem, we always keep it like this«, meint die Ärztin, als sie meinen entgeisterten Blick bemerkt.

Auf dem Rückweg im Tuk Tuk lese ich im Licht der vorbeifliegenden Ampeln noch mal nach: Store at +2 to +8°C, steht da, definitiv. Und nicht, dass man das Zeug in tropisch gewärmten Schränken aufbewahren soll. Ich frage Anju, wie lange sich Eier normalerweise halten. So ohne Kühlschrank.

»Hier. In den Tropen? Keine Ahnung, 'ne Woche vielleicht. Warum? Willst du Pfannkuchen machen?«

»Ach, nur so ...«

»Aber wie kommst du jetzt darauf?«

»Egal.« Keine Lust oder Kraft mehr, mir den Moment zu versauen. Ich nehme es als Loslassübung. Solange ich Anju dafür im Arm habe. Beim Rausgehen hat sie mich darum gebeten. Als wären wir gerade im Standesamt und nicht im Krankenhaus gewesen. Ihr Kopf liegt seitdem auf meiner Schulter. Vielleicht ein Tick zu schwer. Als hätte man ihr die andere Spritze verpasst. Und zwar mitten ins Bewusstsein.

»Alles okay bei dir?«, frage ich und berühre ihr Haar mit den Lippen.

Als Antwort gibt sie mir einen Kuss auf den Hals. Sofort schießt es mir heiß den Rücken hoch. Der ungleich angenehmere Lava-Schub. Diesmal direkt in die Lenden. Unser Tuk Tuk ist jetzt halb Honeymoon-, halb knatternde Hollywoodschaukel. Im selben Moment fällt mein Blick abermals auf den Buddha, der noch immer im Lotussitz auf seinem Lenkrad hockt und mittlerweile eher schelmisch grinst. Je nach Kurve, zieht er mal den linken, mal den rechten Mundwinkel hoch. So rasen wir wortlos durch die schwüle, stinkende Nacht. Zurück in unseren Zweimann-Sarkophag. Zwecks kleinem Tod, hoffe ich doch. Der ungleich schöneren Form der Tollwut.

CHRISTOPH HÖHTKER

Eskalation

So ... wir machen da weiter, wo wir beim letzten Mal stehengeblieben sind. Können Sie sich erinnern?«

»Nein.«

»Sie erzählten ... warten Sie ... eine Sekunde ... *(kramt auf einem kleinen, mit Zeitschriften und anderen Dingen überladenen Tisch neben seinem Sessel, findet schließlich ein Notizbuch, blättert darin)* ... also, Sie haben laut meinen Unterlagen über den Urlaub mit Ihrer Frau geredet.«

»Welchen Urlaub? Den letzten?«

»Das nehme ich an.«

»Wieso?«

»Ich denke, Sie haben das erwähnt. Das verlängerte Wochenende in der Bourgogne.«

»Nein, ich meine, wieso habe ich überhaupt über den Urlaub geredet? Bringt mich das irgendwie weiter?«

»Nun, wenn Sie sich erinnern: Wir hatten uns entschlossen, zunächst die Phase unmittelbar vor der Trennung von Ihrer Frau aufzuarbeiten. Ich denke, es ist wichtig, zu verstehen, was passiert ist ... und sich erst dann dem ... den Gründen zuzuwenden?«

»Gründe? Sie meinen, es gibt mehrere? Da sind Sie auf dem Holzweg. Da gibt es glasklar nur einen einzigen.«

»Ja ... das mag aus Ihrer Sicht so stimmen. Erfahrungsgemäß ist es aber ...«

»Nicht nur aus meiner Sicht. Das ist objektiv so.«

»...«

»...«

»Gut, ich denke dennoch, dass wir uns noch einmal mit diesem Wochenende in der Bourgogne befassen sollten. Vielleicht erzählen Sie einfach einmal, wie dieser Urlaub ablief.«

»Da gibt es nicht viel zu erzählen.«

»Tun Sie's trotzdem.«

(Seufzt) »Also gut. Wir sind da hin. Mit dem Auto, meine ich. Ein paar Stunden Fahrt, keine Probleme so weit. Ganz schön eigentlich. Irgendwann kamen wir in diesem Ort an ... Vezenet ... Vezelet ... keine Ahnung, wie das Kaff hieß. Ein winziges Städtchen. Auf einem Hügel gelegen. Kleine Läden, kleine Restaurants, lauter Frösche in den Läden und in den Restaurants. Und in den kleinen Gässchen. Wir kamen da an und sind erst mal zu diesem Hotel, das sie ausgesucht hatte.«

»Mit ›Frösche‹ meinen Sie Franzosen?«

»Natürlich.«

»Ihre Frau hat das Hotel ausgesucht?«

»Immer. Bei uns hat sich Céline um diese Sachen gekümmert. Das musste alles immer hübsch geplant sein. Bloß keine Überraschungen. Ich meine, nicht dass ich Überraschungen liebe. Ich hasse Überraschungen. Wenn ich es recht bedenke, hasse ich sowohl Überraschungen als auch die Abwesenheit von Überraschungen.«

»...«

»...«

»Gut, Sie kamen also im Hotel an. Ein schönes Hotel?«

»Das Hotel war gut, absolut. Klein, idyllisch, mit einem Innenhof, in dem ein Baum rumstand. Mittelalterliche Bausubstanz, aber innen total durchrenoviert. Das hatte natürlich seinen Preis. Das hab ich später gemerkt. Diese verfluchten Froschfresser haben meine Karte radikal leer geräumt, das kann ich Ihnen sagen. Aber gut, egal ... war ja Urlaub.«

»Sie haben eingecheckt, haben die Sachen auf Ihr Zimmer gebracht, nehme ich an, und dann? Wie ging es weiter?«

»Sie wollen wirklich eine minutiöse Darstellung? Soll ich das jetzt alles eins zu eins nacherzählen? Wozu? Wegen diesem Scheißtrip hat sie mich nicht verlassen.«

»Das glaube ich Ihnen, Herr Stremmer.«

»Und warum dann dieses Rumhacken auf der Bourgogne, wenn ich fragen darf? Céline ist abgehauen, weil diese Idiotin sich verliebt hat – und zwar *nach* dem Urlaub. Ein totaler Langweiler. Gott, was für ein Langweiler.«

»Mir geht es gar nicht so sehr um Ihre Frau. Ich denke, wir sollten herausfinden, wie *Sie* sich gefühlt haben in Ihrer Beziehung. In der Spätphase Ihrer Beziehung. Es geht hier um *Sie*, Herr Stremmer. Und aus diesem Grund fände ich es schön, wenn wir versuchten, diese letzten Tage mit Ihrer Frau ein wenig genauer zu betrachten. Was passiert ist, was zwischen Ihnen passiert ist.«

»Zwischen uns ist gar nichts passiert. Ich meine, nur das Übliche. Es gab keinen Streit oder so. Ich denke, es war alles halbwegs okay.«

»Als Sie in Ihrem Zimmer waren. Was haben Sie da getan?«

»Was glauben Sie? Dass ich erst einmal ganz romantisch über sie hergefallen bin? In diesem tollen, altmodischen französischen Bett?«

»Das wäre immerhin eine Option.«

»Aber nicht meine ... Nicht unsere ... Wir haben die Koffer abgestellt und sind gleich wieder raus. Schön die kleinen Gässchen abklappern. War ja schon beinahe Abend und da waren jede Menge Restaurants. Ich glaube, wir sind bestimmt eine Stunde durch die Gegend getrottet, bis wir uns schließlich für eines entschieden hatten. Ein ultrafranzösischer Laden, aber mit leichtem Bio-Anstrich. Das kommt da ja jetzt auch: Weine aus ressourcenschonendem Anbau, Fleisch von freiwillig verstorbenen Kälbern und so weiter. Aber ansonsten, wie gesagt, französisch bis ins Mark. Die Käseauswahl im fünfzehnten Gang kam auf einer Art Teewagen herangerollt.«

»Haben Sie das Essen genossen?«

»Ja ... das war in Ordnung. Allerdings sind mir Genüsse insgesamt fremd.«

»So?«

»Ja.«

»...«

»...«

»Über was haben Sie sich mit Ihrer Frau unterhalten? Können Sie sich noch erinnern?«

»O Gott ... Ich glaube, ich konnte mich selbst *während* des Gesprächs nicht erinnern.«

»Aber Sie haben geredet?«

»Klar. Wir haben immer geredet. Das heißt, bei uns war das eher so: Erst hat sie etwas erzählt, was mich nicht die Bohne interessierte, von ihrem Job, zum Beispiel, und dann habe ich mich mit einem Vortrag über ... was weiß ich ... Fußball ... revanchiert. Dann wieder sie, dann wieder ich. Aber gut, ich stelle das vielleicht im Nachhinein zu negativ dar. Auf jeden Fall *haben* wir uns unterhalten. Wissen Sie was: Diese Pärchen, die irgendwo sitzen, im Restaurant oder so, und die eine halbe Stunde lang keinen Mucks von sich geben. Diese Leute werden ja im Allgemeinen bemitleidet. Alle sagen: O Gott, wie schrecklich! Schaut nur, die haben sich ja überhaupt nichts mehr zu sagen. Die sitzen da nur noch schweigend in der Ecke und mampfen. Aber ich sage: beneidenswert! Ich beneide die. Wie herrlich ist es, irgendwo einfach was zu essen und dabei nicht andauernd quasseln zu müssen. Wie erholsam.«

»Finden Sie.«

»Finde ich.«

»Aber wäre es dann nicht besser, gleich allein zu essen?«

»Natürlich wäre das besser. Das wäre quasi der Königsweg. Aber wenn Sie im Urlaub sind, wenn Sie mit Ihrer Frau in einem kleinen romantischen Restaurant in einer romantischen, hochgradig französischen Stadt herumsitzen, ist das keine Option, verstehen Sie.«

»Das verstehe ich.«

»...«

»Wie würden Sie die Stimmung zwischen Ihnen beschreiben?«

»Entspannt. Die Stimmung war okay. Wir haben Scherze gemacht über die anderen Leute in dem Restaurant.«

»Sie würden sagen, dass zu diesem Zeitpunkt alles in Ordnung war zwischen Ihnen? Hatten Sie so ein Gefühl?«

»In gewisser Hinsicht schon. Andererseits: Mit Frauen *kann* einfach nicht alles in Ordnung sein. Das sind immer nur ... Annäherungen. Aber wahrscheinlich haben Sie recht ... An dem ersten Abend in Vezelay gab es nicht viel rumzumeckern. Das war völlig in Ordnung.«

»Nach dem Restaurant, was passierte danach?«

»Wieder ein wenig durch die Gassen. Wir haben irgendwo noch einen Whiskey getrunken. Aber dann machte da auch schon alles zu und wir sind zurück zum Hotel.«

»Und dann?«

»Wie ›und dann‹? Nach zweiundzwanzig Gängen, zwei Flaschen Rotwein, von denen ich mindestens zwei Drittel hatte, und dann noch Whiskey? ... Ich meine, wozu sind Langzeitbeziehungen da? Haben Sie darüber schon mal nachgedacht? Warum gibt es diese Hölle eigentlich? Meine Antwort ist: wegen solcher Abende. Damit nach einem solchen Abend einfach nichts passiert. Das geht nur in Beziehungen. In langjährigen Beziehungen ... O Gott, wenn ich daran denke, was mir jetzt wieder bevorsteht.«

»Sie sind also ins Hotel zurückgekommen und haben sich sofort schlafen gelegt.«

»Exactement.«

»Denken Sie, dass Ihre Frau eventuell etwas anderes erwartet hat?«

»Ich dachte, es geht hier um *meine* Gefühle?«

»Das tut es.«

»Was interessieren dann die Erwartungen von Céline?«

»Erwartungen, speziell solche, die sich nicht erfüllen, können Gefühle auslösen. Auf beiden Seiten.«

»Das ist wahr. Aber, wie ich eben schon sagte, genau aus diesen Gründen hat Karl Marx die Langzeitbeziehung erfunden. Das Wort Ehe ist eigentlich griechischen Ursprungs und bedeutet grob übersetzt: Ohne Sex einschlafen und zum Ausgleich auch ohne Sex wieder aufstehen ... und sich nicht mehr darüber wundern. Ich meine, Herrgott, sind Sie nicht auch verheiratet? Sie wissen doch selber, wie das läuft. Eine Beziehung, die länger als ... fünf Tage dauert, verändert ihren Charakter. Ihre Funktion. Ein gute, eine ideale Langzeitbeziehung definiert sich dadurch, dass man vergisst, dass es so etwas wie Sex, wie Frauen oder so, dass es das überhaupt *gibt*. Wenn man das vergessen hat, ist man glücklich verheiratet.«

»Waren *Sie* glücklich verheiratet?«

»Ja.«

»War Ihre Frau auch glücklich verheiratet?«

»Meine Frau war nicht verheiratet.«

»...«

»...«

»...«

»Hören Sie, tut mir leid das. Ich weiß, ich sollte etwas konstruktiver sein.«

»Konstruktiv ... Offen, ich würde sagen, Sie sollten sich bemühen, sich vielleicht etwas mehr zu öffnen.«

»Ich bin offen.«

»Sind Sie das? Sind Ihre Gedanken von eben das Einzige, was Sie zu diesem Abend in ... wo war das?«

»Vezelay. Diese Franzosenstadt hieß Vezelay.«

»Also, ist das wirklich alles, was in Ihnen vorgeht, wenn Sie an diesen Abend in Vezelay denken? Immerhin haben Sie mir ja schon geschildert, dass Ihre Frau Sie unmittelbar anschließend, direkt nach diesem Urlaub, verlassen hat. Denken Sie manchmal, Sie hätten das verhindern können?«

»Also, zunächst einmal ... nur fürs Protokoll: Ich denke ständig eine Million Sachen gleichzeitig. Verstehen Sie, in meinem Kopf hämmern etwa hunderttausend Gehirne nebeneinander. Und das ist das Problem. Sehen Sie meinen Kopf? Er ist nicht größer als Ihrer ... Eher kleiner, würde ich sagen. Behaarter, aber durchaus kleiner. Also, hunderttausend Gehirne in einem relativ normalen Nicht-Wasserkopf – was bedeutet das? Richtig, diese Hirne müssen winzig sein. Hier (*fasst sich an die Stirn*) sind Tausende von Lurchgehirnen vernetzt. Lurche sind nicht besonders schlau. Und zehntausend Lurche zusammen sind genau so schlau wie einer. Meine Frau war mit zehntausend Lurchen verheiratet und kein einziges von diesen Viechern hätte jemals verhindern können, dass meine Frau irgendwann einmal davon genug haben würde. Das war ohnehin klar. Warum sollte ich also noch darüber nachdenken, wie genau es dazu gekommen ist. Verstehen Sie? Da gibt es nicht viel zu verstehen. Was ich brauche, sind ein paar Tipps *für jetzt*. Praktische Sachen.«

»Tipps? Warum meinen Sie, dass Sie jetzt Hilfe brauchen?«

»Warum ich Hilfe brauche? Ist das nicht offensichtlich? Haben Sie das nicht gelesen, was ich Ihnen letzte Woche gegeben habe? Nee, war sogar schon vorletzte Woche.«

»Sie meinen Ihren Text?« *(Wirft einen Blick auf den Zeitschriften- und Bücherstapel auf dem Tischchen neben sich.)*

»Ja, genau: ›Tag 54‹.[1] Haben Sie den Scheiß jetzt endlich gelesen?«

»Nein.«

»Sie haben das Ding nicht gelesen? Warum nicht? Wofür bezahle ich Sie eigentlich? Ich meine, sind Sie jetzt mein Agent oder nicht?«

»Wie würden Sie den Inhalt dieses ... ›Fragments‹ ... zusammenfassen? Warum glauben Sie, dass ich das unbedingt lesen sollte?«

»Weil da drinsteht, warum ich hierherkomme, Herrgott noch mal.«

»Sie haben aufgeschrieben, warum Sie hierherkommen? Versuchen Sie einmal, die Gründe zu beschreiben.«

»Morgendliches Zittern, Weinattacken, dann rasch eintretende Abstumpfung *(Stimme nimmt einen leiernden Tonfall an)*, hysterische Laufanfälle, Zigaretten-, Alkohol-, Lebensmittel-, Drogen- , Pflanzen- und Molekülmissbrauch, fanatische Fahrradfahranfälle, Thai-Massagesucht ... Berufliche Demotivation, sexuelle De- und Übermotivation, Unterhaltungen mit

Hunden am Straßenrand, Unterhaltungen mit Katzen am Straßenrand, sprechendes Obst, zappelnde Kühlschränke ... *spionierende Topfpflanzen* ... Das sind *einige* der Gründe, warum ich herkomme und Ihnen Franken in Ihren obszönen Rachen stopfe.«

»Hrrmm *(räuspert sich)* ... nun ... eine sehr interessante Auflistung ... Aber sind Sie nicht eigentlich hier, weil ihre Partnerin Sie verlassen hat und Sie Wege suchen, das zu verstehen und zu verarbeiten?

»Nein, deswegen komme ich absolut nicht hierher.«

»Nein?«

»Nein.«

»Warten Sie ... *(beginnt wieder, in seinem Notizbuch zu blättern, klappt es dann aber zu)* ... Ich kann mich erinnern, dass wir bei Ihrem ersten Besuch genau diese Zielsetzung festgelegt haben.«

»So, haben wir?«

»Ja.«

»Ich bin also in diese Praxis marschiert und habe Ihnen verkündet, dass ich beabsichtige, Hunderte, nein Tausende von Franken zu verbrennen, Franken, die mir meine Versicherung selbstverständlich nicht erstatten wird, nur um mit Ihnen zu klären, warum Céline sich aus dem Staub gemacht hat? Sind Sie sicher, dass Sie mich nicht verwechseln? Ich meine, von meiner Sorte laufen dort draußen Millionen herum. Billionen von Larven, die tagtäglich in ihre Büros kriechen. Ich sage Ihnen, ohne mein tolles Frühstücksritual am Vormittag hätte ich schon lange den Löffel abgegeben. Ich mische jetzt Koks mit Sojamilch und kippe mir alles übers Müsli, dann lasse ich das Müsli quellen und gehe währenddessen joggen. Sehr gut für die Verdauung. Sehr, sehr gut ... Und neulich treffe ich einen früheren Kollegen, einen dieser Verbrecher von Suisse Forex. Er sagt: Stremmer, du siehst scheiße aus. Ich sage: Na und? Er: Was ist los? Ich: Frau abgehauen. Er: Das ist alles? Ich: Ich hasse meinen Job. Er: Du arbeitest? Ich: Keine Ahnung. Er: Ich: Er: ... Ich meine, verstehen Sie?«

»Offen gestanden nicht.«

»Was ich sagen will, ist: Klar, Céline ist weg. Das ist unter gewissen Gesichtspunkten nicht schön. Aber das ist nicht der Grund, warum ich hier bin, warum ich einige kleinere Problemchen habe. Ich würde eher sagen, der Abschied dieser gottverdammten Zicke ist ein weiteres Symptom, eines unter vielen, aber nicht die Ursache.«

»Können Sie andere ... Symptome ... beschreiben?«

»Aber sicher. Also, warten Sie ... Scheiße, es gibt Millionen davon. Ich meine ... haben Sie schon mal versucht, Gurken zu rauchen? Eingelegte Gurken. Diese verdammten Cornichons? Oder Sie gehen zur Arbeit, und auf einmal riecht alles nach Zwiebeln. Zwiebeln, Gurken, vielleicht will mir das Schicksal damit etwas sagen? Oder ich laufe durch die Stadt und ich höre all diese Stimmen und all diese Sprachen und dann kriege ich so einen Sprachen-Koller.«

»Sprachen-Koller?«

»Na ja, Sie wissen schon: Genf, die Sprachen, dieses ganze gottverdammte Chaos. Ich meine, wenn ich nach Babylon gewollt hätte, wäre ich dorthin gezogen, oder? Aber okay, was soll's? Auf jeden Fall habe ich Symptome wie Sand am Meer. In meinen Zellen gluckert Symptomwasser. Ich bin eine Figur aus einem von Célines superintelligenten Träumen.«

»Ihre ... diese Symptome, wie Sie es nennen, hatten Sie die schon, als Ihre Frau noch bei Ihnen war?«

»Natürlich. Das war damals sogar noch schlimmer als jetzt.«

»Ach ja?«

»Sicher. Weil ich jetzt mehr trinke. Grob geschätzt sind fünfzig Prozent bei uns Symptomtrinker.«

»Was ist ein Symptomtrinker?«

»Das sind Leute, die, wenn sie nicht ab und zu therapeutisch einen Alkoholteich auslöffeln, durch die Gegend spazieren und anderen Leuten die Kehle herausbeißen würden. Oder die Rue du Rhône brandroden, diese scheißteuren Boutiquen dort. Die sich in den gottverdammten Range Rover ihrer Frau setzen, sich dann in aller Ruhe die Sportnachrichten anhören, um schließlich mit hundertfünfzig Sachen über den Quai Gustave ... Scheiße, wie heißt das Ding?«

»Meinen Sie den Quai Gustave-Ador?«

»Exactement. Die mit zweihundertfünfzig Sachen über den Quai Gustave-Froschauge-Ador straight in den See krachen würden. Diese Leute sedieren sich mit Alkohol. Zum Beispiel mit Alkohol.«

»Und Sie zählen sich auch dazu?«

»Wozu?«

»Zu der Gruppe der Symptomtrinker.«

»Selbstverständlich.«

»Könnte es sein, dass Ihre Frau damit ein Problem gehabt hat?«

»Meine Frau hatte mit allem ein Problem.«

»Aber damit im Speziellen?«

»Womit jetzt? Mit den Symptomen oder mit dem Trinken?«

»Vielleicht mit beidem?«

»Mit den Symptomen kann sie gar kein Problem gehabt haben, denn höchstwahrscheinlich – darauf bin ich neulich erst gekommen – war sie selber eins.«

»Ihre Frau war ein Symptom?«

»Das kann und will ich nicht ausschließen.«

»Nun, das dürfte sie anders gesehen haben.«

»Das kann und will ich nicht ausschließen.«

»...«

»...«

(Eine altmodische, aus der Zeit der vorletzten Jahrhundertwende stammende Wanduhr schlägt den Ton zur halben Stunde. Danach kehrt wieder Ruhe ein.)

»Also ... Ich denke ... Ich denke, wir sollten uns noch mal ein wenig auf Ihren letzten gemeinsamen Urlaub konzentrieren. Den in der Bourgogne.«

---

[1] »Tag 54«, Textfragment, unveröffentlicht: *»Dieses Blau sehen, mit noch geschlossenen Augen. 8:07, Sonntag, aufstehen. Sofort auf den Balkon gehen und ihre Pflanzen gießen. Bereits den Sommer riechen. In der Küche das Radio einschalten. Jemand sprechen lassen. Kaffee kochen. Frühstück machen. Mit dem Kaffee und den anderen Sachen zum Schreibtisch gehen. Den Laptop hochfahren. Dasitzen. Einen Schluck Kaffee nehmen. Das Ding beim Hochfahren beobachten. Essen. Passwörter eingeben. Eine Menge Optionen nicht bemerken. Irgendwas suchen. Wochenalte E-Mails lesen. Wochenalte E-Mails noch mal lesen, aber nicht löschen. Meine Antworten anschauen. Weiteressen. Dem Mann im Radio in der Küche zuhören. Vom Büro aus den Mann im Radio in der Küche nicht wirklich verstehen.*

Eine Stunde später oder zwei oder drei Stunden später hinunter nach Bout du Monde laufen. Die erste Runde drehen, am Ufer der Arve. Auf einem Rasenstück eine Bikini-Frau in der Sonne liegen sehen. Runde zwei, Runde drei, in jeweils acht Minuten

Abstand gierig ihre Rückseite betrachten. Bemerken, dass sich ihre Position nicht verändert hat. Sie für eine Tote halten. Mich nach der Wirkung von Sonne auf toter Haut fragen. Die Haut meines Arms prüfen. Ein Insekt ausspucken. Schweiß in die Augen rinnen lassen. Irgendetwas anderes aus der Nase rinnen lassen. Es gut finden, momentan solche Probleme zu haben. Einen Jogger, der mir entgegenkeucht, nicht grüßen. Den nächsten Jogger grüßen. Runde vier drehen. Aus dem Augenwinkel beobachten, wie die Frau sich aufrichtet. Ihr Alter taxieren. Sie älter als ihren Körper finden, aber noch nicht zu alt. Den Lauf abrupt beenden, hingehen und ein Gespräch beginnen. Über das Wetter. Über den Frühling. Über das glühende Stück Kohle hinter meinen Augen. Über den Mann im Radio. Sie zum Lachen bringen. Dann ganz leicht, nur mit den Fingerkuppen den Saum ihrer Bikinihose entlangfahren. Ihr dabei zuschauen, wie sie mir dabei zuschaut. Das alles nicht tun. Runde fünf beginnen. Die Energiezufuhr vom Frühstück vollständig aufbrauchen. Reserven angreifen. Die Reserven hinter den Reserven angreifen. Wie ein Irrer auf irgendwelche Hormone warten.

Wieder vor dem Rechner sitzen. Noch nicht duschen gehen. Am Stuhl kleben. In die Tastatur tropfen. Den Nachmittag beginnen. Den ersten Teil des Tages verabschieden. Generell: Tage in Teile zerlegen. Die Teile vergleichen. Eine neu eingetroffene E-Mail bemerken, aber nicht lesen, aber trotzdem eine Antwort schreiben. Den ersten Alkohol-Hunger ignorieren. Wissen, dass das nicht mehr lange klappen wird. Vom Rechner aufstehen und ins Bad gehen. Unschlüssig vor der Badewanne stehen. Durch den milchigen Duschvorhang starren. Dann sogar wirklich duschen. Salz von der Haut spülen. Hautprozesse registrieren. Den eigenen Körper objektiv bewerten. Haare waschen. Jetzt sauber sein. Vor dem Spiegel stehen. Gar keine Meinung mehr haben. Ein Gesicht, ein Oberkörper – das so weit normal finden. Mit Zahnseide normale

Zahnzwischenräume leer räumen. Das Leergut auf dem Faden anschauen und dann beinahe essen. Den Faden in die Toilette werfen. Nicht spülen.

Im Rechner Nachmittagsoptionen checken. Mich zu einer leichten Form von Prostitution noch nicht ganz entscheiden. Nachrichten lesen. Nachrichten nicht interessant finden. Gar nichts interessant finden. Mich deswegen einem Anfall nähern. Diesen abwenden. Eine Nummer wählen. Einem Freizeichen zuhören. Einer Stimme lauschen. Mich beim Antworten belauschen. Eine wildfremde Frau mit fremdländischem Akzent ist bereit, mich in kaum zwei Stunden zu empfangen – mich darüber freuen. Allerdings Unwohlsein wegen der Warterei empfinden. Zwei Stunden plötzlich als sehr lange Zeit empfinden. An die Zeit denken, die beginnt, wenn die Zeit, die nach den zwei Stunden kommt, vorüber ist. Den kommenden Anfall jetzt deutlich spüren. Daher endgültig vom Rechner aufstehen. Herumwandern im Apartment. Über das Apartment nachdenken. Mir das sofort verbieten. Plötzlich Liegestütze pumpen. Danach heftig atmen. Wieder auf die Uhr schauen. Vier Minuten und siebenundzwanzig Sekunden als absolviert verbuchen. Einhundertfünfzehn Minuten und dreiunddreißig Sekunden als Herausforderung begreifen. Überhaupt nichts begreifen. An mein Fahrrad denken. Das Fahrrad als Lösung identifizieren. Etwas anziehen. Die Schlüssel in die Hosentasche stecken, die Zigaretten in den Rucksack, dieses Buch, den Fotoapparat. Mich über den Fotoapparat wundern. Ihn trotzdem im Rucksack lassen. Eine Reihe einfacher Entscheidungen treffen. Davon ermutigt die Wohnungstür öffnen. Im Dämmerlicht des Hausflurs auf den Aufzug warten. Hinunter in die Garage fahren. Mein Fahrrad sehen. Es begrüßen. Über die Tiefgaragenrampe nach draußen schießen. Auf die Straße einbiegen. Nicht einmal die vage Idee eines Ziels haben. Deswegen erneut an die Nutte denken.

Die Fahrzeit zu ihr überschlagen. Mich beruhigen. Halb beruhigt herumfahren. Den Anfall im Hintergrund spüren. Mich nicht darum kümmern. Stattdessen den warmen Fahrtwind genießen. Den glatten Asphalt genießen. Die Arbeit der Muskeln. Alles gut finden, was momentan passiert. Einhundertzehn Minuten später vor einer schmucklosen Wohnungstür stehen. Auf dem Klingelschild »Studio Lanna« lesen. Diesen Namen als professionell erachten. Den Zeigefinger in Slow Motion Richtung Klingel schweben lassen. Den Knopf berühren. Auf einen Blitzschlag warten. Einen Blitzschlag nicht empfangen. Trotzdem die Klingel betätigen. Zehn Sekunden verstreichen lassen. Überhaupt nichts gegen die Warterei einzuwenden haben. An der Wohnungstür lauschen. Nichts von drinnen hören. Nochmals schellen. Mit dem Scheitern der Mission rechnen. Mich zum Weggehen fertigmachen. Die Herzfrequenz herunterdimmen. Mich umdrehen. Mich nochmal umdrehen, damit praktisch eine Dreihundertsechziggraddrehung vollziehen. Durch den Türspalt ein skeptisches Gesicht erblicken. Etwas sagen. Etwas hören. In eine fremde Wohnung eintreten. Eine Massage-Wohnung unter die Lupe nehmen. Ein Zimmer betreten. Im Zimmer allein sein. Aus anderen Zimmern Frauenstimmen hören. Ein Glas Wasser gereicht bekommen. Das Wasser trinken. Eine »Entspannungsmassage« bestellen. Und bezahlen. Mich beinahe vollständig entkleiden. Mich auf einen Futon legen. Asia-Esoterik-Musik plötzlich wahrnehmen. Hände auf meinem Rücken spüren. Die Hände in einem medizinischen Sinne geschickt finden. Deswegen beinahe wegdämmern. Wieder aufmerksam werden. Veränderungen bemerken. Einen Mund zwischen Schulterblättern spüren. Eine oder mehrere Dienstleistungen in Anspruch nehmen. Mir aufgrund dessen irgendwelche Gedanken machen. Diese Gedanken verdrängen. Halb erregt nicht bei der Sache sein. Das gut finden. Die Situation als solche annehmen. Auf ihr Geheiß mich umdre-

hen. Den Busen dieser Frau studieren. Die Frau meine Hand auf ihre Brust legen lassen. Diese Geste als ungewöhnlich bewerten. Ihr ernstes Gesicht betrachten. Der Musik folgen. Verschiedenes fühlen.

Auf dem Fahrrad durch die Gegend fahren. Wieder schwitzen. Die Temperatur schätzen. Durst haben. Bei einem Café am Fluss haltmachen. Mich in die Sonne setzen. Das Grün des Wassers als Flaschengrün klassifizieren. Deswegen eine Flasche Bier bestellen. Auf das Bier warten. Das Bier erhalten, bezahlen und in mich hineinlaufen lassen. Gutgebaute Burschen von der Pont Sous-Terre in den Fluss springen sehen. Plötzlich auch schwimmen wollen. Neue Bierschlucke nehmen. Dem Kellner ein Zeichen geben. Den Kreislauf von Neuem beginnen. UV-Licht mit der Sonnenbrille filtern. Dem Gespräch vom Nachbartisch lauschen. Mich an die Frau von eben erinnern. Den Versuch einer Interpretation der bisherigen Ereignisse anstellen. Infolgedessen ein neues Bier ordern. Auf die Wirkung des ersten warten. Die Augen hinter der Sonnenbrille schließen. Die Sonne auf meine Haut brennen lassen. An die Fische unten im Fluss denken. Deren Probleme imaginieren. Mit meinen Problemen vergleichen. Das zweite Bier in Empfang nehmen. Dem Bier danken. Der Sonne danken.

Immer weiter durch die Stadt fahren. Fünf Biere in mir spüren. Der Sonne unterzugehen erlauben. Im Parc des Bastions irgendwie anhalten, das Rad umkippen und mich auf den Rasen fallen lassen. Zwei junge Frauen in der Nähe bemerken. Ihr französisches Lachen hören. Auf dem Rücken liegen und in den Himmel starren und die Sonnenbrille abnehmen und weiter in den Himmel starren. Den Hunger ignorieren. Ein Vibrieren in der Hosentasche spüren. Das Handy herausziehen. Eine SMS lesen. Schlagartig ausnüchtern. Allerdings noch Zigaretten besitzen. Sofort rauchen. Eine der Frauen beim Aufstehen beobachten. Die Frau beim Auf-mich-Zukommen beobachten. Sie gut finden. Sie, als sie bei mir ist, absichtlich nicht verstehen. Ihr zwei Zigaretten geben.

Mich wieder auf den Rücken legen. Die neue Farbe des Himmels bewundern. An Sachen denken. Die Augen schließen. Sauerstoff aufnehmen. Blut in die Kapillaren transportieren. Es von dort wieder abholen. Ihm zuhören. Den Übergang zum Traum verpassen.

MAXIMILIAN STEINBEIS

Untersuchung über die Vorfälle vom 19. Februar und vom 3. April auf dem Streckenabschnitt Leipzig–Berlin

I

Lassen Sie mich vorweg sagen: Herr Bretthauer kommt im Großen und Ganzen sehr, sehr gut an bei den Fahrgästen. Wir haben Befragungen durchgeführt: Einundsiebzig Prozent empfinden Herrn Bretthauers Dienstleistung als »gut«, weitere elf Prozent als »sehr gut«. Nur vier Prozent äußern sich negativ, der Rest neutral. Die Verteilung auf Alters- und Einkommensgruppen ist unauffällig und entspricht dem Bevölkerungsquerschnitt. Das heißt, Herr Bretthauer wird von allen Fahrgästen, alten Damen wie jungen Männern, Familien mit Kindern wie Teenagergruppen, in etwa gleichermaßen wertgeschätzt.

Man darf das sicherlich nicht überinterpretieren. Aber lassen Sie mich eines festhalten: Solche Werte sehen wir nicht oft. Vielleicht ein-, zweimal im Jahr. Und in dieser Branche, so weit unsere Erfahrung reicht, überhaupt noch nie.

II

Wir haben uns sehr gründlich angesehen, wie Herr Bretthauer arbeitet. Dazu noch eine Vorbemerkung: Herr Bretthauer ist der Überzeugung, dass das Ziel seiner Tätigkeit nicht darin besteht, Schwarzfahrer aufzuspüren oder abzuschrecken. Es gebe in Fernzügen ohnehin kaum welche, von dem einen oder anderen Fehlbucher abgesehen. Herr Bretthauer glaubt vielmehr, dass die eigentlichen Adressaten seiner Dienstleistung die regulären Fahrgäste seien: dass diesen ohne Kontrolle etwas fehlen würde. Ob bewusst oder unbewusst, wenn am Ende der Reise ihre für teures Geld erworbene Fahrkarte nicht einmal der Mühe für wert befunden wurde, mit einem Zangenstempel geknipst und damit anerkannt und gleichsam als Reisedokument beglaubigt zu werden, dann – so Herr Bretthauer – fühlen sie sich schlecht. Dann müssen sie eine jungfräuliche und trotzdem wertlose Fahrkarte wegschmeißen. Dann, so denken sie sich, hätten sie gleich schwarzfahren können. Dann fühlen sie sich benutzt und beschämt und gekränkt und entwickeln schlechte Gefühle gegenüber der Bahn und buchen beim nächsten Mal Lufthansa.

Herr Bretthauer geht wie folgt vor: Wenn er einen Wagen betritt, sagt er mit fester, aber keineswegs lauter oder lärmender Stimme: Guten Tag, die Herrschaften. Die Begrüßung ist nicht dazu gedacht, die Leute zum Aufschauen zu bewegen, geschweige denn erwidert zu werden. Die Leute lesen, dösen, gehen ihren Beschäftigungen nach, und bis er bei ihnen ist, kann gut und gern eine Viertelstunde vergehen; das ist zu lange, um einem Schaffner beim Knipsen zuzusehen. Da würden die Leute anfangen, sich zu langweilen, sich gestört fühlen und schlechte Laune bekommen. Nein, sie schauen nicht auf, aber sie bemerken ihn. Seine Uniform mit Kappe und Krawatte, ein blauroter Farbfleck im Augenwinkel, reicht als Impuls, damit die Leute, ohne den Blick zu heben, ihre Fahrkarten aus den Taschen kramen und ihm stumm entgegenhalten.

Sehr viel kommt auf den ersten Fahrgast an, den er kontrolliert. Er nutzt die Zeit, die ihm die noch ungestörte Indifferenz der Fahrgäste verschafft, sich die erste Reihe gut anzuschauen: Ein junger Thailänder im Business-Anzug auf dem Gangplatz. Neben ihm am Fenster eine ältere Dame mit Goldschmuck an den Ohren. Rechts ein junges Pärchen, beide über ein weißes Kabel im Ohr mit einem in ihren ineinandergelegten Händen verborgenen iPod verbunden.

Herr Bretthauer entscheidet sich für die ältere Dame und beugt sich leicht vor. Gleichzeitig nickt er dem Thailänder zu, als Signal, dass er ihn nicht vergessen hat und ihm gleich zur Verfügung stehen wird. Guten Tag, gnädige Frau, schön, Sie zu sehen, sagt er mit einem Lächeln. Die Dame neigt den Kopf, lächelt. Hildesheim, eine wunderschöne Stadt, sagt Herr Bretthauer, während er das hingereichte Fahrkartenheft durchblättert. Ob sie Zeit finden würde, den Dom zu besichtigen? Die Dame nickt, schließt den Mund und öffnet ihn wieder. Nein, kein Dom, sie besuche nur ihre Schwägerin. Der gehe es nämlich nicht gut. Gesundheitlich. Oh, das tue ihm leid, sagt Herr Bretthauer. Er wünsche gute Besserung unbekannterweise, und trotzdem einen angenehmen Aufenthalt in Hildesheim. Alles Gute.

Der Thailänder hat unterdessen Zeit gefunden, sich einzustellen. Vielleicht kann er nicht gut Deutsch. Vielleicht lächelt er verwirrt und schüttelt den Kopf, und dann muss Herr Bretthauer anfangen zu erklären, muss seine Willkommensgrüße langsam und übertrieben artikuliert wiederholen, was sie ihrer Beiläufigkeit beraubt und als nackte dumme Floskeln, fast als Grobheiten erscheinen lässt. Das muss vermieden werden. Auf diese diskrete Weise aber hat der Thailänder sich vorbereiten, vielleicht sogar ein paar deutsche Worte zurechtlegen können, aber selbst wenn er nur schweigt und lächelt, ist Herr Bretthauer in der Lage, die Situation zu meistern und auch bei diesem Gast einen angenehmen Eindruck zu hinterlassen.

Mittlerweile ist ihm die ungeteilte Aufmerksamkeit zumindest des vorderen Waggonteils sicher. Die Leute recken die Hälse, um mitzubekommen, was da vor sich geht. Manche grinsen. Andere schütteln belustigt den Kopf. Herr Bretthauer ist sich bewusst, dass er sich auf einem schmalen Grat bewegt. Er will ja nicht als Witzfigur dastehen.

Auch das junge Pärchen gegenüber hat inzwischen die weißen Knöpfe aus den Ohren gezogen und lächelt ihm erwartungsvoll entgegen. Guten Tag, Herr Bretthauer nickt, es freue ihn, sie hierzuhaben, er hoffe, sie haben eine angenehme Reise? Das Mädchen wirft ihm einen schläfrigen, etwas spöttischen Blick zu und spitzt den Mund ein wenig. Der Junge hat sich aufrecht hingesetzt und blickt ihn in geduldiger Erwartung an, dann errötet er plötzlich und antwortet auf die ihm gestellte Frage: Ja, doch, sehr angenehm, danke. – Sie müssen in Frankfurt umsteigen, knappe Sache, zumal sie vier Minuten über die Zeit sind. Ob sie schon einmal am Frankfurter Hauptbahnhof umgestiegen seien, fragt Herr Bretthauer und blickt die beiden über den Rand seiner Brille hinweg an. Man müsse wissen, dass es sich beim Frankfurter Hauptbahnhof um einen Kopfbahnhof handle. Das heiße, dass die Bahnsteige nur vorne miteinander verbunden sind, vor den Lokomotiven. Da müsse man weit laufen. Ob sie viel Gepäck hätten? Nein?

Er würde ihnen Folgendes raten: Um ... Herr Bretthauer reckt den Arm, um auf seine Armbanduhr zu sehen. Ungefähr gegen fünf nach halb drei sollten sie ihre Plätze hier verlassen und anfangen, im Zug nach vorne zu gehen. Dann könnten sie pünktlich nach Einlaufen im Frankfurter Hauptbahnhof den Zug direkt hinter der Lokomotive verlassen und sparten drei bis vier Minuten. Den Zug nach Heilbronn zu erreichen, sei dann sicherlich kein Problem. In Ordnung? Herr Bretthauer lächelt väterlich. Der Spott in den Augen des Mädchens ist verschwunden. Beide nicken dankbar.

III

Wir haben uns einen sehr detaillierten Eindruck verschaffen können, wie Herr Bretthauer mit schwierigen und unvorhergesehenen Situationen fertig wird. Um das Ergebnis vorwegzunehmen: Herr Bretthauer ist weit überdurchschnittlich erfolgreich darin, auch schwierige Kunden zufriedenzustellen und – das ist das Ungewöhnliche daran – die Belastung für die anderen Fahrgäste unterdessen minimal zu halten.

Mit schwierigen Kunden meint er keineswegs, wie man vielleicht glauben könnte, die Aufgebrachten, die älteren Herren in den eleganten Anzügen, die nervös ihre Mobiltelefone bearbeiten, um ihrer Sekretärin den neuesten Stand der Zugverspätung durchzugeben. Es sei natürlich richtig, dass die Geduldsspanne dieser Herren oft nicht groß bemessen sei, sagt Herr Bretthauer. Ihre Zeit sei knapp und damit teuer. Mit anderen Worten: Sie hätten völlig recht, sich aufzuregen. Da dies so sei, sagt Herr Bretthauer, dürfe man diese Herren auch nicht in die Kategorie der schwierigen Kunden einordnen.

Es gibt zwei Arten von Fahrgästen, die sind, wie Herr Brett-hauer sagt, nichts für Amateure: Bundeswehrsoldaten und Reisegruppen. Die Soldaten fahren am Freitagabend von den Kasernen, wo sie stationiert sind, nach Hause, quer durch die Bundesrepublik. Sie zahlen nicht für ihre Fahrkarte und sind nach einer Woche voller Alkohol, Masturbation und Langeweile schlecht gelaunt. Am besten kommt man nach Herrn Bretthauers Erfahrung mit ihnen zurecht, wenn man sie als alte Hasen behandelt, die mit ungezählten Zugreiseki-lometern auf dem Buckel keiner vielen Worte mehr bedürfen. Ein knappes: Na, Kamerad? und ein aufforderndes Nicken mit dem Kinn, den Fahrschein herauszurücken, genügt. Zum Ab-schied nur ein stummes, prüfendes Zusammenkneifen des lin-ken Augenlides. Dann nehmen sie meistens auch ihre Stiefel von den Sitzen.

Reisegruppen wiederum wollen nicht in Ruhe gelassen werden, im Gegenteil. Sie warten begierig auf Gelegenheiten, sich mit Außenstehenden zu beschäftigen. Sie schreien und lachen und benehmen sich, als seien sie sich selbst genug, aber das sind sie nicht, im Gegenteil, sie trinken aus Bierdo-sen, und ihre Unterhaltung läuft ein wenig übertourig, sie machen mehr Lärm als nötig, und zwar keineswegs nur aus Übermut und Lebensfreude, sondern aus einer gewissen Not heraus. Einer steht meist in der Mitte, im Gang, ein Mann fast immer oder eine Frau des Typs, den man gemeinhin als burschikos bezeichnet. Es gibt Verkehr, jemand will vorbei, er stört dort und wird gestört, aber diese Störung ist der Grup-pe ebenfalls ein Bedürfnis, sie führt ihr Energie zu wie ein wirbelndes Rädchen im Strom dem Generator, sie zwingt die Außenstehenden, sich ihnen für einen Moment zuzuwenden, und wehe dem, der dies schnell und ohne viel Aufhebens hinter sich bringen will, er wird bestraft, wird in Besitz genommen und eingesaugt von der Gruppe, mit grölend belachten Witzen und aggressiv höflichen Zurechtweisungen ein wenig herumgeschleudert, bevor er etwas zerzaust seinen Gang durch den Zug fortsetzen darf, und der Gruppe ist hinterher um exakt das gleiche Quantum wohler wie sich der arme Passant missbraucht und elend fühlt.

Ein anderer würde vielleicht in solch einer Situation autoritär reagieren: die Schultern in der Uniform nach hinten drücken und den Blick starr ins Gesicht des Anführers in der Gangmitte richten, um der Aufforderung hinreichend Gravität und Durchschlagkraft zu verleihen, sich gefälligst zusammenzureißen, es seien noch andere Fahrgäste hier. Das, so Herr Bretthauer, ist eine riskante Strategie und führt obendrein fast nie zum Ziel. Die Kunst, sagt Herr Bretthauer, bestehe darin, sich auf präzis dosierte Weise demütigen zu lassen. Zwei, drei mit verlegenem Grinsen hingenommene Späße auf seine Kosten: Das verschaffe der Gruppe Erleichterung und Sicherheit, das Gelächter lege sich schnell wieder, und dann sei oft für Stunden, manchmal sogar bis zum Ende der Reise Ruhe. Man dürfe es nur nicht so weit kommen lassen, dass sich das Gegröle aus sich selber nährt und sich die Leute wechselseitig hochschaukeln. Auch körperliche Übergriffe dürfe man auf keinen Fall akzeptieren, es sei erstaunlich, in welcher Geschwindigkeit sonst die Situation außer Kontrolle geraten könne.

Sehr selten, sagt Herr Bretthauer, komme es vor, dass sich jemand von ihm herausgefordert fühlt. Dass jemand den Versuch unternimmt, ihn aus der Balance zu bringen und seine freundlich-höfliche Zugewandtheit zu sabotieren, zu brechen und zu entlarven. Es handle sich dabei ausnahmslos um junge Männer: gut gekleidete, wohlfrisierte Männer von Anfang

Zwanzig, die ihn mit gezielten Unverschämtheiten aus dem Takt zu bringen suchen – indem sie etwa die hingehaltene Fahrkarte fallen lassen, kurz bevor er danach greift, sodass er sich bücken muss, um sie aufzuheben. Es gebe keine gute Art, damit umzugehen, sagt Herr Bretthauer, er wisse zumindest keine.

IV

Lassen Sie mich nun zu den Vorfällen vom 3. April und vom 19. Februar dieses Jahres kommen.

Den jungen Mann im himmelblauen Kaschmirpullover hatte Herr Bretthauer schon von Weitem wahrgenommen. Er saß sehr aufrecht und hielt den blonden Kopf leicht geneigt. Seine Beine hielt er übergeschlagen, und sein linker Fuß, der in einem schmalen braunen Stiefel steckte, wippte kaum merklich auf und ab. In den Händen hielt er ein Buch. Aber er las nicht darin, sondern blickte den Gang entlang, und Herrn Bretthauer schien es mal, als ob sein Blick auf ihm ruhte, dann wieder, dass er geradewegs durch ihn hindurchsah.

Knipsend und links und rechts Freundlichkeiten verteilend arbeitete sich Herr Bretthauer den Gang entlang. Zwischendurch ließ er immer wieder seinen Blick zu dem jungen Mann im Kaschmirpullover gleiten, aber es war keineswegs so, dass er darüber etwa verabsäumte, den anderen Fahrgästen die ihnen gebührende Aufmerksamkeit zuteil werden zu lassen, nein: Er sei sogar besonders zuvorkommend gewesen, berichtete man später, sei förmlich über sich hinausgewachsen, habe im Vorbeigehen, gleichsam tänzelnd, einen Zornigen besänftigt, eine Bittere zum Lachen gebracht, einen Zyniker

210

angerührt, eine Trauernde getröstet, eine Hungernde gesättigt (mittels eines etwas zerdrückten Müsliriegels, den er aus der Tasche seiner Uniformjacke zog, weiß der Himmel, wie lange er ihn dort schon mit sich führte, eine Frage, die sich die dankbare junge Frau in ihrer diätbedingten Verzweiflung jedoch überhaupt nicht stellte, sondern das klebrige Frühstück mit drei kauenden Bissen verschlang), einem Teenager den bockenden MP3-Player konfiguriert, einem dicken Herrn mit geschicktem Handgriff die Rückenlehne in bequeme Neigung gebracht und währenddessen seiner kreuzworträtselnden Frau mit dem Hinweis auf Ösophagus, lat. Speiseröhre, neun Buchstaben, Erlösung verschafft, und all dies ganz unaufdringlich und unaufgefordert, als habe er Zugang zum Inneren seiner Fahrgäste, deren keimende Wünsche er erriet, bevor sie überhaupt artikulierbar waren. Mancher behauptete sogar, er habe gesungen dabei. Und über all dies hatte er bei keinem einzigen Fahrgast vergessen, in vollendeter Eleganz die Zange zu zücken und den Fahrschein zu entwerten.

Schließlich stand er vor dem jungen Mann in dem himmelblauen Kaschmirpullover, etwas außer Atem, mit offenem Mund lachend und eine Strähne in der feuchten Stirn. Er ging in die Knie, hockte sich neben den jungen Mann und vertiefte sich in ein Gespräch mit ihm. Manchmal hörte man beide leise lachen, wobei Herrn Bretthauers Lachen den Leuten sonderbar vorkam, hoch und etwas heiser, ein schluckendes Gekecker, das nicht zu seinem ruhigen Bass passen wollte. Der junge Mann beugte sich vor, und sein blondes Haar fiel ihm vor die Stirn, so dass er es mit sanfter Geste zurückstreichen musste. Worüber sie sprachen, weiß kein Mensch. Sie sprachen lange. Und schließlich sank der Kopf des jungen Mannes auf die blaurot uniformierte Schulter des hockenden Herrn

Bretthauer, der seine rechte Hand in den Nacken des jungen Mannes legte und ihn sachte zu streicheln begann. Nach einer Weile richtete der Junge sich auf und machte Platz neben sich, Herr Bretthauer setzte sich, und die beiden begannen sich innig und leidenschaftlich zu küssen. Im Waggon war es ganz still geworden.

Herr Bretthauer unterbrach den Kuss. Er stand auf, wischte sich den Mund ab, bückte sich, hob seine zu Boden gerollte Uniformmütze auf und legte sie in die Gepäckablage. Dann entledigte er sich mit etwas verschämtem Blick seiner blauroten Uniformjacke. Ein dünnes weißes Kurzarmhemd kam zum Vorschein. Die Krawattenschlinge löste sich unter seinem ziehenden Griff aus dem Kragen. Mancher im Waggon hielt schon den Atem an. Aber der junge Mann hatte unterdessen seine Reisetasche geöffnet und ihr einen weiteren Kaschmirpullover entnommen, einen cremeweißen. Den zog Herr Bretthauer über. Er stand ihm gar nicht schlecht. Applaus kam auf und aufmunterndes Gelächter, in das Herr Bretthauer mit seinem hohen, schluckenden Lachen, die Wangen vor Aufregung und Freude gerötet, einstimmte.

Herr Bretthauer bat mit einer knappen Geste um Ruhe. Ihm sei, so sagte er mit ruhiger Stimme, an diesem Tag etwas ganz Außerordentliches passiert. Bis zum nächsten Halt in Berlin-Südkreuz seien es noch gut eineinhalb Stunden. Einstweilen bitte er, sich nicht stören zu lassen und ihn als zivilen Fahrgast zu betrachten wie jeden anderen auch. Er werde sich bemühen, ihr Bedürfnis nach Diskretion nicht zu verletzen, bitte aber seinerseits um den gleichen Gefallen. Dann setzte er sich und nahm seine Liebkosungen mit dem jungen Mann wieder auf. Nach gut fünfundzwanzig Minuten erhob er sich, tauschte den Pullover wieder gegen die Uniform, verabschiedete sich herzlich von dem jungen Mann, dessen Telefonnummer er notiert hatte, und setzte die Fahrkartenkontrolle in gewohnter Weise fort.

Gut sechs Wochen zuvor hatte sich im Verantwortungsbereich von Herrn Bretthauer auf dem Streckenabschnitt Leipzig-Berlin eine Bluttat von außergewöhnlicher Scheußlichkeit zugetragen. In einer Toilette im Zugteil der ersten Klasse hatte der sechsundvierzigjährige Geschäftsmann Marco Freiberger der einunddreißigjährigen Prostituierten Jana Tischke Nase, Stirnbein und Unterkiefer zertrümmert, indem er ihren Kopf mehrfach mit großer Wucht gegen die metallene Kante der Toilettenschüssel schlug. Wie genau es zu dieser brutalen Tat kam, ist bislang nicht zweifelsfrei geklärt.

Herr Bretthauer, von Fahrgästen alarmiert, hatte nach Auskunft aller, die bei dem Vorfall zugegen waren, Außerordentliches geleistet. Er hatte den am ganzen Leib zitternden Täter mithilfe seines Vierkantschlüssels in der Toilette eingesperrt, um ihn bis zum Eintreffen der Polizei an etwaigen Fluchtversuchen und weiteren Gewalttaten zu hindern. Er hatte zuvor das Opfer mit großer Behutsamkeit auf den Gang gezogen und, als sich unter den schreienden Fahrgästen ein älterer Herr als Arzt zu erkennen gab, diesem beim Stillen der Blutungen und bei den anschließenden Wiederbelebungsversuchen assistiert. Als sich diese als vergeblich erwiesen, hatte er die Glasschiebetür, die die Sitzreihen von dem Gang zur Toilette trennte, mit einer Decke verhängt und verriegelt, denn es hatten sich eine große Zahl von Schaulustigen eingefunden, darunter mehrere Kinder. Anschließend hatte er gemeinsam mit dem Arzt den Leichnam der Frau, deren zerstörtes und blau gefärbtes Gesicht einen extremen Anblick bot, in seine Zugbegleiterkabine getragen und mit

einem Bettlaken abgedeckt – all dies in größter Ruhe und Be-
sonnenheit, was erheblich dazu beitrug, dass unter den Fahrgästen keine Panik ausbrach. Dass sich unterdessen der in der
Toilette eingesperrte Täter mit seinem Gürtel an der Decken-
leuchte erhängte, dafür kann Herr Bretthauer nach einhel-
liger Ansicht sowohl der zuständigen Behörden als auch der
Öffentlichkeit weder moralisch noch rechtlich verantwortlich
gemacht werden.

V

Ob zwischen dem einen und dem anderen Vorfall ein inhalt-
licher Zusammenhang besteht, darüber kann man im Augenblick nur spekulieren. Ein Indiz, das dafür spricht, ist jenes
hohe, eigentümlich schluckende Lachen. Andererseits könnte
die Tatsache, dass den von uns befragten Fahrgästen dieses
Lachen erst nach dem 19. Februar an Herrn Bretthauer auf-
fiel, auch anderweitig zu erklären sein. Herr Bretthauer gilt
generell als einer, der viel lächelt, aber wenig lacht. Und dass
der Vorfall vom 3. April geeignet war, Herrn Bretthauer und
damit auch sein Lachen auf neue Weise wahrzunehmen, liegt
unserer Ansicht nach auf der Hand.

Herr Bretthauer gibt an, dass ihm sein Beruf nach wie vor
Freude mache. Er sei gern unter Menschen und habe das Gefühl, dass er da etwas habe, worin er – so seine Worte – wirklich gut sei. Eine Versetzung in den Innendienst strebe er
nicht an, da ihm dort der Kontakt zu den Fahrgästen fehlen
würde. Auch der Schalterdienst sei nichts für ihn: Fahrkarten
verkaufen, das sei nicht das Gleiche. Unter Beschwerden psy-
chischer Natur, ausgelöst etwa durch den Vorfall vom 19. Feb-

ruar, leide er nicht, jedenfalls, wie er nach einem Moment des Nachdenkens hinzufügte, unter keinen, die uns irgendetwas angingen.

Herr Bretthauer gibt ferner an, dass er nicht die Absicht habe, sich in Zukunft weiteren Fahrgästen sexuell zu nähern. Er sei mit dem jungen Mann im himmelblauen Kaschmirpullover, einem Biologiestudenten aus Leipzig, seit ihrer Begegnung am 3. April in regelmäßigem Kontakt; es sei davon die Rede, zusammenzuziehen und einen gemeinsamen Hausstand zu gründen. Schon deshalb bestehe wenig Grund zu der Befürchtung, der Vorfall vom 3. April könnte sich in irgendeiner Form wiederholen.

Unter den Fahrgästen, die bei dem Vorfall zugegen waren, äußerte sich die Mehrheit neutral bis verständnisvoll. Keiner der Befragten gab an, dass er sich von Herrn Bretthauer persönlich und direkt schlecht behandelt gefühlt habe, vernachlässigt oder missachtet – ganz im Gegenteil. Dass es sich um einen homosexuellen Kontakt gehandelt hatte, spielte im Meinungsbild eine bemerkenswert deutliche Rolle, wenngleich eine zwiespältige: Einerseits dürfte dieser Umstand, vor allem unter den weiblichen Fahrgästen, dazu beigetragen haben, dass der Vorfall nur von vergleichsweise wenigen Fahrgästen als sexuell aggressiv bzw. übergriffig empfunden wurde – es gab sozusagen ein Gefühl, das, was da vor sich gehe, sei etwas zwischen Schwulen unter sich. Andererseits gab es natürlich auch nicht wenige, die angaben, sich ganz allgemein durch öffentlich zur Schau gestellte Homosexualität belästigt zu fühlen. An letzteren Punkt anzuknüpfen, davon würde ich allerdings wegen des nicht unbeträchtlichen Skandalisierungspotenzials dringend abraten. Auch sollte in Betracht gezogen werden, dass kein einziger Fahrgast, der

Zeuge dieser Szene wurde, sich von sich aus beschwerte. Daraus kann man mit einiger Vorsicht den Schluss ziehen, dass die Belästigung allenfalls oberflächlich und abstrakt empfunden wurde.

Per saldo würde ich empfehlen, auf arbeitsrechtliche Maßnahmen gegen Herrn Bretthauer zu verzichten. Dabei fällt auch ins Gewicht, dass ihm eine konkrete Pflichtverletzung kaum nachzuweisen wäre; immerhin hat er sein Kontrollpensum an jenem Tag, wenn auch etwas hastiger als sonst, doch noch vorschriftsgemäß erfüllt. Über die außerordentlich hohen Zustimmungswerte, die Herrn Bretthauers Dienstleistung bei den Fahrgästen generell erfährt, habe ich bereits gesprochen. Gegebenenfalls wäre daran zu denken, ihm psychologische Beratung anzuraten, da eine gewisse Traumatisierung durch den Vorfall vom 19. Februar wenn schon nicht nachgewiesen, so doch auch nicht ausgeschlossen werden kann. Dabei wäre aber ein taktvolles und diskretes Vorgehen unbedingt zu empfehlen. Ich bedanke mich für Ihre Aufmerksamkeit.

KEVIN KUHN

Ohne Exciter, ohne Distortion

Vorgestern noch mit Robot Residents das letzte Set übernommen. Gestern Crobar, kaum veränderte Reihenfolge,
nur Grindhouse im Dubfire Terror Planet Remix rausgenom-
men, zehn Minuten früher als sonst in irgendeinen Wagen,
Powerriegel, fast-lane, in den Flieger. Übermorgen Cocoon
SAMC, Dia Uno, im Cocoon Tent an der Costa Salguero. Danach La Sirena, irgendwo im Industriegebiet am Rande des
Dschungels: wirbelnde Lichtflecken auf Beton. Weiter wird
für mich gedacht.

Heute, ich ziehe den Reißverschluss runter und schnüre
die Eingangstür auf, indem ich den Stoff zusammenrolle und
eine Schleife mache. Schnee. Ich bin kein Poet, aber draußen
ist Schnee. Ich strecke die Hand durch den Spalt, spüre, wie
die Flocken auf die Handfläche gleiten und zerschmelzen. Ich
strecke meinen Kopf nach draußen und mache das mit der
Zunge. Ich fühle was dabei. Dann ist da noch Nebel, drei Meter über dem Boden, der entlang der Stämme dichter wird,
bis er in den Wipfeln hängen bleibt. Das sind keine normalen
Stämme. Das sind rotbraune, mit tiefen längsrissigen Borken
überspannte Holzmassen, die astlos wie Raketen nach oben
schießen. So lange ohne Ast, meine ich, wie normale Bäume
hoch sind. Von unten erscheinen sie wie Wattestäbchen, an
deren Enden grüne Büschel wachsen. Ich ziehe den Kopf ein
und wische die Finger an der Jogginghose ab.

»Redwoods«, höre ich sie sagen, während sich meine Hand auf dem Stoff abzeichnet. Wie bei Wilson the Volleyball, denke ich. »Fette Scheißdinger«, höre ich sie sagen.

Ich schaue auf. Sie ist hergerichtet als wäre das hier das Robert-Johnson und ich ihr Resident: ihre Augen, die Haare, der Mund. Und alles an ihr glitzert, sofern man das sagen kann: die Augen, die Haare, der Mund.

Im nächsten Moment rutscht sie zu mir, legt den Arm um meine Schulter und macht ein Gesicht in die Kamera ihres Smartphones, das sie vor uns hält. Ihr Haar kratzt an meinem Hals, ich finde nichts Vertrautes. Sie zeigt mir das Display: im Schneidersitz ein dunkelblondes Mädchen, diagonal ins Gesicht fallende Haare, gefärbt, die ihren Kopf an das Kinn des anderen lehnt, nicht blöd grinst, sondern gut aussehen möchte mit all dem im Gesicht verstreuten Glitzerzeug. Hinter ihr ein Spalt Landschaft: gefrorener Boden. Das tut sie aber nicht, gut aussehen. Die Nase ist zu groß für ihre Knopfaugen. Ich muss immer hinschauen, wie die Nasenflügel sich aufplustern. Dazu plüschige Wangen, rot, die mich auch nicht anturnen. Was soll ich sagen? Dann ein Kleid, das knapp über ihre Brüste reicht, darüber alles frei: kantiges Schlüsselbein. Und dieser Typ: frostige Augen, hohle Wangen, viereckiges Kinn. Alles wie mit einem grauen Film überzogen, zerknittert, als hätte jemand ein Foto gemacht, es unterm Bett vergessen, jahrelang, dann wiedergefunden und zerknüllt, aus Wut, weil man sich damals als Idioten hat behandeln lassen, dann irgendwann wiedergefunden und entknüllt. Das wäre jetzt.

»Ist das dein Ernst?«, sagt sie.

Das ist mein Ernst.

»Seit vierzehn Jahren kein Schnee?«, sagt sie und runzelt die Stirn.

Wir zünden uns Zigaretten an und blasen den Rauch gegen das Zeltdach. Ich rechne zurück: '98, Frühjahr '98. Sie zieht an der Schlaufe der Tür, die daraufhin nach unten fällt, und schließt sie. Sie macht diese Bewegung, die mir sagen soll: Ich friere. Ich nehme sie aber nicht in den Arm, es ist nicht so kalt.

Nach einer Weile rückt sie näher an mich, legt ihren Kopf auf meine Brust. Während sie kreiselnd über meine Brust streicht, kommt mir die Szene, wie ich und die Jungs damals im Mai oder so durch den Wald fuhren, weil ich meinte, das sei eine Abkürzung, wir dann im Schnee steckenblieben. Ich hatte Sommerreifen drauf. Das Auto stand knapp eine Woche im Wald, tief in den Schlamm gegraben. Im Mai im Wald, das war der Gag, das war mein letzter Schnee.

»Haben wir Juni?«

Sie ignoriert mich, meint vielleicht, ich wolle sie davon abhalten, mir die Hose aufzuknöpfen.

»Haben wir nicht längst Juni?«

»Kann passieren«, sagt sie und schaut mich unschuldig an. Sie ist in Bauchnabelhöhe.

Jetzt geht es Richtung Sex. Ich denke nicht viel darüber nach, es ist und bleibt das alte Rein-raus-Spiel. Immerhin beginnen wir uns so aneinanderzureiben, dass sich die Haare aufstellen und kleine Blitze aussenden. Der Atem wird dampfender, fast wie draußen der Nebel. Ich lege mich auf sie, aber ihr taugt das wohl nicht, denn sie schwingt sich in einem Ruck über mich, sieht da glücklicher aus. Glücklicher und älter, aber immer noch sehr jung, halb so alt wie ich. Ich wage nicht, weiter nachzudenken. Stattdessen beobachte ich diesen nassen Punkt auf ihrer Nasenspitze, der unaufhörlich anschwillt, bis er als Tropfen auf meine Zunge trieft. Es ist Wasser. Oder Schweiß. Oder Rotz. Zumindest schmeckt es

nach Salz. Wir befinden uns in einer dieser chilenischen Salz-
höhlen, wo die Klangwellen salzig schmeckten. Ein echter
Alpha-Zustand.

Irgendwann ist es vorbei und wir sind etwas aufgewärmt.
Wenigstens etwas. Sie wischt sich die Haare aus dem Gesicht
und steckt sich eine Zigarette an. Ich stecke mir keine an, weil
ich das billig finde. Ich könnte sie nach ihrem Namen fragen,
aber irgendwas hält mich davon ab. Wir reden eine Weile
nichts, hören nur den Schnee aufs Zeltdach rieseln, mal einen
größeren dumpfen Schlag, der nichts anderes als ein Wasser-
tropfen sein kann. Oder ein Zapfen.

»Ganz schön kalt«, sie steckt sich eine zweite Zigarette an
und beobachtet misstrauisch den blauen Nylonboden, der un-
gemütlich knistert und an den Ecken nasse Falten wirft.

Ich habe verstanden, öffne den Eingang und trete hinaus.
Es dämmert, von der Sonne des Golden State nicht mehr die
geringste Spur. Sieben Schritte vom Zelt bleibe ich stehen,
greife in die Jogginghosentasche und stecke mir eine Zigarette an. Die Schneeflocken fallen viel langsamer als in meiner
Erinnerung. Sie brauchen lange, um meine Zunge zu treffen.

Der Nebel hat sich aufgelöst oder ist nur noch Schneetrei-
ben. Ich wippe hin und her, der gefrorene Boden knackt unter
meinem Gewicht. Meine Fingerspitzen frieren. Handschuhe
habe ich natürlich keine, ich wüsste nicht, in welchem meiner
Koffer überhaupt welche wären.

Ich schnippe die Kippe vor die blecherne Box, die zu jeder
Parzelle hier gehört. Ich fahre mit der Hand über den Deckel
und forme aus der Schneeschicht einen Ball. In quadratischen
Bildern wird die Geschichte eines Campers erzählt, der seine
Vorräte nicht in Plastiktüten einschweißt, sondern, anstatt sie

in der vorgesehenen Box zu verstauen, im Zelt aufbewahrt. Dann ist da der Bär, im Gefolge ein Bärenbaby. Sie umschleichen das Zelt, fischen Steaklappen wie die Alaskabären Lachse aus dem Inneren des Zelts.

Der Schneeball ist jetzt hart genug und klatscht gegen den Redwoodstamm, genau in eine der Borkenspalten. Ich freue mich nur halb, weil der Stamm der Breite eines WideLine-Boxenturms gleichkommt.

Sie rüttelte mich leicht an der Schulter, sagte: »Wir sind da.« Ich war sofort wach, das kann ich. Ich wache oft auf und finde mich hinter Plattentellern wieder, blicke in Reihen konkaver Augen, Kurzhaarfrisuren und pumpe Infraschallbässe in die Arterien. Ich war also sofort wach, in einem Auto, sie neben mir, als sie unter ihrem Sitz ein Täschchen hervorkramte, das Smartphone auf mich richtete, ich reflexartig ein Gesicht zog: Daumen hoch. Sie zeigte mir das Bild und freute sich. Ich, Augenringe, dennoch rasiert, vor einer an den Rändern beschlagenen Scheibe, dahinter eine Wiese oder so, dann Stämme. Wir sind zum Kofferraum und haben erst mal geraucht. Ich habe mich umgeblickt und in hundert Meter Entfernung ein paar silberne Trailer entdeckt sowie eine hölzerne Brücke, die vielleicht über einen Bach führt.

Tiefhängender Himmel schon während wir die Stangen ineinandersteckten, als sie, mir war das egal, den Kofferraum zwanzigmal nach dem Außenzelt absuchte.

Ich weiß nicht, wem das Zelt gehört. Ich habe mich bis jetzt auch nicht gefragt, wer sie eigentlich ist. Morgen wird die Tour weitergehen. Morgen wird sie mich zum Flughafen gebracht haben. Sicher werden da noch andere warten, die mich unbedingt verabschieden wollen. Ein Kuss, kann sein. Dann hebt einer der Flieger ab und ich schlafe sofort ein. Wenn ich aufwache, wird sich die Kulisse ein wenig verändert haben. Statt Redwoods werden vielleicht Yuccapalmen wachsen, statt Highways Schotterpisten, statt Weiß mehr Schwarz. Aber die Musik wird die gleiche sein, vielleicht werde ich endgültig Calling (Lose My Mind) rausnehmen und mit German Clap ersetzen, auch wenn das nur die Favorite-Playlist in meinem Kopf ist.

Die silbernen Trailer sind allesamt verschwunden. Oder schon abgehauen: Richtung Küste mit Surfbrett auf dem Dach. Da ist noch eine Blockhütte: Sie riecht nach Pisse und modriger Pappe. Die Tür ist offen, dennoch stelle ich mich daneben und pisse in den Schnee. Ich pisse einen Namen, vielleicht einen, den ich ihr geben könnte. Hinter der Hütte hat sich ein Trailer versteckt, der eher einem Schiff als einem Bus gleichkommt. Auf dem Dach ist eine Schüssel angebracht, ich meine, dass sie sich langsam wie im Winde dreht. Durchs Fenster sehe ich direkt in die hell beleuchtete Küche oder ins Wohnzimmer oder in beides gleichzeitig. Ich glaube, da hängt eine Uniform. Mit dem Rücken zu mir steht eine breitschultrige Frau, die etwas in kleine Scheiben schneidet. Am Tisch, direkt vor dem Fenster, sitzen zwei Jungs, die hektisch auf den Stühlen rutschen und Karten auf den Tisch knallen. Von ihrem Ranger keine Spur. Ich verpacke den Penis, ich will ja nicht wie ein Perverser aussehen. Auch auf deren Vorratsbox hat sich Schnee gesammelt. Ich mache wieder das von gerade eben. Dabei stelle ich mir den Ranger-Vater vor, wie er in Lumberjack-Kluft durch den Wald streift, die Axt geschultert, auf der Suche nach Feuerholz. Scheißmammutbäume, denkt er, ich will doch nicht ganz Montana damit beheizen! Also geht er auf eine der Lichtungen, wo sich ein Paar Sträucher behaupten konnten, und hackt wie wild in so einen Strauch rein. Mir kommt eine Bassline in den Sinn. Das ist schlecht, das Hacken in den Strauch, weil dummerweise gerade da das Bärenbaby sitzt. Also spaltet er den Kopf des Kleinen in zwei Teile. Blut spritzt, von der Axt beschleunigt, auf sein gebügeltes Holzfällerhemd. Dumpfer Herzschlag.

Einer der Jungen schaut schlagartig aus dem Fenster, ohne zu winken oder irgendwas zu machen. Er sieht aus wie ein Pitcher, mehlig und kaugummikauend. Ich trete in die Dunkelheit zurück, der Schneeball ist mittlerweile zum Eisklumpen geworden. Mir kommt in den Sinn, dem Jungen das Geschoss ins Gesicht zu schleudern, nicht weil ich irgendwie aggressiv bin oder so, sondern um den ganzen Heimatfilm ein bisschen aus der Bahn zu werfen.

Zurück am Zelt, steht das Auto da. Es kann nur ihr Auto sein, ich habe nie eins besessen. An die Fahrertür gelehnt, zünde ich mir eine weitere Zigarette an. Ich weiß, dass es im Zelt wärmer wäre, trotzdem bleibe ich angelehnt und lausche dem Flappen der Flocken auf meiner Schulter. Es ist ruhig, so ruhig wie lange nicht mehr. Über lange Zeit habe ich mein Gehör geschult, aber nicht für diese Frequenzen. Am ehesten erinnert mich das Ganze hier an Alva Noto's unitxt: ein durch vorsichtiges Aneinanderstoßen klitzekleiner Gegenstände verursachtes Rauschen, ohne Exciter, ohne Distortion.

Ich rauche noch eine, obwohl meine Finger zittern. Aber da ist Schnee, und ich friere, und ich friere wie damals im Wald, als die Jungs einfach abgehauen sind und mich im Auto alleine ließen. Ich habe noch eine Stunde gebuddelt und wie im Film Tannenzweige unter die Räder gelegt. Dann habe ich aufgegeben, mich ans Steuer gesetzt und aus der Windschutzscheibe geschaut. Es sind zwar keine Rehe oder so was Romantisches aufgekreuzt, da waren nur die Silhouetten der Tannen, dicht beieinander, dunkle Zwischenräume, bewegungslos. Aber ich hatte Zeit. Zeit für das immer gleiche Bild vor mir, als wäre es eben ein Bild und nicht die Wirklichkeit.

Irgendwann öffnete ich die Tür des Wagens und trat raus in die Kälte, vielleicht, weil ich mich vergewissern wollte, dass nicht alles wie eingefroren war, dass wenigstens ich in dieser Umgebung noch atmen konnte. So fand ich mich inmitten der Silhouetten wieder und lauschte: das Rascheln der Nadeln in den Wipfeln, das Ächzen der Holzmassen, das gedämpfte Ein-, das befreiende Ausatmen, Schneekristalle aneinanderreibend. Das klingt bescheuert, aber bis dahin waren Geräusche nur so eine Art Begleiterscheinung, wie das Klacken des Griffs beim Herunterdrücken. Seitdem gibt es nur noch Clics & Cuts, ich weiß nicht. Seitdem bewege ich mich nur noch von dem einen in den anderen Klangraum. Die immer lauter wurden.

Ich behalte die Zigarette im Mundwinkel und sammle den Schnee vom Autodach, weil es im Zelt raschelt. Ich weiß genau, was jetzt kommt. Sie wird den Reißverschluss öffnen, blöd hinausglotzen und so was wie: Hey, wo warst du so lange?, sagen wollen. Aber so weit wird es nicht kommen. Ich werde meinen Körper anspannen und dann wie einen Pfeil den Schneeball in ihr Gesicht schmettern. Ich war nie ein guter Werfer, trotzdem treffe ich sie punktgenau.

»Du Idiot«, ruft sie und hält sich mit beiden Händen die linke Gesichtshälfte. Ich war nie ein guter, aber meist ein glücklicher Werfer.

»Strike«, sage ich.

Sie wirft sich ins Zelt zurück und hantiert am Reißverschluss, ist viel zu hektisch, um ihn schließen zu können. Das linke Auge kneift sie fest zusammen. Zucken.

Irgendwann wird es mir zu blöd und ich drücke mich vom Auto weg. Ich knie mich zum Eingang hin und hantiere wie sie am Reißverschluss. Es macht ein Geräusch und ich habe den Schieber und ein Stück Stoff in der Hand.

»Gut Nacht, Tür«, sage ich und grinse sie an. Wie rot und angeschwollen ihr Auge ist, erwähne ich nicht.

Wir sitzen auf dem Schlafsack, ich suche nach dem Feuerzeug. Es ist recht spät. Einmal wollte sie Sex machen, aber ich hatte keine Lust. Dann wollte ich, aber sie nicht. Jetzt suche ich das Feuerzeug. Ich vermute, es liegt unter ihrer Schlafsackhälfte. Sie hat mindestens eine halbe Stunde damit verbracht, die ideale Lage zur Schlafsackhälfte zu erproben. Im Grunde kauert sie embryonal so auf einem kleinen Fleck, dass sie den Großteil ihrer Seite gerade noch über die Schultern bekommt. Würde ich auch nur ein bisschen am Schlafsack ziehen, entblößte sich gleich eine empfindliche Stelle. Und sie würde wieder bibbern.

»Sorry«, sage ich und wühle unter ihrem Hintern.

»Eh, lass das«, sagt sie und zieht mir fast den Schlafsack weg.

»Aber das Feuerzeug«, sage ich.

»Mann!«, sagt sie und stellt sich auf, katzenkrumm.

Ich schaue entlang ihrer dürren Beine unter das Kleid: Snoopy. Ich fahre entlang der dürren Beine unter ihr Kleid. Ich fühle die kleinen Härchen wie Borsten widerspenstig aufgestellt.

»Eh«, sagt sie und stößt meine Hand weg. Dann bibbert sie. »Lass uns fahren.«

»Geht nicht.«

»Sagt wer?«

»Sagt der Ranger.«

»Alles zu?«

»Alles zu.«

Ich weiß nicht, wer das alles hier organisiert hat. Zum Abendessen gibt es zwei daumendicke Steaks und einen Liter Pepsi. Einen Grill habe ich auch im Kofferraum gefunden, so ein Einwegding, das schon mit in Spiritus getränkter Kohle kommt. Früher konnte ich sogar mit nassem Holz Feuer machen. Ich hatte so krasse Tricks, um Nächte in Höhlen zu überleben. Ich erkläre ihr, was wir machen werden, wenn es noch kälter wird. Ich erzähle ihr von großen Steinen, die wir in die Glut des Grills legen. Warum wohl? Damit die Steine Wärme speichern. Dann legen wir die Steine in den Schlafsack und lassen uns die Nacht über mit Wärme bestrahlen.

»Okay«, sagt sie und hält ihre Hände über die ersten Glutpartien, die ich durch schnelle Handbewegungen anzufachen versuche. Dass wir eingequalmt werden und tonnenweise Spiritus inhalieren, versteht sich von selbst.

Während die Steaks vor sich hin garen, suche ich draußen nach Steinen und finde keine. Ich pisse wieder einen Namen in den Schnee. Zurück im Zelt geht es den Steaks noch immer nicht besser. Die Kohle glimmt bloß qualmend vor sich hin.

Wir haben weder Besteck noch Teller, also nehme ich meinen Anteil wie ein Stück Leder, haue die Zähne hinein und löse etwas Sehniges heraus. Es schmeckt, wie es aussieht.

Sie verzieht das Gesicht. Ich bin nicht ganz unzufrieden, seit Langem schmecke ich überhaupt etwas, wenn auch nur Kohle und Spiritus. Auf einmal habe ich riesigen Hunger und gehe von meinem zu ihrem Stück über. Sie hält die Hand über die kümmerliche Glut.

»Lass uns im Auto schlafen«, sagt sie.

»Geht nicht«, sage ich und pule ein fadenartiges Teil aus den Zähnen.

»Wieso?«, fragt sie.

»Die Bären«, sage ich.

Insgeheim denke ich an die Ranger-Familie und dass es mir peinlich wäre, mit ihr im Auto gesehen zu werden. Bevor ich aber irgendwas sagen kann, kauert sie wieder in dieser sonderbaren Stellung und zuckt unaufhörlich. Ich gebe mir die Stille und zünde mir eine Zigarette an. Dass ich jetzt auch friere, gebe ich nicht zu.

Mein Anteil ist eine Insel, der Zeltboden wie Wasser. Ich tunke die Hand hinein und zeichne eine Acht. Der Zeltboden schaukelt hin und her. Oder auf und ab. Äthylalkohol und Schwefeldioxyd. Die kleinen Strudel bilden eine harmonische Acht.

Sie ist doch noch da. Sie ist eine schlechte Gefährtin. Ihre Haut ist nun mintgrün. Ihr Füßchen hängt wie Treibholz über. Wie lange noch? Ihre Augen sind wie zugefroren.

Der Nebel ist wieder da und packt alles in Watte.

Sie wacht auf und wühlt den Player aus der Hosentasche.

»Steve's Levigi«, sagt sie und lässt Steve's Levigi spielen.

Ich vermute, dass es einer ihrer Lieblingssongs ist, weil alle sagen, das genau das ihr Lieblingssong sei. Sie hat keine Lust mehr, das sehe ich. Sie wippt mit dem Kopf, um alles zu vergessen. Ich nehme ihr den Player aus der Hand und drücke Pause.

»Die Stille«, sage ich.

Ich wache auf. Ich spüre meine Füße nicht mehr. Der Schlafsack ist triefend nass. Sie ist nicht da.

Ich stelle mir vor, wie sie barfuß durch den Wald irrt, kleine unruhige Zuckungen, weil sie das Auto nicht findet. Oder weil sie das Auto findet, dafür die Schlüssel nicht. Und dann tappst sie vor zur modrigen Blockhütte, nicht weil sie pissen muss, sondern weil sie denkt, dort sei die Ranger-Familie. Aber die Ranger-Familie wird abgereist sein, weil keiner im Spätfrühling Schnee haben möchte. Nur die Bären. Und da wird dieses blutende Bärenbaby sitzen, das mit der gespaltenen Schädeldecke. Und die Bärenmutter wird über ihr Kleines wachen und nachdenken, wen sie zur Verantwortung ziehen kann. Und sie mit den blauen Füßchen wird sich nicht aus der Verantwortung ziehen können. Da hilft auch kein Bibbern mehr. Denn es ist zu still, um Tag zu werden.

Eier

Die beiden Schwestern sitzen in der Küche. Antonia fährt mit dem Plastiknagel des rechten Zeigefingers unter den des linken, lauscht dem trockenen Kratzen, schnippt etwas Schwarzes auf die Wachstuchdecke. Blickt kurz zu Pilar hinüber, will nachsehen, ob sie es bemerkt hat, aber Pilar betrachtet Ella durch den Spalt der offenen Speisekammertür.

Ihre Enkelin steht vor ihr mit Zucker, Mehl, Gofio gefüllten Gläsern, mustert die Dosen mit gesalzenen Mandeln, mit verklumpten Rosinen. In dem Korb auf der Anrichte liegen Eier, daneben eine Papiertüte mit Kichererbsen, eine mit Linsen, Knoblauchstränge, Keksrollen in Zellophan. Eine Schublade für das Brot von heute, eine für das von gestern.

»Heilige Mutter Gottes«, Pilars Handflächen zeigen nach oben, »wir haben nichts gegessen.«

»Sardinen, bitte.« Antonia richtet ihre Ringe, dreht die Steine, golden sind die Ringe, sie stauen Fett, wenn die Finger herabhängen, die Steine groß und rot, der Farbton passt zu den Nägeln.

»Geh nach Hause«, antwortet Pilar.

Ella legt die Hand flach aufs Mehlglas, will fühlen, dass es kalt ist, schwarze Punkte verschwinden, fliehen vor den Fingern, ziehen sich ins Weiße zurück. Mehl verschüttet ihre Gänge, einige fliegen auf, mit leisem Tacken gegen den Deckel. In der Wand über den Regalbrettern dreht ein Ventilator langsam helle Lichtdreiecke. Unmöglich, einen Tennisball durchzuwerfen, wenn man sieben, acht, neun Jahre alt ist, Ella hat es versucht, Sommer für Sommer. Ein Häufchen winziger Chitinpanzer, braun und sehr leicht, am Fuß des Türrahmens, vermerkt sie.

»Ich brate uns Eier.« Pilar steht auf, mit einer Hand auf den Tisch gestützt, schief ist sie, eine Schulter hängt tiefer als die andere, sie beugt und streckt ihr rechtes Knie.

»Auch gut.« Antonias Finger zeichnen die eingebrannten Rillen auf dem Wachstuch nach.

»Du kannst zu Hause essen.« Pilar dreht sich um, auf dem Weg in die Speisekammer.

»Du hast heute früh gekocht.« Im Vorbeigehen legt Ella ihrer Großmutter die Hände auf die Schultern, Pilar hält inne.

»Gut«, sagt sie schließlich, »was haben wir hier«, und zieht einen Stuhl zum Kühlschrank, hält ihr Knie, während sie sich setzt. »Gekochter Schinken, Serrano-Schinken, weißer Käse«, zählt sie auf, alles in Papier eingeschlagen, Pilar nimmt die Pakete einzeln heraus, wiegt sie in der Hand, riecht an ihnen und legt sie auf den Küchentisch.

»Für dich«, sagt Pilar und hält Ella die Scheiben gelben Käses hin, die separat liegen, und: »Hier ist Joghurt, nimm.«

»Ich mag kein Kokos«, entgegnet Ella.

Tomaten, jede wird gewogen und berochen, eine halbe Papaya, Gurken, Salat, Mojo, Milch. Die künstliche im Tetra Pak und die andere, die Concha die Milchfrau bringt. Ein mit Alu bedeckter Teller, unter der Folie läuft brauner Sirup hervor, tropft klebrig auf das Wachstuch. Antonia stippt den Finger hinein, steckt ihn in den Mund und lutscht ihn ab.

»Sieh mal, Pulpo«, sagt Pilar und hält ein Schälchen vor Ella hin, ein ordentlich arrangierter Kranz lilaroter Tentakel.

»Ich mag Kokos.« Antonia streckt die Hand aus, zu spät, die Joghurtbecher sind schon in der Gemüseschublade, Pilar bedeckt sie mit Tomaten. Der Kühlschrankmotor springt an, das Gerät vibriert, Ella räumt den Aufschnitt wieder ins Fach, auf der Schwelle zur Speisekammer bleibt Pilar stehen.

Eier will sie holen, Eier gehören in die Holzkiste, behutsam legt sie sie auf das Stroh, nachdem sie mit Bleistift das Legedatum auf jedem einzelnen notiert hat, die Kiste steht auf den Fliesen neben der Tür. Doch da sind keine Fliesen, da ist dunkles Holz, durchsichtige Plastikbehälter gestapelt auf Regalbrettern, die bunten Deckel nach Größe sortiert, da sind Gläser mit Schraubverschlüssen, da ist keine Kiste mit Stroh ausgelegt. Die Anrichte, richtig, zwei Männer haben sie gebracht, auf einem Handkarren, seitdem gehören Eier in den Korb auf der Anrichte, Pilar nickt zufrieden. Erst hatten die Männer das Möbel in der Auffahrt abgeladen, heller Staub auf dem schwarzen Holz, ihr Mann hatte geschimpft. Vier Eier nimmt sie, zwei in jede Hand, so, dass ihre Finger den Kotfleck und die zarten Daunen verdecken, die bei jeder Bewegung wippen. Denn sie ist empfindlich, die schmale Enkelin. Ella gießt sich Kaffee ein.

»Du bist so verrückt, dass du nicht mehr weißt, was du am Morgen gemacht hast.« Antonia sieht ihre Schwester an, schüttelt den Kopf, »Steak und Sardinen«, setzt sie hinzu.

»Nicht verrückt«, sagt Ella, der Kaffee ist kalt.

Pilar sieht hinab auf die Eier, riecht warmes Öl, fühlt das Ziehen des spritzenden Fetts auf ihren Händen, als sie die Steaks hineingelegt hat, die weiß aufspringenden Sardinenaugen, und nickt. Richtig, sie hatte Ella über dem Teller sitzen sehen, ihr Kopf so weit gesenkt, dass die Haarspitzen das Essen berührten, die schmale Enkelin hatte aufessen müssen, eines hatte sie nicht gemocht, Fleisch oder Fisch, hatte ihre Haarspitzen darauf hinabgesenkt, alleine im Dämmerlicht der Küche. Sie hat beides zubereitet, eines wird sie mögen, hat sie gedacht. Pilar legt die Eier auf die Arbeitsplatte, sie rollen ein Stück, Ella streckt die Hand aus, fallen nicht die Kante hinab. Pilar öffnet den Kühlschrank.

»Was haben wir hier?«

»Auf dem Herd.« Antonia lacht und deutet auf die beiden Töpfe.

»Wir müssen essen, wir haben nichts gegessen.« Pilar hat den Kopf schief gelegt, als würde sie fragen.

»Du bist schön«, Antonia streckt die Hand aus, Ella zieht ihre Haare weg, wirft sie über die Schulter, wendet sich zu Pilar um, die sich mit der Hand am Rahmen der Speisekammertür abstützt. Die Augen fest auf das gelbgrüne Öl in der Pfanne gerichtet, das zähflüssig von einer Seite auf die andere läuft, glänzende Schlieren auf dem Teflon hinterlässt.

Antonia lächelt, denn Ella hat nicht aufgepasst, und sie hält dünnes Blondhaar zwischen ihren Fingern, zwei Strähnen hat sie gefangen. Streicht mit den Kuppen über die Spitzen, als wären es Pinsel, es kitzelt, sie erschauert.

»Keine Eier.« Ella deutet zum Herd, die Strähnen straffen sich.

»Aber noch schöner ist dein Inneres«, sagt Antonia, als Ella versucht, den Kopf wegzuziehen, sie beobachtet, wie die Haare sich spannen, die Spitzen fest zwischen zwei Fingern eingeklemmt. Sie hält sie in Richtung Küchenfenster, zieht sie näher zum Licht, bis sie silbrig glänzen, die Haut sich elastisch vom Schädel hebt, spitze Berge bildet, weiße Kopfhautzacken, wie Ausschläge auf einem EKG.

Ella greift nach der Strähne, zieht sie ihr aus den Fingern,

»Au«, sagt sie, sagt es laut und schiebt ihren Stuhl ein Stück weg.

»Ich war auch schön«, sagt Antonia und reibt ihr Näschen, reibt beigen Abdeckstift von lilaroten Adern, Pilar schnaubt. Blechern schrammen Stuhlbeine über die Fliesen, Antonia rückt auf, hinter Ella her.

»Pfanne und Öl«, sagt Pilar leise, wieder auf dem Weg in die Kammer.

»Keine Eier«, sagt Ella, »du hast schon gekocht.«

»Steak und Sardinen.« Antonia wischt Beigefarbenes an der Tischdecke ab.

»Geh nach Hause zu deinem Mann«, sagt Pilar, und Antonia lacht, ihr Mund weit geöffnet.

»Tut mir leid ...« Ella legt ihre Hand neben Antonias, berührt sie mit den Fingerspitzen, Haare sicher hinter Ohren und Schultern verwahrt. Sie sehen beide aus dem Fenster, betrachten die kleine Hütte am Rande der Auffahrt. Ein schwarz gepunktetes Netz kriecht über das abplatzende Weiß, die dunklen Lavasteine darunter, die Ameisenstraßen ändern ihren Verlauf, wechseln die Richtung, bekommen Lücken, brechen ab. Die Hütte hat ein Fenster, Sensen lehnten an der Wand, Spitzhacken, Schaufeln und Sägen, Hühnerfutter in Säcken, als Ella noch versuchte, durch Lichtdreiecke zu werfen. »... das mit Mikkel«, setzt Ella hinzu.

Mikkel lebte bei dreißig Grad Celsius Außentemperatur hinter verhangenen Fenstern in einem Cordsessel. Eine karierte Decke um die Beine geschlungen und eine sabbernde Siamkatze mit blauen Augen im Arm. Mikkel war blond und trug eine schwarze Brille mit dickem Rand, lächelte mit dünnen Lippen und schwieg ansonsten. Er gehörte nicht in die hellen, kakteenbewachsenen Hügel, auf denen sein Haus stand, Mikkel hatte sich in dem Zimmer verheddert, er gehörte ins Kopenhagen der Siebzigerjahre.

»Ich mochte Mikkel.« Ella dreht sich nach der Spüle um, gießt den Kaffee in den Ausguss.

»Er mochte Rasierklingen.« Antonia lächelt.

»Sie fährt weg.« Pilar trägt Eier, vorsichtig, zwei in jeder Hand, legt sie auf die Arbeitsplatte, neben die anderen, stützt die Hände in die Hüften. »Fährt weg, Fisch kaufen, sagt sie, am Hafen wenn die Boote kommen, morgens früh, als wenn sie wüsste, wann die Boote kommen. Mir bringt sie nichts mit, nie, nistet sich ein und bringt nichts mit, letzte Woche hat sie Fleisch geholt. Rippchen, schön mager, wollte nicht verraten, wo. Vergisst du eh, hat sie gesagt, will nicht, dass ich mitfahre, will nicht teilen, nichts abgeben, als wenn sie was von Fleisch verstehen würde.«

Antonia zieht einen Bund aus der Tasche, drei Schlüssel hängen an dem Ring, sie schüttelt ihn, lässt sie klimpern. *Seat* steht auf dem Kunststoffgriff des größten. Hält ihn am gestreckten Arm von sich weg, als Ella danach greift.

»Du hast doch gar kein Auto mehr«, sagt Ella und kriegt ihn dennoch zu fassen, zerrt, bis er auf die Fliesen fällt. Antonia bückt sich, Ella zeigt auf die Töpfe: »Keine Eier.«

Nachdem Mikkels Haut trocken, die dunklen Flecken auf seinen Beinen größer geworden waren, nachdem er mit der Handfläche nächtelang unsichtbare Krümel von der hellblauen Klinikwäsche gewischt hatte, nachdem Antonia die karierte Decke mit welken Geranienblättern im Garten verbrannt und die Katze vor die Tür gesetzt hatte, hatte sie ihre Kleidung in Tüten und die Tüten auf dem Rücksitz des Autos verstaut. Hatte den Schrank zerlegt, die Einzelteile hinter sich her gezerrt, aus dem Schlafzimmer in den Flur, polternd die Treppe hinab und durch die Tür zum Kofferraum, aus dem sie weit herausragten. Den Schlüssel ließ sie im Schloss der Haustür stecken, der Anhänger, ein Gummiwikinger, pendelte noch hin und her, als sie auf die Straße bog. Die Hütte hatte sie aufbrechen müssen, hatte sich gegen das Holz geworfen, am Abend waren ihre Oberarme mit lilablauen Hämatomen bedeckt. Einer der Papiersäcke riss, als sie ihn raustragen wollte, hinterließ einen hellgelben Streifen gemahlenen Maises zwischen Hütte und Hühnerstall, vor dem sie das Futter stapelte. Die Werkzeuge legte sie ordentlich nebeneinander an den Rand der Ausfahrt. Ihre Tüten hatte sie die Wand entlang aufgereiht, ehe Pilar aus dem Haus kam. »Nur ein Bett«, hatte sie zu ihrer schreienden Schwester gesagt, »mehr brauche ich nicht«. Hatte begonnen, den Schrank aufzubauen, »Ich habe nicht einen Cent« gesagt.

Das Gas zündet, Pilar hält den Knopf gedrückt, lehnt sich gegen den Herd, wartet auf das metallische Klacken der Zündsicherung. »Fährt Gemüse kaufen«, sagt sie, »fährt durch die Dörfer und hat Plastiktüten mit Orangen im Kofferraum, Kartoffeln in Pappkartons, alles ist voller Erde und riecht feucht und wird stockig. Unters Bett schiebt sie die Sachen, hat Schinken auf dem Schrank liegen, ›Gib mir was ab‹, habe ich gesagt und auf die Fliegen gezeigt, als sie nach Hause kam, ›Deine Wäsche riecht‹. Sie hat ihn weggebracht, den Schinken, versteckt, hat ihn jemand anderem gebracht, nicht eine Scheibe für mich. Hat nicht genug Benzin, um mich zum Friedhof zu fahren, und bringt keinen Fisch mit.«

»Der Herd ist an«, sagt Ella, »du kannst loslassen.«

»Komm mich noch mal besuchen«, sagt Antonia, Pilar bindet sich die Schürze um, Ella blickt hinab auf ihre Hände. »Bitte«, sagt Antonia und zieht die Vokale lang und sieht sie von unten an und greift nicht nach den Haaren.

Die Decke der Hütte war gepunktet mit drei Sorten Schimmel, handtellergroße Kreise wie zerschlagene Blutgefäße unter krebsfahler Haut, aschfarbene Münzen, vereinzelte Archipele schwarzer Stecknadelköpfe. Ella hatte den Kopf eingezogen, der Kalk hing in Placken herab, rieselte auf ihr blaues T-Shirt. Eine halbe Stunde, dachte sie, eine halbe Stunde hältst du alles aus, nicht länger, aber eine halbe Stunde geht, und du bist nur deine Oberfläche und eigentlich nicht da, und deine gesichtsförmige Oberfläche wird lächeln und Ja sagen, und nach dreißig Minuten ist es vorbei, nach tausendachthundert Mal zweiundzwanzig denken wirst du wieder rausgehen und tief einatmen, und irgendwas wird sich aufpusten, sich so weit aufblasen, dass es die Oberfläche wieder ausfüllt, wenn du am Oleander vorbeigehst.

Antonia trat einen Schritt zurück, und etwas ächzte, es war ihr Bett, und ihre Füße, ihre Beine beschrieben einen Halbkreis nach oben, denn Antonia hatte sich nach hinten fallen lassen, und in der Hütte ist nur das Bett und dahinter der Schrank und genauso viel Platz frei, wie die Haustür braucht, um aufzugehen, und dort stand Ella und lächelte.

Die Schranktüren hat Antonia zersägt, die untere Hälfte mit Holzklötzchen und Nägeln fixiert, die obere lässt sich öffnen, schrammt über das Bettzeug, bleibt hängen und zieht Fäden im rosa Polyesterüberwurf, aber sie lässt sich öffnen. Der Wikinger hätte es nicht gemocht, der Schrank hatte seiner Mutter gehört, ein Schiff hatte ihn gebracht, zerlegt, aus dem fernen Dänemark, die zartrosa Blüten hat Antonia mittig zerschneiden müssen, die grünen Ranken, Bauernmalerei, hatte er die aufgemalten Blumen genannt, oh nein, er hätte es nicht gemocht. Antonia lag auf dem Rücken, die Arme ausgebreitet, die Füße über Kreuz wie Jesus an der Wand über ihr.

»Jeden Tag fehlt ein Huhn mehr«, sagte Ella, »es waren vierzehn, als ich angekommen bin, und heute früh waren es noch acht.«

Antonia hob den Halsausschnitt ihres T-Shirts, sah an sich herunter. »Ich hab keins«, sagte sie und zog den Bettüberwurf ein Stück hoch, »hier auch nicht.«

»Der Stall war nachts zu, ich hab nachgesehen, und nirgendwo liegen Federn oder Blut.« Ella stellte sich auf die Zehenspitzen, um auf den Schrank zu blicken.

»Ich brauch keinen Fernseher.« Antonia deutete aus dem Fenster.

Pilar trat aus der Haustür, blieb unschlüssig stehen. Als sie bemerkte, dass beide sie ansahen, ging sie zum Wasserhahn. Versuchte ihn aufzudrehen, Antonia stieß Ella an und lachte, Pilar drehte und drehte, bis es nicht mehr weiterging. Sie nahm das Schlauchende, zog es zur Hütte, stellte sich vor die offene Tür und untersuchte es lange und genau.

»Ich höre euch«, sagte sie.

»Du drehst in die falsche Richtung«, antwortete Ella.

Die Pfanne ist heiß, das Olivenöl beginnt zu riechen.

»Dich werde ich lehren«, sagt Pilar in der Speisekammer, und der Hautsteg, der ihr Kinn mit dem Schlüsselbein verbindet, schwingt wie eine Hängematte, aus der gerade jemand herausgesprungen ist. »Wo sind meiner Eier«, ruft sie, die Hand mit den dunklen Pigmentflecken und den Aderschnüren ist zur Faust geballt, die Haut weich und eingecremt glänzend, die Faust hart. So hart, dass Ella ihren Kaffee auf den Tisch abstellt. Aufsteht.

Schief ist Pilar, eine Schulter tiefer als die andere, und schnell ist sie, und die Faust hüpft vor ihrer Schürze auf und ab, auf der Schürze ist ein lachendes Schwein mit einem Messer in der Hand abgebildet, »nistet sich ein und klaut«, sagt sie.

»Du bist verrückt.« Antonia stützt ihr Kinn auf die Handfläche. »Ich hab Hunger.«

»Schlampe«, brüllt Pilar und dreht sich zu Ella um, »sie klaut meine Eier.«

»Die Ratten haben sie in den Schwänzen weggetragen.« Antonia lacht.

»Unsinn.« Ella deutet auf die Arbeitsplatte, fünf braune, drei weiße liegen dort.

»Haben ihre rosa Schwänze um sie geschlungen und sie hinter sich hergezogen, durch den Sand über die Mauer.« Sicherheitshalber steht Antonia auf, schiebt den Stuhl unter den Tisch.

Pilar senkt den Kopf und läuft los, Antonia rollt sich ein, legt das Kinn auf die Brust, zieht die Schultern nach vorn, dreht Pilar den Rücken zu.

Die Faust landet auf den Schulterblättern, den Rippen, dumpf klingt es, bis Antonia den Mund öffnet, weit öffnet.

»Aaaahh«, sagt sie, ein langgezogener Ton, der von den Schlägen unterbrochen wird, moduliert wird, so wie Kinder es machen, beim Indianerspielen.

»Aufhören«, ruft Ella, ihre Großmutter trommelt weiter, bis Antonia sich auf dem Tisch abstützen muss, so sehr lacht sie.

»Du bist verrückt.« Antonia lässt sich wieder auf den Stuhl fallen. »Wer hätte je gedacht, dass du die Verrückte von uns bist.«

»Mein Haus ist ein gutes Haus«, sagt Pilar entschieden und strafft sich und geht zum Herd.

Behutsam schlägt sie die Eier gegen die Kante der Arbeitsplatte, die Schalen knirschen, als sie die Daumennägel in den

Spalt schiebt, kleine Placken brechen ab. Das Fett knistert, sie zieht die Hände zurück, als sich die durchsichtige Lache in der Pfanne ausbreitet, einen Moment lang schwimmt das Orange darin, ehe es erstarrt. Pilar blickt zur Seite, zur Speisekammer, aber Ella sieht nicht hin, Ella betrachtet den Ventilator.

Am Strande von Tanger

Barcelona im Morgengrauen. Die Hotels sind dunkel. Alle großen Alleen weisen aufs Meer.

Die Stadt ist leer. Nico schläft. Sie ist gefesselt von verdrehten Laken, ihrem langen Haar, einem nackten Arm, der unter ihrem Kissen liegt und über die Bettkante hängt.

In einem Käfig, der sich unter einem Tuch aus indigoschwarzer Seide abzeichnet, schläft ihr Vogel, Kalil. Der Käfig befindet sich in einem offenen, ausgefegten Kamin. Daneben stehen Blumen und eine Schale mit Obst. Kalil schläft, sein Kopf unter der Weichheit eines Flügels.

Malcolm schläft. Seine stahlgerahmte Brille, die er nicht braucht – die Gläser sind ungeschliffen –, liegt geöffnet auf dem Tisch. Er schläft auf dem Rücken, seine Nase zieht durch die Traumwelt wie ein Kiel. Diese Nase, die Nase seiner Mutter oder zumindest eine Kopie der Nase seiner Mutter, ist wie ein theatralisches Requisit, eine merkwürdige Verzierung, die ihm ins Gesicht geklebt wurde. Sie ist das Erste, was einem an ihm auffällt. Das Erste, was man an ihm mag. Die Nase ist in gewissem Sinne ein Zeichen von Lebenslust. Es ist eine große Nase, die man nicht verstecken kann. Außerdem hat er schlechte Zähne.

An den Spitzen der vier steinernen Türme, die Gaudí unvollendet ließ, werden durch das Licht langsam goldene Inschriften sichtbar, zu blass, um sie entziffern zu können. Es scheint keine Sonne. Es herrscht nur weiße Stille. Sonntagmorgen, der frühe Morgen Spaniens. Dunst bedeckt die Hügel um die Stadt. Die Geschäfte sind geschlossen.

Nico ist nach ihrem Bad auf die Terrasse hinausgetreten. Das Handtuch ist um sie geschlungen, Wasser glänzt noch auf ihrer Haut.

»Es ist bewölkt«, sagt sie. »Kein guter Tag, um ans Meer zu fahren.«

Malcolm sieht auf.

»Es kann noch aufklaren«, sagt er.

Es ist Morgen. Villa-Lobos spielt auf dem Plattenspieler. Der Käfig steht auf einem Hocker in der Balkontür. Malcolm liegt in einem Liegestuhl und isst eine Orange. Er ist verliebt in die Stadt. Er fühlt sich mit ihr tief verbunden, zum einen durch eine Geschichte von Paul Morand, und dann wegen einer Begebenheit, die sich vor Jahren in Barcelona zutrug: Eines Abends bei Einbruch der Dunkelheit wurde Antoni Gaudí, der mysteriöse, zerbrechliche, sogar heiligenähnliche große Architekt dieser Stadt, auf seinem Weg zur Kirche von einer Straßenbahn angefahren. Er war sehr alt, mit weißem Bart, weißem Haar, er trug die einfachste Kleidung. Niemand erkannte ihn. Er lag auf der Straße, und nicht einmal ein Taxi war da, um ihn ins Krankenhaus zu fahren. Schließlich wurde er ins Armenspital gebracht. Er starb an dem Tag, als Malcolm geboren wurde.

Die Wohnung liegt an der Avenida General Mitre, und ihr Schneider, wie Nico ihn nennt, wohnt nahe der Kathedrale von Gaudí am anderen Ende der Stadt. In einem Arbeiterviertel, schwacher Abfallgeruch hängt in der Luft. Der Platz ist von Mauern umgeben. In das Trottoir sind vierblättrige Kleeblätter gestanzt. Hoch oben, über allem schwebend, die

Türme der Kathedrale. *Sanctus, sanctus*, rufen sie. Sie sind hohl. Die Kathedrale ist nie fertiggestellt worden, ihre Türen führen in beiden Richtungen ins Freie. Malcolm ist an vielen der ruhigen Abende Barcelonas um dieses leere Bauwerk herumgegangen. Er hat mehr oder minder wertlose Peseta-Scheine in den Schlitz mit der Aufschrift: SPENDEN FÜR DIE FORTSETZUNG DER ARBEITEN gesteckt. Es scheint, als fielen sie auf der anderen Seite einfach auf den Boden, oder als würden sie – er hört genauer hin – von einem Priester mit Brille in eine Holzkiste geschlossen.

Malcolm glaubt an Malraux und Max Weber: In der Kunst liegt die wahre Geschichte der Nationen. In seinen eigenen Charakterzügen gibt es Hinweise auf einen nicht abgeschlossenen Prozess. Es geht darum, den Menschen zu einem wahren Instrument zu machen. Er bereitet sich auf die Ankunft jenes großen Künstlers vor, der er eines Tages sein wird, wie er hofft, ein Künstler im wahren, modernen Sinne, das heißt ohne Werk, aber überzeugt vom eigenen Genie. Ein Künstler, der sich von den Anforderungen des Handwerks befreit hat, ein Künstler der Konzepte, des Großmutes, sein Werk ist die Erschaffung der eigenen Legende. Solange er auch nur einen einzigen Bewunderer hat, kann er an die Würde dieses Konzeptes glauben.

Er fühlt sich glücklich hier. Er mag die breiten baumkühlen Alleen, die Restaurants, die langen Abende. Er ist tief versunken im Strom eines langsamen Lebens zu zweit.

Nico tritt in einem strohfarbenen Pullover auf die Terrasse.

»Hättest du gern einen Kaffee?«, sagt sie. »Soll ich dir unten einen holen?«

Er überlegt einen Moment.

»Ja«, sagt er.

»Wie willst du ihn?«

»*Solo*«, sagt er.

»Schwarz.«

Sie tut das gerne. Das Haus hat einen kleinen Aufzug, der langsam heraufkommt. Als er oben ist, steigt sie ein und schließt sorgfältig die Tür hinter sich. Dann fährt sie genauso langsam hinunter, Etage um Etage, als wären es Jahrzehnte. Sie denkt an Malcolm. Sie denkt an ihren Vater und seine zweite Frau. Sie ist wahrscheinlich intelligenter als Malcolm, beschließt sie. Sie hat mit Sicherheit einen stärkeren Willen. Er hingegen sieht auf eigenwillige Art besser aus. Sie hat einen breiten, ausdruckslosen Mund. Malcolm ist großzügig. Sie weiß, dass sie ein wenig spröde ist. Sie kommt am zweiten Stockwerk vorbei. Sie betrachtet sich im Spiegel. Natürlich entdeckt man diese Dinge nicht sofort. Es ist wie in einem Theaterstück, sie entfalten sich langsam, Szene um Szene verändert sich die Wirklichkeit der anderen Person. Aber reine Intelligenz ist sowieso nicht so wichtig. Sie ist etwas Abstraktes. Sie schließt dieses grausame, intuitive Wissen, wie man das neue Leben – ein Leben, das ihr Vater niemals verstehen würde – leben sollte, nicht ein. Malcolm hat es.

Um zehn Uhr dreißig klingelt das Telefon. Sie nimmt den Hörer ab und spricht auf Deutsch, sie liegt auf dem Sofa. Als sie auflegt, ruft Malcolm ihr zu: »Wer war das?«

»Hast du Lust, an den Strand zu fahren?«

»Ja.«

»Inge kommt in ungefähr einer Stunde vorbei«, sagt Nico.

Er hat von ihr gehört und ist neugierig. Zudem besitzt sie ein Auto. Der Morgen verändert sich langsam, ganz nach seinen Wünschen. Auf der Allee unten hört man den ersten

Verkehr. Die Sonne bricht für einen Moment hervor, verschwindet, bricht wieder hervor. Weit fort, fern seiner Gedanken, bewegen sich die vier Turmspitzen zwischen Schatten und Herrlichkeit. Wenn die Sonne darauf scheint, werden weit oben die Buchstaben sichtbar: *Hosanna*.

Gegen Mittag erscheint Inge, mit lächelndem Gesicht. Sie trägt einen kamelfarbenen Rock und eine Bluse, die oberen Knöpfe sind offen. Sie hat für den Rock, der sehr kurz ist, eine etwas zu kräftige Figur. Nico stellt sie einander vor.

»Warum hast du gestern Abend nicht angerufen?«, fragt Inge.

»Wir wollten, aber dann ist es so spät geworden. Wir haben erst um elf gegessen«, erklärt Nico. »Ich war sicher, du seist ausgegangen.«

Nein. Sie hat zu Hause die ganze Nacht darauf gewartet, dass ihr Freund anruft, sagt Inge. Sie fächert sich mit einer Ansichtskarte von Madrid Luft zu. Nico ist ins Schlafzimmer gegangen.

»Das sind alles Schweine«, sagt Inge. Sie spricht lauter, damit Nico sie hört. »Er sollte um acht Uhr anrufen. Um zehn hat er sich gemeldet. Er hat keine Zeit zu reden. Er ruft gleich noch mal an. Na ja, er hat sich nicht mehr gemeldet. Schließlich bin ich eingeschlafen.«

Nico zieht sich einen hellgrauen, schmal plissierten Faltenrock und einen zitronengelben Pullover an. Sie betrachtet sich von hinten im Spiegel. Ihre Arme sind bloß. Inge spricht zu ihr aus dem zur Straße gelegenen Zimmer.

»Sie haben keine Manieren, das ist das Problem. Sie haben keine Ahnung. Sie gehen in den Polo-Club, das ist das Einzige, was sie können.«

Sie wendet sich an Malcolm.

»Wenn man mit jemandem ins Bett geht, kann man sich doch hinterher zumindest vernünftig benehmen. Hier nicht.«

Sie hat grüne Augen und weiße ebenmäßige Zähne. Er überlegt sich, wie es wäre, einen solchen Mund zu haben. Ihr Vater ist angeblich Chirurg. In Hamburg. Nico sagt, das sei nicht wahr.

»Das sind Kinder hier«, sagt Inge. »In Deutschland achten sie dich heutzutage wenigstens ein bisschen. Die Männer behandeln einen nicht so wie hier, sie wissen, was sich gehört.«

»Nico«, ruft er.

Sie kommt herein, bürstet sich das Haar.

»Ich mach ihm Angst«, erklärt Inge. »Weißt du, was ich schließlich getan habe? Ich hab ihn um fünf Uhr morgens angerufen. Warum hast du nicht angerufen?, sage ich. Ich weiß nicht, sagt er – ich konnte hören, dass er geschlafen hatte – wie spät ist es? Fünf Uhr, sage ich. Bist du sauer auf mich? Ein bisschen, sagt er. Gut, ich bin nämlich auch sauer auf dich. Peng, hab ich aufgelegt.«

Nico schließt die Tür zum Balkon und bringt den Käfig herein.

»Es ist warm«, sagt Malcolm, »lass ihn da draußen. Er braucht Sonnenlicht.«

Sie sieht in den Käfig.

»Ich glaub, ihm geht es nicht gut«, sagt sie.

»Er ist okay.«

»Der andere ist letzte Woche gestorben«, erklärt sie Inge. »Ganz plötzlich. Er war nicht mal krank.«

Sie schließt einen Türflügel und lässt den anderen offen. Der Vogel sitzt im mittlerweile strahlenden Sonnenschein, gefiedert, heiter.

»Ich glaub nicht, dass sie alleine leben können«, sagt sie.

»Dem geht es gut«, versichert Malcolm ihr. »Sieh ihn dir an.«

Die Sonne bringt seine Farben zum Leuchten. Er sitzt auf der obersten Stange. Seine Augen haben vollkommen runde Lider. Er klappt sie auf und zu.

Der Fahrstuhl ist noch auf ihrem Stockwerk. Inge betritt ihn als Erste. Malcolm zieht die schmalen Türen zu. Es ist, als schließe man einen kleinen Schrank. Sie fahren abwärts, die Gesichter dicht beieinander. Malcolm sieht Inge an. Sie ist in Gedanken versunken.

Sie gehen auf einen weiteren Kaffee in die kleine Bar unten im Haus. Er hält ihnen die Tür auf. Es ist niemand da – nur ein einzelner Mann, der Zeitung liest.

»Ich glaube, ich ruf ihn noch mal an«, sagt Inge.

»Frag ihn, warum er dich heut morgen um fünf Uhr geweckt hat«, sagt Malcolm.

Sie lacht. »Ja«, sagt sie. »Wunderbar. Das werd ich machen.«

Das Telefon ist am anderen Ende der marmornen Theke, aber Nico redet mit ihm, und er kann nichts verstehen.

»Interessiert dich das nicht?«, fragt er.

»Nein«, sagt sie.

Inges Auto ist ein blauer Volkswagen, ein Blau wie das bestimmter Luftpostumschläge. Ein Kotflügel ist eingedellt.

»Du hast mein Auto ja noch nicht gesehen«, sagt sie. »Was hältst du davon? Meinst du, das war ein guter Kauf? Ich verstehe nichts von Autos. Das ist mein erstes. Ich hab es jemandem, den ich kenne, abgekauft, einem Maler, aber er hatte schon einen Unfall damit. Der Motor hat gebrannt.«

»Ich kann zwar fahren«, sagt sie. »Aber es ist besser, wenn jemand neben mir sitzt. Kannst du fahren?«

»Sicher«, sagt er.

Er setzt sich ans Steuer und lässt den Motor an. Nico sitzt hinten.

»Na, was meinst du?«, sagt Inge.

»Sag ich dir gleich.«

Obwohl es erst ein Jahr alt ist, wirkt das Auto ein wenig heruntergekommen. Der Stoff an der Decke ist ausgeblichen. Selbst das Lenkrad kommt ihm mitgenommen vor. Nachdem sie ein paar Häuserblocks gefahren sind, sagt Malcolm: »Scheint in Ordnung zu sein.«

»Ja?«

»Die Bremsen sind ein bisschen schwach.«

»Wirklich?«

»Ich glaube, sie brauchen neue Beläge.«

»Ich hab es erst kürzlich abschmieren lassen«, sagt sie.

Malcolm sieht sie an. Sie scheint es ernst zu meinen.

»Bieg hier nach links ab«, sagt sie.

Sie dirigiert ihn durch die Stadt. Mittlerweile ist ein wenig Verkehr aufgekommen, aber sie kommen gut durch. Viele Kreuzungen in Barcelona weiten sich zu großen achteckigen Plätzen. Es gibt nur wenige rote Ampeln. Sie fahren durch riesige Wohnviertel mit alten, hohen Häusern, vorbei an Fabriken, an den ersten leeren Feldern am Stadtrand. Inge dreht sich auf dem Vordersitz zu Nico um.

»Ich hab die Nase voll von hier«, sagt sie. »Ich würde gern nach Rom gehen.«

Sie kommen am Flughafen vorbei. Die Straße zum Meer ist überfüllt. Der ganze über die Stadt verteilte Verkehr läuft hier zusammen, Busse, Laster, unzählige Kleinwagen.

»Nicht mal fahren können sie«, sagt Inge. »Was machen die nur? Kannst du nicht überholen?«

»Na los«, sagt sie. Sie greift hinüber, um zu hupen.

»Das hat keinen Zweck«, sagt Malcolm.

Inge hupt erneut.

»Sie können nicht schneller fahren.«

»Die machen mich wahnsinnig«, ruft sie.

Zwei Kinder im vorderen Auto haben sich umgedreht. Ihre Gesichter sind blass und durch die Heckscheibe verspiegelt.

»Warst du schon mal in Sitges?«, sagt Inge.

»In Cadaqués.«

»Ah«, sagt sie. »Ja, schön da. Man muss aber jemanden mit einer Villa kennen.«

Die Sonne ist weiß. Das Land liegt strohfarben in ihrem Licht. Die Straße verläuft parallel zur Küste, entlang billiger Badestrände, vorbei an Campingplätzen, Häusern, Hotels. Zwischen der Straße und dem Meer liegen die Eisenbahngleise mit kleinen Unterführungen für die Badegäste, um ans Meer zu kommen. Nach einer Weile verschwindet all das. Sie kommen an fast verlassenen Küstenstrecken vorbei.

»In Sitges«, sagt Inge, »versammeln sich sämtliche blonden Mädchen aus Europa. Schweden, Deutschland, Holland. Ihr werdet sehen.«

Malcolm sieht auf die Straße.

»Die braunen Augen der Spanier haben es ihnen angetan«, sagt sie.

Sie greift hinüber, um zu hupen.

»Sieh sie dir an! Kriechen tun sie!«

»Sie kommen voller Hoffnungen hierher«, sagt Inge. »Sparen ihr Geld, kaufen sich Badeanzüge so groß wie ein Daumennagel, und was passiert? Vielleicht werden sie eine Nacht geliebt, das war's. Die Spanier haben keine Ahnung, wie man Frauen behandelt.«

Nico sitzt still auf dem Rücksitz. Ihr Gesicht hat diesen ruhigen Ausdruck, der bedeutet, dass sie sich langweilt.

»Sie wissen nichts«, sagt Inge.

Sitges ist ein kleines Städtchen mit feuchten Hotels, den grünen Fensterläden und dem ausgedörrten Rasen eines Badeortes. Überall sind Autos geparkt. Die Straßen sind gesäumt von ihnen. Schließlich finden sie zwei Blocks vom Strand entfernt eine Parklücke.

»Schließ es gut ab«, sagt Inge.

»Den wird schon keiner klauen«, sagt Malcolm.

»Also gefällt er dir doch nicht so gut«, sagt sie.

Sie gehen über das Trottoir, dessen Oberfläche von der Hitze aufgeworfen scheint. Sie sind umgeben von den flachen, schmucklosen Fassaden zu dicht aneinandergebauter Häuser. Trotz der Autos ist der Ort merkwürdig verlassen. Es ist zwei Uhr. Alle sind beim Mittagessen.

Malcolm hat eine Badehose aus fester Baumwolle, die blaue glänzende Baumwolle der Tuaregs. Vorne hat sie einen kleinen fingerbreiten Gürtel. Er fühlt sich voller Kraft, als er sie anzieht. Er hat den Körper eines Läufers, einen makellosen Körper, den Körper eines Märtyrers in einem flämischen Gemälde. Die Adern liegen wie Kordeln unter der Haut seiner Arme und Beine. Die Rückwände der Kabinen sind aus Beton, auf dem Boden liegen Bastmatten. Seine Kleider hängen formlos an einem Haken. Er tritt auf den Gang. Die Frauen ziehen sich noch um, er weiß nicht, hinter welcher Tür. An einem Nagel ist ein kleiner Spiegel angebracht. Er fährt sich mit der Hand durchs Haar und wartet. Draußen ist die Sonne.

Im flachen Wasser liegen Kiesel, die so scharf wie Nägel sind. Malcolm geht als Erster hinein. Nico folgt ihm wortlos. Das Wasser ist kühl. Er spürt, wie es seine Beine hochklettert, den Rand seiner Badehose berührt und ihn dann mit einer Woge – er versucht, hoch genug zu springen – umschließt. Er springt kopfüber hinein. Er taucht lächelnd auf. Salzgeschmack ist auf seinen Lippen. Nico ist auch untergetaucht. Sie kommt ganz in seiner Nähe hoch, langsam, und streicht sich ihr nasses Haar mit einer Hand aus dem Gesicht. Sie steht mit halb geschlossenen Lidern da, ohne genau zu wissen, wo sie ist. Er legt einen Arm um ihre Taille. Sie lächelt. Sie hat einen bestimmten untrüglichen Instinkt dafür, wann sie am schönsten ist. Einen Moment lang stehen sie weich aneinandergelehnt da. Er hebt sie auf die Arme und trägt sie, unterstützt von den Wellen, ins tiefere Wasser. Ihr Kopf lehnt an seiner Schulter. Inge liegt in ihrem Bikini am Strand und liest den *Stern*.

»Stimmt was nicht mit Inge?«, sagt er.

»Alles.«

»Nein, ich meine, will sie nicht reinkommen?«

»Sie hat ihre Tage«, sagt Nico.

Sie legen sich auf ihre Badetücher neben sie. Sie ist, wie Malcolm bemerkt, sehr braun. Nico wird nie so dunkel, egal wie lange sie in der Sonne bleibt. Es ist fast eine Art Starrsinn, als böte er ihr die Sonne an, und sie nähme sie nicht.

Sie sei an einem einzigen Tag so braun geworden, erzählt ihnen Inge. An einem einzigen Tag! Es scheint unglaublich. Sie sieht auf ihre Arme und Beine, wie zur Bestätigung. Ja, so war's. Nackt auf den Felsen von Cadaqués. Sie sieht hinunter auf ihren Bauch, und dabei entstehen mehrere mädchenhafte Speckröllchen.

»Du wirst dick«, sagt Nico.

Inge lacht. »Das sind meine Ersparnisse«, sagt sie.

So sehen sie aus, wie Gürtel, wie Teile eines Kostüms, das

sie trägt. Wenn sie sich zurücklegt, sind sie verschwunden. Ihr Körper ist glatt. Ihr Bauch ist wie ihr übriger Körper mit einem zarten goldenen Flaum bedeckt. Zwei spanische Jugendliche schlendern unten am Wasser vorbei.

Sie spricht zum Himmel. Wenn sie nach Amerika geht, sagt sie, lohnt es sich dann, das Auto mitzunehmen? Schließlich hat sie es sehr günstig bekommen, sie könnte es wahrscheinlich verkaufen und sogar noch etwas Geld damit machen.

»In Amerika gibt es massenweise Volkswagen«, sagt Malcolm. »Es ist voller deutscher Autos. Jeder da hat eines.«

»Sie gefallen ihnen also«, sagt sie. »Der Mercedes ist ein guter Wagen.«

»Der wird sehr bewundert«, sagt Malcolm.

»So einen hätt ich gerne. Gleich mehrere. Wenn ich Geld habe, wird das mein Hobby sein«, sagt sie. »Ich würde gerne in Tanger leben.«

»Schöner Strand dort.«

»Ja? Ich würde schwarz wie ein Neger werden.«

»Da kannst du dich aber nicht nackt sonnen.«

Inge lächelt.

Nico scheint zu schlafen. Sie liegen schweigend da, die Füße zur Sonne gerichtet. Sie hat ihre Kraft verloren. Es gibt nur noch vorübergehende Momente von Wärme, wenn der Wind völlig erstirbt und die Sonne direkt auf ihre Körper fällt, schwach, aber flutend. Die Stunde der Melancholie nähert sich, die Stunde, wenn alles vorbei ist.

Um sechs Uhr setzt sich Nico auf. Ihr ist kalt.

»Komm«, sagt Inge. »Lass uns am Strand entlanggehen.«

Sie besteht darauf. Die Sonne ist noch nicht untergegangen. Sie wird ausgelassen.

»Komm«, sagt sie, »es ist der gute Teil, hier sind all die gro-

252

ßen Villen. Wir gehen vorbei und beglücken die alten Männer.«

»Ich will niemanden beglücken«, sagt Nico und verschränkt die Arme.

»So einfach ist das gar nicht«, versichert ihr Inge.

Nico geht mürrisch mit. Sie umfasst ihre Ellbogen. Der Wind kommt vom Land. Auf dem Meer sind jetzt kleine Wellen, die sich still zu brechen scheinen. Das Geräusch ist weich, wie vergessen. Nico trägt einen grauen Badeanzug mit freiem Rücken, und während Inge vor den Häusern der Reichen herumturnt, blickt sie auf den Sand.

Inge geht ins Wasser. Komm, sagt sie, es ist warm. Sie lacht und ist glücklich, ihre Heiterkeit ist stärker als die Stunde, stärker als die Kälte. Malcolm folgt ihr langsam. Das Wasser ist warm. Es scheint auch klarer. Und niemand darin, in beiden Richtungen, so weit das Auge reicht. Sie baden allein. Die Wellen steigen und heben sie sanft in die Höhe. Das Wasser fließt über sie und wäscht ihre Seele.

Am Eingang der Kabinen stehen die jungen spanischen Burschen, um einen Blick zu erhaschen, wenn die Duschkabinentür zu früh geöffnet wird. Sie tragen blaue Wollbadehosen. Auch schwarze. Ihre Füße scheinen sehr lange Zehen zu haben. Es gibt nur eine Dusche mit einem einzigen, weiß gestrichenen Duschhahn. Das Wasser ist kalt. Inge geht als Erste hinein. Ihr Bikini erscheint – zuerst ein kleines Teil, dann das andere –, sie hängt ihn über die Tür. Malcolm wartet. Er kann das weiche Klatschen und das Streichen ihrer Hände hören, das plötzliche Aufschlagen des Wassers auf dem Beton, als sie zur Seite tritt. Die Jungen an der Tür erheitern ihn. Er sieht nach draußen. Sie sprechen mit leisen Stimmen. Sie schubsen einander, feixen, tun so, als wäre es ein Spiel.

Die Straßen von Sitges haben sich verändert. Die Glocke, die den Abend ankündigt, hat geschlagen, und überall schlendern Gruppen von Menschen. Es ist schwer zusammenzubleiben. Malcolm hat um beide einen Arm gelegt. Sie reagieren auf seine Bewegungen wie Pferde. Inge lächelt. Die Leute werden denken, dass sie es zu dritt tun, sagt sie.

Sie gehen in ein Café. Es ist kein gutes Café, beschwert sich Inge.

»Es ist das beste«, sagt Nico schlicht. Es ist eine ihrer Begabungen, dass sie, wo immer sie hingeht, auf einen Blick sagen kann, welches Café das richtige ist, welches Restaurant, welches Hotel.

»Nein«, sagt Inge beharrlich.

Nico scheint es nicht zu kümmern. Sie gehen jetzt getrennt, und Malcolm flüstert: »Was sucht sie denn?«

»Weißt du das nicht?«, sagt Nico.

»Siehst du diese Jungen?«, sagt Inge. Sie sitzen in einem anderen Café, einer Bar. Überall um sie herum – gebräunte Glieder, von langen, glühenden Nachmittagen geblichenes Haar – sitzen junge Männer, das süße Starren des Nichtstuns im Gesicht.

»Sie haben kein Geld«, sagt sie. »Keiner von ihnen könnte dich zum Essen einladen. Kein Einziger. Sie haben nichts. Das ist Spanien«, sagt sie.

Nico wählt das Restaurant, in dem sie zu Abend essen. Sie hat das Gefühl, an diesem Tag zu einer unbedeutenderen Person geworden zu sein. Die Gegenwart dieser Freundin, dieses Mädchens, mit der sie in den Tagen, als sie beide versuchten, sich in der Stadt zurechtzufinden, kurz zusammen gewohnt hatte – als sie noch niemanden kannte, nicht einmal die Straßennamen, und sie so krank wurde, dass sie gemeinsam ihrem Vater telegrafierten – sie hatten kein Telefon –, dieses plötzliche Erscheinen von Inge scheint ihrer Vergangenheit die Würde zu nehmen. Ganz plötzlich wird sie von der Gewissheit geplagt, dass Malcolm sie verachtet. Ihre Sicherheit, ohne die sie nichts ist, scheint verschwunden zu sein. Das Tischtuch wirkt weiß und blendend. Es scheint sie drei unerbittlich anzustrahlen. Die Messer und Gabeln sind wie chirurgische Instrumente ausgelegt. Die Teller stehen kalt vor ihnen. Sie ist nicht hungrig, aber sie wagt nicht, das Essen abzulehnen. Inge spricht von ihrem Freund.

»Er ist schrecklich«, sagt sie. »Er ist herzlos. Aber ich verstehe ihn. Ich weiß, was er will. Eine Frau kann sowieso nie hoffen, alles für einen Mann zu sein. Das wäre nicht natürlich. Ein Mann muss mehrere Frauen haben.«

»Du bist verrückt«, sagt Nico nüchtern.

»Das ist wahr.«

Die Aussage reicht, um ihr alle Kraft zu nehmen. Malcolm untersucht sein Uhrarmband. Er ist so dumm, denkt sie. Dieses Mädchen kommt aus den einfachsten Verhältnissen, und er findet das interessant. Sie glaubt, weil die Männer mit ihr ins Bett gehen, würden sie sie heiraten. Natürlich nicht. Niemals. Nichts könnte von der Wahrheit weiter entfernt sein, denkt Nico, obwohl sie, während sie dies denkt, weiß, dass sie vielleicht unrecht hat.

Sie gehen für den Kaffee zu *Chez Swann*. Nico setzt sich nicht zu ihnen. Sie ist müde, sagt sie. Sie rollt sich auf einem Sofa zusammen und schläft ein. Sie ist erschöpft. Der Abend ist kühl geworden.

Eine Stimme weckt sie, Musik, eine wunderbare Stimme zwischen einzelnen Gitarrensätzen. Nico hört sie im Schlaf und setzt sich auf. Malcolm und Inge unterhalten sich. Das

Lied ist wie etwas Langersehntes, etwas, nach dem sie gesucht hat. Sie rückt an ihn heran und berührt seinen Arm.

»Hör doch«, sagt sie.

»Was?«

»Das Lied«, sagt sie. »María Pradera.«

»María Pradera?«

»Der Text ist wunderschön«, sagt Nico.

Einfache Sätze. Sie wiederholt sie wie eine Litanei. Geheimnisvolle Wiederholungen: schwarzhaarige Mutter ... schwarzhaariges Kind. Die Ausdruckskraft der Armen, glattgeschliffen und rein wie ein Kiesel.

Malcolm hört geduldig zu, aber er versteht nichts. Sie kann es sehen: Er hat sich verändert. Während sie geschlafen hat, ist er vergiftet worden, mit Geschichten über ein hässliches Spanien, nach und nach ist er damit gefüttert worden, bis sie in seinen Venen zirkulieren, ein Spanien aus der Vorstellung einer Frau, die weiß, dass sie niemals mehr als nur ein Teil von dem sein kann, was ein Mann braucht. Inge ist ruhig. Sie glaubt an sich. Sie glaubt an ihr Recht zu leben, zu bestimmen.

Die Straße ist dunkel. Sie haben das Verdeck geöffnet, eine Nacht so dicht von Sternen, dass sie sich ins Auto zu ergießen scheinen. Nico, auf dem Rücksitz, hat Angst. Inge redet. Sie greift ins Steuer, um Autos anzuhupen, die zu langsam fahren. Malcolm lacht darüber. In Barcelona gibt es Zimmer, in denen Inge mit ihrem Geliebten an Winternachmittagen vor einem warmen, prasselnden Feuer saß. Es gibt Häuser, in denen sie auf Felldecken miteinander geschlafen haben. Natürlich, damals war er nett. In ihrer Vorstellung sah sie sich im Polo-Club, bei Dinnerpartys in den besten Häusern.

Die Straßen der Stadt sind fast verlassen. Es ist kurz vor Mitternacht, Sonntagmitternacht. Der Tag in der Sonne hat sie ermüdet, das Meer hat ihnen die Kraft genommen. Sie fahren zur Avenida General Mitre und sagen einander durch das Autofenster Gute Nacht. Der Aufzug fährt sehr langsam hinauf. Schweigen hängt an ihnen. Sie sehen auf den Boden wie Spieler, die verloren haben.

Die Wohnung ist dunkel. Nico macht Licht und verschwindet dann. Malcolm wäscht sich die Hände. Er trocknet sie. Die Zimmer wirken sehr still. Er beginnt sie langsam zu durchwandern und findet Nico auf den Knien in der Tür zur Terrasse, als wäre sie gestürzt.

Malcolm sieht auf den Käfig. Kalil liegt auf dem Boden.

»Gib ihm ein bißchen Brandy. Auf einem Zipfel Taschentuch«, sagt er.

Sie hat die Käfigtür geöffnet.

»Er ist tot«, sagt sie.

»Lass mich mal sehen.«

Er ist steif. Die kleinen Füße sind zusammengerollt und trocken wie Zweige. Er scheint irgendwie leichter. Der Atem hat seine Federn verlassen. Ein Herz, nicht größer als ein Orangenkern, hat aufgehört zu schlagen. Der Käfig steht leer im kalten Türeingang. Es scheint, als gäbe es nichts zu sagen. Malcolm schließt die Tür.

Später im Bett lauscht er ihrem Schluchzen. Er versucht, sie zu trösten, aber er kann es nicht. Sie kehrt ihm den Rücken zu. Sie antwortet nicht.

Sie hat kleine Brüste und große Brustwarzen. Außerdem, wie sie selber sagt, einen ziemlich dicken Hintern. Ihr Vater hat drei Sekretärinnen. Hamburg liegt nah am Meer.

KATHARINA HARTWELL

Im Eisluftballon

*D*ieser ist der letzte Sommer, der beste Sommer, der Sommer vor dem langen Winter. Schon im Mai denken wir an Kappen, Sonnenbrillen und Badetücher. Wir reden auf Lars' Onkel ein, bis er uns den VW-Bus leiht. Bevor wir aufbrechen, sagen wir zu Natascha: Pack deine Tasche. Mach dich bereit. Hier ist das Abenteuer! Später flüstern wir, als sei es eine Peinlichkeit, ein Geheimnis: Wie geht es dir?

Okay, sagt Natascha, alles okay.

I

Wenn sie über das Haus am See sprechen, denkt Lucia *zu Hause* und weiß selbst nicht, warum. Sie ist dort nie zu Hause gewesen, hat als Kind mit Bruder und Mutter zwei Monate bei der Großtante gelebt und sich jede Sekunde als Gast und Last gefühlt. Heute liegen die wässrigen Wochen Jahre zurück und wenig ist geblieben: keine Fischhäute oder schimmernde Schuppen an Armen und Beinen. Tiefer als die anderen tauchen kann sie auch nicht. Aber sie kann Bus fahren. Lasst mich den Bus fahren, sagt sie. Wochen, bevor es soweit ist.

Besser Fabian macht das, sagt Lars. Du kennst doch nicht mal die Verkehrsregeln.

Soll Natascha entscheiden, wer fahren darf, sagt Lucia und

ist sicher: Die fällt ihr bestimmt nicht in den Rücken. Aber Natascha zuckt die Achseln, ihr ist es egal. Hauptsache weg, schnell fort, woanders ankommen, woanders sein, mit fremden Bäumen und fremdem See, und auch man selbst darf sich fremd werden.

Als sie vor dem Bus stehen, gestriegelt, gebürstet, abfahrbereit, verspricht Lucia, vorsichtig zu fahren. Keine Sorge, sagt sie, aber die anderen sorgen sich doch ein wenig, bis auf Lars, der sorgt sich sehr. Und wenn wir doch nicht fahren?, fragt er. Wenn wir hierbleiben? Hier gibt es doch auch einen See.

Lucia schlägt gegen den Bus und will nach Lars treten, seine bleiche Vernunft, seine verschlafenen Einwände in Grund und Boden brüllen. Was soll das jetzt?, fragt sie. Wir fahren. So war's geplant.

So war's geplant, bestätigt Fabian, und Lars kaut stumm an seinem Daumen. Tatsächlich haben sie wenig, haben sie so gut wie gar nichts geplant. Den Sommer wollen sie im Haus der Großtante verbringen. Über fünfzehn Jahre ist es her, dass die Mutter mit Lucia und Fabian dorthin zog, kürzer als geplant, denn Ende August war es schon vorbei mit dem Leben am See. Die Großtante nämlich machte die Mutter *wahnsinnig* mit langgezogenem *a*. Darin, im Wahnsinnigmachen also, war sie noch begabter als der Vater und fiel in Ungnade. Da freuten sich Lucia und Fabian. Bei der Großtante hatte es keinen Fernseher gegeben, und gedurft hatte man nichts und gegruselt hatte man sich sehr, vor allem nachts, wenn die Dielen knarrten.

In den Jahren danach sprachen sie oft vom Haus am See, fuhren aber nur noch selten hin. Und jetzt, heute, hier? Steht das Haus leer und die Großtante ist tot. Weder die Mutter noch die Onkel oder Tanten wollen ans Ende der Welt ziehen. Verkaufen wollen sie aber auch nicht. Nicht das Haus und nicht die Jahre, die sich darin stauen, an den milchigen Fensterscheiben kleben, in den gräulichen Gardinen hängen.

Wir werden das leere Haus bis in jeden Winkel füllen. Am ersten Abend gehen wir durch die staubigen Zimmer, die knarrenden Stufen hinauf bis auf den Dachboden. Dort oben stehen wir zwischen Schränken, unter denen sich Mäuse verstecken, und gerahmten Fotos von Menschen, die wir nicht gekannt haben. Die Erinnerung steht uns noch bevor und der Tag, an dem wir zurückschauen und sagen: Weißt du noch der See und weißt du noch das große Feuer und weißt du, wie irgendwer irgendwen an die Hand genommen und geküsst hat, vielleicht im Dunkeln hinter den Bäumen, hinter den Sträuchern, und weißt du noch, der Mond und weißt du noch, wem so schlecht war und wer sich übergeben musste, direkt neben der Veranda?

Wir werden betrunken gewesen sein und wütend und verliebt und enttäuscht und alleine und müde. Aber noch ist all das nicht gewesen. Und noch fahren wir im Bus, sitzen Schulter an Schulter, gut verpackt, wie rohe Eier im freundlich gelben Karton. Erste Risse lächeln wir weg und schweigen uns aus über zu dünne Schalen.

Lucia dreht die Musik auf und blinzelt.

Du fährst zu schnell, schreit Lars.

Ich fahr genau richtig, schreit sie zurück.

Sie wechselt einen Blick mit dem Bruder. Wenn es laut wird, denken sie an die Eltern. Zuhause ist: fliegende Teller und Gebrüll. Lars schiebt sich zwischen sie, gespenstisch, ausgebleicht, verwaschen. Jetzt zum hundertsten Mal, kannst du die Musik leiser stellen?, fragt er.

Lucia kann schon, will aber nicht. Leise Musik ist schlechte Musik, dann lieber gar keine Musik. Sie schaut geradeaus und auf die Straße und bestaunt die vielen Menschen, die in Metall und Glas gefasst an ihnen vorbeirasen, Paralleluniversen auf Rädern, da gleich neben ihnen.

Inzwischen ist Lucia sicher, eine Ausfahrt verpasst zu haben. Jetzt ist es besonders wichtig, sich nichts anmerken zu lassen. Schaut mal einer bitte in die Karte, sagt sie beiläufig, nimmt die Hände vom Lenkrad und fährt freihändig. Wenn nötig, könnte sie den VW-Bus mit geschlossenen Augen durch Kugelhagel lenken, sie alle für ein paar Sekunden durch die Luft fliegen lassen und ihn mit lautem Krachen auf der anderen Seite einer zerstörten Brücke absetzen. Sie könnte so einiges, nur gab es bisher nicht viel zu tun, außer: morgens aufzustehen, im Dunkeln zur Haltestelle zu laufen, auf den Bus zu warten, einzusteigen, andere Schüler mit zusammengeknüllten Tempos zu bewerfen und Jungs zuzuzwinkern, und Mädchen manchmal auch, und so zu tun, als wüsste man von nichts oder hätte bloß was im Auge gehabt. Aber das ist jetzt vorbei, damit hat sich's. Und Lucia wartet auf das Stichwort, den Startschuss, hat die Koffer gepackt, die Abschiedsbriefe geschrieben, die Tür hinter sich zugemacht. Nachts wacht sie auf, geht zum Fenster und sieht keinen Mond wegen der Wolken und fragt sich, was, ja was, wenn es keinen Startschuss gibt, und auch kein Stichwort?

Eine halbe Stunde später halten sie an einer Raststätte. Lucia gibt Fabian die Autoschlüssel. Von hier an darfst *du* uns durchs Asphaltmeer schiffen, Kapitän, sagt sie und verbeugt sich in

Lars' Richtung, damit der weiß, dass der Witz auf seine Kosten ging. Worin genau er besteht, ist noch nicht klar, aber sie haben den ganzen Sommer, um es herauszufinden.

Fabian und Lars laufen zur Raststätte vor, Natascha schläft noch. Lucia wartet, steht in der Sonne, streckt sich, beugt sich vor, versucht, die Spitzen ihrer Turnschuhe zu berühren. Sie gähnt laut. Natascha bewegt sich zwar, öffnet die Augen aber erst, als Lucia gegen die Scheibe klopft.

Toilette?, fragt Lucia.

Natascha nickt, schält sich aus Anorak, Pullover, Decke. Immer friert sie. Es ist ihr zu kalt, obwohl in diesen Wochen schon früh am Morgen Hitze aufzieht, als Versprechen oder Drohung, da sind sie sich uneins. Lucia spricht von See und Eis, Lars von Hitzeschlag und Kreislaufkollaps.

Sie laufen los, über den Parkplatz auf die Raststätte zu. Um sie herum wird geredet und gelacht, Kinder werfen eine Frisbeescheibe, die dicht an Natascha vorbeifliegt. Sie zuckt nicht, duckt sich nicht, hat die Scheibe gar nicht bemerkt.

Ich glaube, ich ess einen Burger, sagt Lucia.

Natascha drückt die Lippen zusammen, verschränkt die Arme.

Hast du Durst?, fragt Lucia.

Natascha zuckt die Achseln. Sie hat keinen Durst, hat keinen Hunger, sicher nicht auf Burger, findet es nicht zu warm und eigentlich auch nicht zu kalt. Lucia redet weiter über Burger, Chicken oder Beef, oder vielleicht doch mal einen Fischburger, aber sie weiß nicht, Fisch und Burger, das passt doch gar nicht, und während sie redet, schlägt ihr Hirn Kapriolen, sie bekommt schon Kopfschmerzen, so sehr strengt sie sich an, die richtige Frage zu finden, die, um die es geht. Nicht: Was hältst du denn von Fischburgern? Nicht: Siehst du den kleinen

Hund da drüben? Sondern: Wie lebt es sich so allein? Was machst du mit dem Haus? Was machst du mit dem Auto? Wo gehst du jetzt hin? Und wird dir kalt, wird dir schlecht, wenn du daran denkst, dass du nicht mehr zurückkannst? Aber bevor sie Zeit hat, eine Frage zu stellen, zu Fischburgern oder der Einsamkeit, kleinen Hunden oder dem Tod, sind sie schon da, stehen vor der gläsernen Schiebetür, durch die man den klimatisierten Innenbereich betritt. Natascha läuft weiter, aber Lucia hält sie zurück, greift nach ihrem Arm und zieht. Natascha soll stehen bleiben und mit ihr die Zeit. Lucia will sich die Minute einpacken lassen, will ihn mit nach Hause nehmen, den Moment in der Sonne vor der Raststätte: das Pärchen, das sich auf Norwegisch oder Schwedisch unterhält, den Hund, der an einen Baum pinkelt, die Familie auf den Bänken sitzend, den Mann, mit dem Baby auf dem Arm, und die drei Jungs, die laut Musik hören in ihrem Auto, ohne dass sich wer beschwert. Sie alle sehen verschlafen, verwundert aus, bewegen sich in Zeitlupe und blinzeln ins grelle Licht.

Natascha, du willst doch mitkommen?, fragt Lucia.

Klar, sagt Natascha.

Das *Klar* reicht Lucia nicht. Sie braucht mehr, eine weitere Versicherung, aber gerade als sie nachfragen will, öffnet sich die gläserne Tür, gleiten die Scheiben geräuschlos auseinander. Lars und Fabian treten ins Licht, blinzeln, kramen nach Zigaretten, lachen. Lucia nickt Natascha zu und die minutenlange Minute gleitet ihr aus den Händen.

II

Lars schaut aus dem Seitenfenster. Statistisch nicht unwahrscheinlich, dass der Bus von der Straße abkommen und sich mehrmals überschlagen wird. Bedeckt von einem glitzernden Teppich aus Glassplittern lägen sie dann zwischen Autotrümmern und verkohlter oder unbeeindruckt grüner Wiese. Das Glas würde in den Augen und unter der Haut stecken, aber ihnen könnte das gleich sein, sie alle wären tot. Oder schlimmer noch, zwei würden überleben, er und – Lucia wahrscheinlich. In den kommenden Jahren würden sie sich in grauen Cafés schweigend gegenübersitzen und sich an Fabian erinnern. Sie würden sich fragen: Weißt du noch, der Sommer, als wir Ferien im Haus am Meer machen wollten? Der Sommer, der schon mit einer Beerdigung anfing?

Mir ist schlecht, sagt Lars.

Nimm eine Tüte, wir halten bestimmt nicht schon wieder, sagt Lucia. Wie immer hat sie das Kommando, nicht weil sie vernünftiger ist oder besser Bescheid weiß, sondern weil sie stampft und brüllt und mit Plastikflaschen wirft.

In ein paar Jahren wird niemand wissen, dass sich einmal kein Blatt, kein Wind, kein fremder Atem zwischen uns schieben konnte. Irgendwann werden auch wir es vergessen haben. Wo wir verflochten, verschachtelt, vernetzt waren, wird man uns nicht einmal mehr in mikroskopisch kleinen Spuren nachweisen können.

Jetzt aber:

Sind wir in der vierten, vielleicht fünften Klasse. Das ist schwer zu sagen, wir rasen durch die Zeit, und während wir flitzen wie Blitze, erzählt Lars uns vom Eisluftballon. Wir lachen, wir sagen: Noch nie gehört! Aber Lars ist sicher. In der Woche zuvor hat der

*Vater in den sonntagsblauen Himmel gezeigt und gerufen: Da,
schau mal, ein Eisluftballon!*

*Lucia lacht am lautesten: Ein Eisluftballon, ich lach mich ka-
putt, sagt sie und dann lacht sie sich tatsächlich kaputt. Ihr Lachen klingt scheppernd und rostig.*

*Noch heute wacht Lars auf, mitten in der Nacht, und erinnert
sich, und beim Gedanken an den Eisluftballon wird ihm nicht kalt,
im Gegenteil, ihm wird furchtbar, furchtbar heiß.*

Während Lars sich an den Eisluftballon erinnert und alles,
was davor war und alles, was danach kam und wie nie etwas
so schön sein konnte wie die Fahrt im Eisluftballon, wird es
dunkel, wird es Nacht.

Noch immer fürchtet er sich vor Dunkelheit und Kälte und
manchmal auch vor dem Mond, wenn er schwer und rund im
teerigen Schwarz hängt. Tagsüber tragen die Menschen ihre
Gedanken fest im Kopf verankert, aber abends verlassen sie
ihre Schädel, wabern durch den Raum, wandeln und verfor-
men sich, werden zum Traum, zum Albtraum, zur mäandern-
den Nachtgeschichte. Neblige Bilder treiben durch die wäss-
rige Welt zwischen den Tagen und zerfließen und vermischen
sich. So wie jetzt, hier, in genau diesem Moment: Der Bus löst
sich auf, seine Kanten, seine Ecken werden weich, das Licht
schummrig.

III

Fabian kann sich nicht erinnern. An das Haus nicht, an den
See nicht. An die Großtante auch nicht.

Das gibt's nicht, sagt Lucia. Vom Gehirn her unmöglich.

Man kann sich an Sachen erinnern, die passiert sind, als man fünf war.

Ich kann mich nicht erinnern, sagt Fabian.

Sie stehen vor dem Haus, nur Natascha sitzt noch im Auto. Niemand will sie wecken, rütteln und schütteln und sagen: So, wir sind jetzt da. Aufwachen!

Wer hat überhaupt den Schlüssel?, fragt Lucia. Schnell zieht Fabian ihr den Hausschlüssel aus der Hosentasche. Bloß ein Witz, sagt er zu Lars und schließt auf. Er tritt leicht gegen die Tür. Sie öffnet sich, ohne zu knarren oder zu quietschen, und er lehnt sich in den Flur. Dabei lässt er den Türrahmen nicht los, hält sich fest wie ein unentschlossener Höhlenforscher. Er drückt auf den Lichtschalter, nichts passiert. Was machen wir mit Natascha?, fragt er und schaut zum Bus.

Natascha schläft noch immer, den Kopf gegen die Scheibe gelehnt, die Augen geschlossen. Ihre Lider, das fällt Fabian erst jetzt auf, stehen einen Spaltbreit offen. In seinen Fingern kribbelt es, er will zum Bus rennen, die Tür aufreißen und ihr die Augen ordentlich verschließen.

Lucia und Lars antworten nicht, und Fabian dreht sich um, betritt das Haus. Soll sie nachkommen, wenn sie aufwacht, sagt er und denkt: Vielleicht wacht sie aber nicht auf. Wie in einem Märchen, schläft sie sich durch die heißen Monate und die nächsten hundert Jahre. Dann werden wir wiederkommen und sie durch die Nacht tragen müssen.

Jeder, der erst jetzt in Nataschas Leben tritt, wird sie ohne Eltern kennen. Ihr Vater, ihre Mutter werden zu kleinen, zweidimensionalen Fotoköpfen. Aber wir können uns erinnern an das Früher, an das Davor, die laute Stimme des Vaters, den Eistee der Mutter und wie sie gern und viel verboten haben, schlimm war das damals, jetzt ist es nicht mehr wichtig. Denn jetzt rast Natascha durch den Raum, ohne Endpunkt, ohne Ursprung, eine freischwebende Linie. Sie hängt in der Luft wie die Astronauten, die Fabian sich gern im Fernsehen anschaut. Hier unten auf der Erde trägt man keine schützenden, wattierten Raumanzüge und auch keine beschwerten Stiefel, die den Bodenkontakt garantieren. Wir wollen diese Ausrüstung: Magische Stiefel, die verhindern, dass wir davonschweben. Nur hin und wieder, da bräuchten wir einen Eisluftballon. Einen, der nur uns gehört, und in den wir jederzeit einsteigen und mit dem wir überall hingelangen können, an jeden Ort dürften wir reisen und dort ein Zuhause finden.

Das Haus am See ist hellblau gestrichen, die Farbe aber ist zu großen Teilen abgeblättert, darunter kommt schwammiges Grau zum Vorschein. Anders als die Eltern befürchtet haben, ist keines der Fenster eingeschlagen. Fabian durchleuchtet mit der Taschenlampe die erste und zweite Etage, findet keine Obdachlosen oder Verbrecher auf der Flucht, keine Ratten, keine Waschbären. Das Haus ist leer und aufgeräumt und ein wenig staubig, aber nicht sehr.

Lucia und Lars warten in der unteren Etage auf ihn. Sie haben die mitgebrachten Kartons, bepackt mit Decken und Wasserflaschen, wie einen Wall aus Pappkarton zwischen sich aufgebaut. Lucia verschränkt die Arme. Ich trage die Decken jedenfalls nicht allein hoch, sagt sie. Lars schaut in die andere Richtung, tritt einen Schritt zurück und lehnt sich gegen den Herd.

Fabian zuckt die Achseln, hat keine Lust, sich weiter wie einen Schiedsrichter ansehen zu lassen, und geht ins Esszimmer. Auch diesen Raum sucht er nach Erinnerungen ab. Vielleicht hängen welche hoch oben in den Zimmerecken, wie Spinnweben.

Bevor die Großtante ihre Verwandtschaft als geldgierig, betrügerisch und semikriminell entlarvte, lud sie ihre Nichten und Neffen und deren Kinder oft übers Wochenende zu sich ein. Die Erwachsenen saßen und aßen am großen Esstisch. Für die Kinder war die Theke vor der Küche gedeckt, wegen der zu erwartenden Flecken, verschütteten Getränke und unruhigen Beine.

Jetzt erinnerst du dich aber!, sagt Lucia.

Fabian nickt, meint aber, sich bloß an die Erzählungen zu erinnern. Hundertmal hat er gehört, wie sie gerade sitzen mussten und nicht laut sein durften und es zu den Mahlzeiten nichts zu trinken gab. Getränke am Tisch gehörten sich nicht, warum, wusste keiner genau.

Heute essen wir aber am Esstisch, sagt Lucia, und Fabian trommelt mit den Fingern gegen die Ablage. Ihm gefällt die Theke gut, schon in den Erzählungen hat sie ihm gut gefallen. Das glänzende Holz und die Kinder in einer langen Reihe, mit verschmierten Händen und klebrigen Mündern.

Natascha ist aufgewacht. Sie sitzt auf der Rückbank, wie jemand, der auf einen Chauffeur wartet. Jemand, der vorsichtig genug ist, sich keinen Zentimeter zu bewegen, solange nicht ein Verantwortlicher erscheint, der sie dorthin fährt, wo sie hingehört. Fabian klopft gegen das Seitenfenster, und Nataschas Finger gleiten an der Scheibe entlang, als wolle sie den Knopf herunterdrücken, die Tür verriegeln.

Ich komm gleich rein, sagt sie.

Fabian nickt. Er will nicht wieder zu den anderen ins Haus gehen, kann aber schlecht hier vor dem Auto stehen bleiben. Rutsch mal rüber, sagt er.

Natascha rutscht, Fabian öffnet die Tür, setzt sich. Durch

das Seitenfenster schauen sie auf das graugefleckte Haus, das Fabian bekannt vorkommen sollte, aber bloß schmuddelig und fremd aussieht. Vor einigen Jahren machten sich vielleicht ein paar Menschen an einem heißen Sommertag daran, dieses Haus in hellem Blau zu streichen. Möglich, dass sie sich gegenseitig mit Farbe bespritzten und von Leitern stürzten und sich lustige Namen zuriefen. Möglich, dass die Großtante auf der Veranda stand, mit einem Tablett voll gekühlter Getränke. Schließlich saßen sie nicht am Mittagstisch, und jeder durfte trinken, wenn ihm danach war.

Ich kann mich überhaupt nicht erinnern, schon mal hier gewesen zu sein, sagt Fabian.

Natascha nickt. Vielleicht kennt sie das Gefühl, hat schon oft vor Häusern gesessen, die ihr bekannt sein müssten, es aber nicht sind. Sie schweigen, schauen nach draußen, auf das Haus und dahinter den See.

Mitten in der Nacht packt es uns. Wenn sich andere in ihre Träume verstricken, wird uns angst und bange. Wir liegen in unseren Schlafsäcken wie in kleinen Zellen und sind noch nie so allein gewesen.

Er müsse schon ein bisschen mutiger sein, sich mal zusammenreißen, sagt der Vater oft zu Fabian.

Ja, antwortet Fabian. Und: Okay.

Und dann ist es doch wieder dasselbe, müssen die Eltern ihn doch wieder nachts bei Freunden abholen. Wenn die letzte Gutenachtgeschichte erzählt, der letzte gemeine Witz gesprochen, das letzte Wort geflüstert wurde, dann ist das eigene Bett nicht mehr nur Kilometer, sondern Welten entfernt. Allein in der Stille, umgeben von geschlossenen Augen und geöffneten Mündern, kann Fabian nicht glauben, dass irgendwer hier daheim ist. Die Eltern der

Freunde sind nett, kochen Spaghetti und lassen nach dem Abend-
brot ein besonders lustiges Video laufen. Und trotzdem: Wenn die
anderen Kinder eingeschlafen sind, zerläuft sich der Schrecken,
überdeckt ihn, dringt in jede Pore. Dann verliert er den Glauben an
ein Zuhause, an diesen geheimen Ort, und dass es ihn auch dann
gibt, wenn man selbst nicht da ist.

IV

Natascha ist nicht sicher. Hat sie einen Fuchs gesehen oder
nur eine Katze? Einen Marder oder einen Waschbär? Ich
gehe nachschauen, sagt sie und steht so schnell auf, dass ihr
schwindelig wird. Die Flasche in ihrer rechten Hand ist mit
einem Mal so schwer, dass sie das Gleichgewicht verliert,
stolpert und von Lucia festgehalten werden muss. Noch immer kann Natascha nichts erkennen und lässt sich wieder auf
die Schaukel fallen. Lucia lehnt sich vor, sie spähen beide in
die Dunkelheit. Dort sind die Bäume neben dem See, dort ist
das Glitzern, das teerige Glitzern des Wassers und Versprechen von Tiefe, von Ruhe und Kühle. Natascha denkt an alle,
die sich ähnlichen Gewässern überantwortet haben – erhitzt,
betrunken, schläfrig, traurig, verirrt, mit Steinen beschwert.
An manchen Tagen will auch sie zwischen Fischen schweben.

Da ist überhaupt nichts, sagt Lucia und nimmt Natascha
die Flasche voll glasklarer Hitze aus der Hand.

Bloß ein Bär, bloß ein Werwolf, sagt Fabian.

Ein Katzenvampir, sagt Lucia.

Ein Seemonster.

Das Seemonster ist schon hier, sagt Natascha und kneift
Lucia in die Seite. Außer Haut und dünnem Stoff bekommt sie

nichts zu fassen. Lucia und Fabian schaukeln vor und zurück, lassen die Füße über den Holzboden schleifen.

Natascha behält viel für sich und auch wir wissen nicht alles. Wir gehen ein paar Jahre zurück und sitzen gemeinsam vor Kaffee und Kuchen, und die Tante mit dem wissenden Blick fragt: Und du, Natascha, was möchtest du nach der Schule machen?

Natascha zuckt die Achseln und wir glauben ihr nicht. Sie weiß es genau: Sie möchte in Menschen kriechen. In die, die sie kennt, und in die, die sie nur einmal gesehen hat oder von denen ihr bloß erzählt wurde. Sie möchte in der Nachbarin mit dem glänzenden Haar verschwinden und in den Mann der Nachbarin schlüpfen, mit sicherem Schritt zur nächsten Bushaltestelle laufen, sich mit lauter Stimme beschweren und vielleicht sogar auf den Tisch hauen. Außerdem möchte sie: Die Welt in neuen Farben malen, eine sperrige Maschine elegant und fehlerfrei durch die Wolken lenken, mit glasklarer Stimme in bisher unbekannten Frequenzen verzücken, über ein Seil tanzen, einen Skandal aufdecken. Sie will alles und jeder sein. Nur ob sie Natascha sein möchte, da ist sie sich nicht sicher.

Hier, besser du trinkst noch was, sagt Lucia und reicht ihr die Flasche. Natascha nimmt einen Schluck und denkt über den Sommer nach, der noch kommt, und den Herbst danach und den Winter. Wisst ihr noch, das Haus?, fragt sie.

Lucia lacht leise und Fabian nickt, aber Natascha glaubt nicht, dass sie sich erinnern, an das Haus, an die Abmachung. In den Schulstunden, die sie schwänzten oder die tatsächlich ausfielen, gingen sie in den Park. Sie lagen auf Wiesen und Bänken und vereinbarten und stellten sich vor, wie sie zusammenziehen würden, für immer zu dritt, in einem Haus wie diesem hier. Jetzt spricht Fabian von Berlin und Lucia von einer WG. Lustig wäre das, sagt sie, aber Natascha will nicht lustig und auch keine WG, sondern beide und ein Haus, so wie besprochen, wie versprochen.

Eine ganz Stille, Ruhige, sagt die Nachbarin über Natascha, und auch die Lehrer meinen, sie sei aus Luft und Schweigen gemacht. Aber wir wissen es besser, wissen, dass sie glaubt, wie der Zahn zu sein. Der Zahn, ein Backenzahn links oben, sieht von außen aus wie all ihre Zähne: Weiß, glatt, vollkommen und geschlossen. Eine Perle im Muschelmund. Aber die Röntgenbilder verraten, was die Schmerzen haben ahnen lassen: tiefe, schwarze Löcher.

Von beiden Seiten!, sagt der Zahnarzt und versichert später: Ein Wunder, dass wir den noch retten konnten.

Wir haben oft genug beobachtet: Wenn Natascha ein schlimmer Gedanke kommt, drückt sie die Zungenspitze kurz gegen den Zahn und lächelt dann besonders breit.

Natascha verschläft das Frühstück. Als sie nach unten kommt, wartet Lucia schon in der Küche. Fluchtschlaf, sagt sie und nickt Natascha zu, als teilten sie ein Geheimnis, aber Natascha ist nicht sicher, ob sie versteht. Heute Morgen ist sie sehr wach, die Sonne hell, die Wolken verschwunden, und Natascha fühlt sich eckig und unangebracht im fremden Haus. In den Plastiktüten im Flur sucht sie nach Müsli, findet aber keins. Haben wir vergessen, sagt Lars. Außer Nudeln und Bier ist sowieso nichts da. Nicht mal Aspirin. Fabian und ich fahren gleich zum Supermarkt im nächsten Ort. Der hat ein größeres Sortiment.

Nur wenn er mit ihr spricht, klingt er fachmännisch und sicher, als wüsste er alles über diesen Ort und den nächsten auch und Supermärkte und Sortimente sowieso. Statt zu antworten, dreht sie den Kopf, schaut schweigend durch das Fenster auf den See. Seit gestern, seit sie den See das erste Mal gesehen hat, juckt es sie in den Beinen, sie will hineinlaufen, will, dass sich ihre Kleider vollsaugen, schwer werden und sie nach unten ziehen, zwischen die Algen, die sich um Beine und Arme wickeln, mitten in Fischschwärme, die an ihren Füßen und Händen vorbeigleiten. Bis auf den Grund des Sees, den Grund der Ruhe, will sie laufen und dort liegen, schwer und kühl wie ein versunkener Schatz, ein gekentertes Schiff.

Lars schiebt sich an ihr vorbei, stößt sie an, ohne es zu merken. Er beugt sich über die Theke, greift nach einem Packen *Post-its*, den er von zu Hause mitgebracht haben muss. Lars denkt immer an alles, weiß Natascha, und ein wenig ist sie neidisch und ein wenig will sie es Lucia gleichtun und sich lustig machen, den auslachen, der an Pflaster gedacht hat und sich die Umgebung per Internet in kleinen bunten Karten hat ausdrucken lassen. Niemand muss verloren gehen, denn Lars kennt hier alle Straßen. Mit kleiner, ordentlicher Kinderschrift schreibt er auf den gelben Zettel: Tomaten, Orangensaft, Butter, Tütensuppe. (Wodka, Wodka, Wodka!, wird Lucia in großen Schlenkern daruntermalen.) Während er schreibt, taucht seine Zungenspitze im rechten Mundwinkel auf. Er macht schmale Augen, konzentriert sich. Hier geht es um mehr als bloß Tütensuppe und Tomaten. Schon am ersten Tag hat er Besitz ergriffen: Von der Küche, der Theke, den Einkaufszetteln, dem Kühlschrank, sogar das Wohnzimmer scheint ihm zu gehören. Und dabei ist er hier so fremd wie sie.

Denk ans Müsli!, sagt Natascha und will eigentlich sagen: Ich will mit, nehmt mich mit, ihr müsst mich mitnehmen.

Tatsächlich will sie nicht wirklich mit, nicht absolut und in allen Teilen. Sie will beides: mitkommen und hierbleiben, sich zersprengen, in unzähligen Natascha-Atomen auf die Welt legen. Sie will das Autofenster herunterkurbeln, den Kopf in den Wind halten, in einem Einkaufswagen von Fabian über den Parkplatz geschoben werden. Sie will hierbleiben und mit Lucia in den See rennen. Sie will alleine auf der Veranda sitzen und den Lärm im Haus hören und wissen, dass er nichts mit ihr zu tun hat, sie hineingehen oder es sein lassen kann. Sie will ruhig wie der See hinter dem Haus sein. Sie will all das und nicht nacheinander, sondern hier, jetzt in diesem Moment, auf einmal.

An einem Dienstagmorgen begegnen sich zwei Autos auf schneller Fahrt. Sie reiben die metallenen Nasen aneinander, und vier Menschen, die vor wenigen Minuten eingestiegen sind, gelangweilt oder streitend oder guter Dinge oder übermüdet, vier Menschen, die vor wenigen Minuten eingestiegen sind, steigen nie wieder aus. Wir kennen, wir kannten nur zwei von ihnen. Ihre Namen sind und waren Carl und Irene, sie machten Eistee und sprachen laut und verboten viel und gerne, aber das ist jetzt nicht mehr wichtig.

An einem Dienstagmorgen schreiben wir die letzte der letzten Abschlussklausuren. Lucia und Fabian warten draußen vor dem Haupteingang, mit Bier und Kuchen und einem großen, bunten Plakat. In dieser Minute, es ist zehn Uhr zweiundvierzig, ruft Nataschas Mutter: Pass auf!, wechselt Natascha eine Tintenpatrone, splittert Glas, besieht Fabian sich das Plakat und entdeckt einen Rechtschreibfehler, überschlägt sich ein Auto, kommt ein anderes abrupt zum Stillstand, denkt Natascha: Jalta-Konferenz? In dieser Minute fängt das Danach an und es ist zehn Uhr dreiundvierzig.

Die neue Woche bringt einen kühlen Wind. Obwohl die Sonne scheint, frieren sie immerzu. Von der Terrasse aus schauen sie auf den See, aber keiner will baden. Bis auf Lucia. Kommt schon, schreit sie und hüpft im Badeanzug durch den Garten auf das Ufer zu. Kommt schon!, schreit sie, und keiner kommt. Natascha versteckt sich hinter Sonnenbrille und Zeitschrift. Was ist das mit Lucia, dass sie alles zum Abenteuer machen will, wenn es doch nur das ist: Vier Leute auf einer Terrasse, die frieren und nicht wissen, was sie hier sollen und nichts Besonderes fühlen, gar nichts fühlen vielleicht, und hoffen, dass endlich jemand kommt, ein Erwachsener, der Bescheid weiß, der eine genaue Anleitung gelesen hat und darum erklären kann, wie und warum man sich in diesem Moment so und genau so zu verhalten hat. Es kommt aber niemand, denn die Erwachsenen sind sie, und vielleicht hat ihnen sogar jemand eine Anleitung gegeben, aber wenn, dann ist sie in einer fremden Sprache geschrieben oder mit unsichtbarer Tinte.

Und in den ersten Wochen, da hatten wir gedacht und den geheimen Beschluss gefasst, man müsse den Tod gemeinsam besprechen, bereden, so lange, bis er nicht verschwiegen, sondern verschwunden sei.

Wir müssen darüber sprechen, sagte Lucia, und: Wir dürfen nicht um den heißen Brei rumreden, sagte Fabian, und dann sprachen wir uns matt und quasselten uns stumm und warfen mit Worten wie mit Lassos und fingen nichts, ja kriegten nichts zu fassen, und die Welt schien uns verdächtig leer, und irgendwann blieben wir hängen an diesem Okay und trafen einen weiteren Entschluss, man müsse aufhören mit dem Reden, müsse Schluss machen mit dem Quasseln, stattdessen etwas tun, etwas machen, Natascha an die Hand nehmen und rennen vielleicht.

IV

Sie wollen draußen auf der Terrasse essen. Fabian versucht zu grillen, und Lars versucht, ihm zu helfen, und dabei fallen sie übereinander, und Lars verbrennt sich die Hand und schneidet sich an einem Dosenöffner und fürchtet eine Blutvergiftung. Lucia geht ins Haus, um nach einem Verbandskasten zu suchen.

Hier, nimm Aspirin, sagt Fabian. Das hilft auch gegen Blutvergiftung.

Sicher?, fragt Lars.

Klar, du kannst noch Wein drübergießen, Alkohol desinfiziert ja.

Später am Abend, nachdem sie gegessen und ein T-Shirt um Lars' Hand gewickelt haben, hat Lucia eine Idee. Warum machen wir nicht ein Feuer? Unten im Garten, beim See.

Das geht nicht, sagt Lars. Und verboten ist es auch.

Doch, das geht, sagt Fabian. Wen interessiert, was wir hier machen. Muss ja kein großes sein, und wenn wir es richtig ausmachen, bevor wir wieder reingehen.

Natascha und Lucia rennen durch den Garten, durch die Dunkelheit, auf der Suche nach Ästen und Zweigen.

Entweder wir werden verhaftet oder wir verbrennen, sagt Lars und rührt sich nicht. Fabian zuckt die Achseln und verschwindet rückwärtsgehend in der Schwärze zwischen den Bäumen.

Wir brauchen eine Genehmigung, ruft Lars ihnen hinterher. Niemand antwortet. Irgendwo in der Nähe des Ufers, hinter den Bäumen, hört er Lucia lachen und Fabian flüstern und Natascha antworten. Er hält sich am Geländer fest und tastet sich seinen Weg nach unten. Wartet auf mich, ruft er. Wo seid ihr hin?

Seine Augen gewöhnen sich an das Dunkel und schon bald kann er Lucia erkennen. Und Natascha. Und Fabian.

Diese Nacht ist kälter, ist länger, als wir gedacht haben. Wir sitzen im kleinen Kreis, unsere Schultern berühren sich, wir reiben unsere Hände, strecken sie dem Feuer entgegen. Morgen?, fragen wir. Und: Wer weiß schon, was morgen ist? Wir schauen uns an, sind erst still und fragen dann, wie geht es dir, bist du okay?, und Natascha sagt nichts und schüttelt den Kopf. Sie ist nicht okay, vielleicht ist nichts okay, sondern traurig und schrecklich und schön und schlimmer, als wir befürchtet, und besser, als wir gehofft haben, und nichts ist sicher, schon gar nicht das Morgen, und wo wir sein werden, in ein paar Wochen, in ein paar Jahren, das wissen wir nicht, wissen bloß das: In dieser Nacht, in diesem Kreis sind wir genau da, wo wir sein sollen.

pigeons in venice

1

Ich interessiere mich für Tauben in Venedig. Ich setze mich ins Internetcafé Easysurf an der Rialtobrücke und gebe die Worte *pigeons in venice* in die Suchmaschine ein. Die Suchmaschine zeigt einhundertvierzehntausend Treffer an. Ich öffne die ersten dreißig und sehe viele Fotogalerien. Die Galerien sind bunt und dokumentieren den Venedig-Aufenthalt amerikanischer Kleinfamilien. Sie stehen auf dem Markusplatz und füttern die Tauben. Zu Knäueln verschlungen picken die Tauben die Körner vom Boden. Flügelschlagend sitzen sie auf Köpfen, Schultern und Armen und picken die Körner aus Armbeugen, Händen und Haaren. Die Tauben picken und die Kleinfamilien lachen. In den Gesichtern der Tauben steht Gier, aus den Gesichtern der Menschen spricht Glück.

Unter Treffer einunddreißig öffne ich eine Studienarbeit: *Pigeons in Venice – A problem to cope with.* Der Text wurde von Erin Meyers verfasst. Erin Meyers wurde Neunzehnhundertzweiundachtzig in Iowa geboren und studiert an der Accademia di Belle Arti Restauration. Erin Meyers Arbeit wurde mit der Note Eins Komma null bewertet und im venezianischen Stadtrat diskutiert. Aus Erin Meyers Arbeit erfahre ich, dass die Anzahl der in Venedig ansässigen Tauben sechsundzwanzigtausend Stück beträgt. Bei einer Nasskotproduktion von zwölf Kilogramm pro Taube im Jahr sind das dreihundert-zwölf Tonnen Taubenkot jährlich. Der Taubenkot enthält Ammoniak und Harnsäure und kann bis zu zwanzig Zentimeter tief in Bausubstanzen eindringen. Kalkhaltiges Mauerwerk ist diesen Mengen ätzenden Taubenkots nicht gewachsen. Im Stadtgebiet ist es deshalb schon zu Abrissen alter Palazzi gekommen. Der Taubenkot stellt für das Stadtgebiet eine Bedrohung dar. »Drastic measure seem to«, schreibt Erin Meyers auf Seite elf unten, dann hängt sich die Internetverbindung auf.

2

Im Innenhof der Accademia di Belle Arti erkundige ich mich nach Erin Meyers. Ein Student mit Zeichenmappe unterm Arm erzählt mir, dass Erin seit dem Frühjahr wieder in Amerika ist. Seine Stimme zittert, ich sehe mich nach anderen Informanten um. Nach zwei Malerinnen und einem Grafiker komme ich mit einer blonden Restauratorin ins Gespräch. Ich frage: »What's your opinion on pigeons in Venice considering the point that their excretory products cause irreversible damages on the facades of old and beautiful buildings, palazzi for example?« Sie lächelt und sagt: »Sorry, I must go.« Ich halte sie am Arm fest und sage: »But I'm not joking.« Zwei junge Männer lösen sich aus einer Gruppe und treten zu uns. Einer der beiden sagt: »Do you have a problem?« Ich schildere ihm meine Situation. Der andere sagt: »Take your hands away from Francesca's coat.« – »I'm not joking«, sage ich. Der erste zeigt auf die Rundbögen des Gebäudes. »Do you see pigeons?«, fragt er. »No«, sage ich. »It's because of the spikes«, sagt er.

Er erklärt mir, dass Spikes lange Nägel sind, die auf den Simsen und Balustraden befestigt werden, um die Tauben bei der Landung aufzuspießen. Ich lade ihn auf einen Espresso ein. Er heißt Carlo und beschäftigt sich mit Witterungsprozessen an Bausubstanzen. Er erklärt mir, dass Tauben nur ein oberflächliches Problem darstellen. Schlimmer sei das Wasser, das die Pfahlroste unter den Gebäuden zerfrisst und Venedig im Meer versinken lässt. »That's none of my business«, sage ich und erwähne Erin Meyers Arbeit. Er kennt sie und schüttelt den Kopf. Sie sei schlecht recherchiert, es gebe bessere Abwehrmethoden. »For instance?«, frage ich. »Electricity«, sagt er.

Schützenswerte Gebäude, erklärt er mir, stehen unter Strom. Ganze Palazzifassaden sind von dünnen Aluminiumelementen überzogen, die von einem Zentralsystem im Inneren der Gebäude gesteuert werden. Berührt etwas, beispielsweise ein Taubenfuß, das Aluminium, werden Stromimpulse ausgesendet. Der Vorteil des Systems ist die optische Unauffälligkeit, Nachteile sind Tierschutzrichtlinien, welche die Stromstärke limitieren. Die Tierschutzrichtlinien ignorieren die Hornschuppen an den Füßen der Tauben. Die Schuppen schwächen den Stromimpuls ab und unterbinden eine echte Schmerzerfahrung bei den Tieren. Es gibt Tauben, die sich an den Strom gewöhnt haben. Es gibt andere Tauben, die Nistmaterial auf das Aluminium häufen. Das Nistmaterial leitet nicht und die Tauben können schmerzfrei landen. »They are clever, the pestbirds«, sagt Carlo und schüttelt mir die Hand. »Nice meeting you«, sage ich.

3

Auf dem Markusplatz inspiziere ich die Rundbögen über den Prokuratien. Verschiedentlich entdecke ich Spikes, zwischen den Spikes Gefiederfetzen und Kot von Tauben. Von elektrischen Systemen keine Spur, auch vom ersten Stock aus nicht. Auf dem Platz sehe ich fütternde Kleinfamilien wie auf den Galerien im Internet. Vor allem aber sehe ich Tauben. Ich zähle eintausendsechshunderteinundzwanzig Stück. Sie marschieren in Gruppen, sie marschieren immer dorthin, wo sie gefüttert werden. Die Fütterung ist ein organisiertes Geschäft. An verschiedenen Stellen des Platzes füllen Männer aus Rollkästen Maiskörner in Tüten und verkaufen sie an die Touristen. Die Touristen gehen dann ein paar Schritte und füttern die Tauben. Ich kaufe mir auch eine Tüte Maiskörner, füttere aber nicht. Ich schätze das Gewicht der Tüte auf einhundert Gramm. Ich stelle fest, dass die Touristen im Minutentakt kaufen. Manche kaufen mehrere Tüten, ich sehe einen Halbwüchsigen, der sieben Tüten kauft, dann noch einmal neun. Ich begreife die Fettleibigkeit der Tiere, außerdem die produzierte Menge an Nasskot. Was ich nicht begreife: den venezianischen Stadtrat.

Ich gehe zu einem Maisverkäufer und frage: »Do you have a licence for your business?« Der Mann drückt mir eine Tüte in die Hand. Ich blättere in meinem Pocketübersetzer, deute auf die Tüte und von dort auf das italienische Wort für *Lizenz*. Dann auf das italienische Wort für *legal*. Dazu male ich ein Fragezeichen in die Luft. Der Mann sagt etwas auf Italienisch und gestikuliert. Weiche Schwünge aus dem Handgelenk, die sich über den Handrücken bis in die Fingerspitzen hinein verlängern, als würde er Mücken verscheuchen. Ich verstehe das.

Ich verdiene keine geschätzten fünfhundert Euro am Tag. Ich bin Ende zwanzig und verdiene nichts. Ich drücke dem Mann eine Münze in die Hand. Dann füttere ich.

MADELEINE PRAHS

Teneriffa

Und hier einer der Klassiker des Jazz, passend zur Jahreszeit.« Die Ampel schaltete auf Grün. »In der Version von
Billie Holiday«. Sie drehte den Lautstärkeregler des Radios
bis zum Anschlag und lehnte sich zurück. *One of these mor-
nings,* ihr Kopf wippte im Takt der Musik, *you're gonna rise up
singing.* Sie trat fester auf das Gaspedal, neben ihr hupte ein
LKW-Fahrer und gestikulierte wild. Anne lächelte, und während sie vor dem Monstrum einscherte, hielt sie den Mittel-
finger hoch.

Heute, sie setzte den Blinker und wechselte die Spur, blieb
sogar noch Zeit für eine oder sogar zwei Zigaretten zu Hause,
bevor sie Marie vom Hort abholen musste. *Then you'll spread
your wings.* Sie kurbelte das Fenster hinunter, ließ den Arm
aus dem Fenster hängen, legte den Kopf an die Nackenstütze
und schloss für einen Moment die Augen. Der Fahrtwind glitt
ihr durch die Finger, nicht zu fassen, genauso handfest wie
Glück *and you'll take the sky.*

Sie kam an der Industriebrache vorbei, die Ziegel waren
von einem schönen alten Rostbraun, die Abendsonne fiel darauf und gab den Trümmern ein letztes warmes Leuchten.
Hinter der Brache bog sie in die Seitenstraße, es dauerte nicht
lange und die ersten Wohnblöcke der Plattenbausiedlung zogen langsam an der Seitenscheibe vorüber.

»Das war die großartige Lady Day ...« Anne schaltete das

Radio aus und fuhr im Schritttempo auf den Spielplatz zu. Türkische Mütter standen in Gruppen zusammen und unterhielten sich, während sie ihre Kinderwagen immer wieder leicht vor und zurück wiegten. An den Holzbänken hatten sich Jugendliche versammelt, Billigtechno klang aus einem Gettoblaster.

Vor einem der Hochhäuser parkte sie ein, zog die Handbremse und drehte den Zündschlüssel um. Während sie das Fenster hochkurbelt, wehte vom Spielplatz ein lautes Lachen herüber. Ein kleiner Junge schoss mit einer Wasserpistole um sich. Eine junge Frau versuchte ihn zu fangen, aber er war zu schnell. Anne musste lächeln, dann lehnte sie sich im Sitz zurück und betrachtete den Platz. Ihr Blick streifte den Sandkasten – ein paar Holzpferde, eine Wippe, die Rutsche –, dahinter fing die Wiese an. Sie hatte die Größe eines Fußballfelds, aber es wuchs darauf schon lange kein Gras mehr. Eine harte Lehmschicht, hier und da gab es noch Inseln von Grün, aber das Feld wirkte dennoch immer wie nackt. Dahinter und daneben reihten sich die weißen Klötze. Hundert Fenster, übereinander, nebeneinander, Satellitenschüsseln, Wäscheständer, Geranien.

Manchmal, wenn sie erschöpft war, von der Altenpflege, dem Putzjob und der Leere in ihrem Bauch, schickte sie Marie hierher. Für zwei, drei Stunden. Dann wartete sie, bis das Kind auf der Parkbank saß, die sie vom Fenster des Schlafzimmers aus sehen konnte, und schloss die Wohnungstür ab. Sie mixte sich eine Piña Colada, so wie es Martin ihr einmal gezeigt hatte, und legte eine Schallplatte auf, immer die gleiche, Manfred Krugs »Greens«. Sie tanzte durch die Wohnung, bis sie nicht mehr konnte, bis sie auf dem Bett lag, atemlos, mit geschlossenen Augen, und dann ließ sie es zu, nur für einen

Moment: Sie stellte sich vor, es gäbe das Kind nicht. Sie spürte die Wärme des Alkohols, in der Wohnung war es still, nur das Rauschen der Nadel in der Auslaufrille. Sie wartete auf das Klingeln an der Tür. Es würde nicht mehr lange dauern. Martin würde sie abholen und in die Disko mitnehmen. So wie früher. Er würde ein bisschen schimpfen, weil sie noch nicht fertig war, weil sie sich noch schminken musste, und sie wusste, er meinte es nicht ernst, aber sie spielte das Spiel mit, so lange, bis sie beide lachten.

Im Innern des Autos war es still, nur die Lüftung des Motors rauschte leicht, über den Dächern und den silbrig glänzenden Antennen verblasste ein Kondensstreifen am Himmel.

»Gönnen Sie sich und Ihrer Kleinen doch mal was«, hatte die Frau im Reisebüro gesagt, »Teneriffa. Zwei Wochen. All inclusive. Kinderbetreuung ist auch dabei. Ein Doppelzimmer mit Blick aufs Meer. Die Anlage hat einen Swimmingpool und es gibt ein tolles Sport- und Animationsprogramm.«

Zwei Jungen rannten laut rufend an der Tischtennisplatte aus Beton vorbei, Jugendliche hatten begonnen, auf dem kaputten Rasen Fußball zu spielen. Anne kreuzte die Arme über dem Lenkrad, legte ihren Kopf darauf und sah durch die Frontscheibe.

Ein halbes Jahr lang hatte sie zwischen ihren Pflegejobs bei den Alten noch extra geputzt, Einfamilienhäuser in Grunewald, schwarz, weil sich eine zweite Lohnsteuerkarte nicht rechnete. Aber dann hatten sie endlich dort gesessen, Marie und sie, auf den gepolsterten Ledersesseln, zwischen den Hochglanzfotos von fernen Inseln, der Espressomaschine und den Schokobonbons »für unsere kleinen Kunden«.

»Diese Reise wird gern von jungen Familien gebucht, es gibt genügend Kinderplanschbecken und Spielplätze.«

Auf dem Gesicht der Verkäuferin hatte ein warmes Lächeln gelegen. Anne hatte sich nach links gedreht.

»Das wär doch was für uns, oder?«

Maries Mund war von den Schokobonbons hässlich verschmiert und der Hosenstall ihrer Jeans stand offen. Irgendwo klingelte ein Handy.

»Na?«, Anne hatte sie in die Seite gestoßen, als müsse man sie wecken.

Aber die Kleine lächelte nur schief und zerdrückte schüchtern das Stanniolpapier in ihrer Hand. Ein kleines Stück Schokolade, das an ihren Fingern kleben geblieben war, zog sich jetzt als braune Schliere über die Jeans. Annes Blick fiel auf die Bündchen des rosa Pullovers, die in Maries Haut schnitten, zu eng, dachte sie, dabei hatten sie ihn erst vor ein paar Wochen gekauft. Sie nahm ein Taschentuch, spuckte hinein und wischte dem Kind über den Mund. Die Kleine wurde rot und dann senkte sie den Kopf. Ihre kurz geschorenen, blonden Haare sahen aus wie ein ungepflegtes Fell.

Langsam ließ Anne die Hand sinken. Sie hatte schon vor langer Zeit aufgegeben zu hoffen, das Kind würde sich vielleicht nach der Pubertät in einen schönen Schwan verwandeln. Nein, das war Selbstbeschiss, die Kleine würde zu den Mädchen gehören, die mit Flecken von Menstruationsblut an der Jeans rumliefen, weil sie es nicht merkten, zu denen, auf die andere Mädchen mit dem Finger zeigten und die dann für die gesamte Schulzeit für Jungen gestorben sein würden.

»Am Meer wird's dir bestimmt gefallen«, hatte die Verkäuferin in die Stille gesagt. Da erst hatte Marie genickt, aber Anne konnte sehen, dass sie überhaupt nichts verstanden hatte. Und vielleicht war sie deshalb noch wütender geworden, weil es schöner gewesen wäre, wenn eine Freundin neben ihr gesessen hätte, eine, die gewusst hätte, wie wichtig das hier alles war. Zwei Wochen. Mal raus. Weg von allem. Sonne. Urlaub.

»Sie können sich das Ganze ja noch mal in Ruhe überlegen ...« Die Verkäuferin hatte tief eingeatmet und den Reiseprospekt zugeklappt.

»Nein«, hatte Anne gesagt, und es klang beinahe wie ein Befehl. »Wir ... wir buchen nächste Woche.«

Eine Böe fuhr durch die drei Kastanien am hinteren Spielplatzrand, die türkischen Mütter riefen jetzt etwas, und die Kinder rannten zu ihnen, lachend und schreiend. Ihre Klamotten waren voller Dreck, und sie zogen die Freiheit hinter sich her wie einen Drachen, leichtfüßig und windwild.

Anne blickte ihnen nach und richtete sich im Sitz auf. Sie würde sich in Zukunft mehr Zeit nehmen für das Kind. Mit ihr reden. Sie würde ihr sagen, dass man nicht vergessen darf, das war das Wichtigste, man durfte nicht vergessen, zwischen all den Kriegsschauplätzen des Lebens, das Schöne nicht vergessen. Und später, wenn Marie alt genug wäre, würde sie ihr zeigen, wie man damit umgeht, wenn man seine Tage bekommt. Sie würde ihr Schminktipps geben und zum Geburtstag vielleicht einen teuren Nagellack schenken. Anne stieg aus dem Auto, schmiss die Wagentür hinter sich zu und lief an den Mülltonnen und Briefkästen vorbei. 150 Euro. Mehr fehlte nicht. Es wäre ihr erster gemeinsamer Urlaub.

Auf der Treppe nahm sie zwei Stufen auf einmal, die Zeit war jetzt knapp, aber heute war ihr das egal. *Summertime* ... sie ließ den Schlüssel auf den kleinen Küchentisch fallen, *and the livin' is easy* ..., fischte eine Zigarette aus der Packung, steckte sie zwischen die Lippen, die Version von Billie Holiday, das war die schönste, öffnete den Kühlschrank, holte die Milch heraus und stellte sie auf die Ablage der Spüle. »Schöner noch als die von Ella Fitzgerald«, hatte Martin damals gesagt – lange bevor er Elke getroffen hatte, die Kosmetikerin –, und das war die einzige seiner Wahrheiten, die wahr gewesen war und es auch blieb. Anne zündete sich die Zigarette an, während sie sich streckte, hoch zu dem Küchenregal, auf dem die gelbe Kaffeedose stand. Sie stellte sie auf die Ablage der Waschmaschine, nahm die Zigarette aus dem Mund, *fish are jumpin'* ..., lachte und öffnete das Küchenfenster, *and the cotton is high.*

Die Zigarette war beinahe bis auf den Filter heruntergebrannt, als Anne sie in den Aschenbecher drückte. Er stand auf der Waschmaschine und hatte die Form einer liegenden Meerjungfrau. Ihre Haare hatten goldene Spitzen, der schuppige Schwanz war mit blauem Glitzerstaub verziert. Martin hatte ihr den Aschenbecher geschenkt. Es war das Hässlichste, was sie jemals bekommen hatte, und sie würde ihn ersetzen, irgendwann vielleicht, aber jetzt musste sie jedes Mal an Teneriffa und das Meer denken, wenn sie ihn sah. Sie wollte ihn gerade von der Waschmaschine nehmen, als sie das rote Blinken der Programmanzeige bemerkte. Sie wischte sich eine Strähne aus dem Gesicht, schaltete sie an und aus, zog den Stecker, steckte ihn wieder ein, aber es tat sich nichts. Das rote Blinken blieb. Anne sah auf die Uhr. Jetzt müsste sie losfahren, damit es keinen Ärger im Hort gab, weil sie das Kind mal wieder zu spät abholte.

Oehmke fiel ihr ein, der Hausmeister, er würde das beheben können. Er hatte mal als Installateur gearbeitet. Anne sah auf die Uhr, den Versuch war es wert.

Über den Dächern lagen die letzten Sonnenstrahlen des Tages, als Oehmke den Werkzeugkasten von der Waschmaschine nahm und sich an Anne vorbeischob.

»Kaufen Sie sich gleich 'ne neue, die gibt's schon ab 600 Euro, reparieren wär zu teuer.«

»Aber ... was ist denn das Problem?« Sie rannte Oehmke hinterher, er blieb auf dem Treppenabsatz stehen und drehte sich um. Dann sah er Anne an, wie alte Männer das tun, wenn sie das Gefühl haben, vor Frauen zu stehen, die jung sind und keine Ahnung haben.

»Überladung, tippe ich, das hat die Lager ausgeschlagen. Kommt davon, wenn man zu viel reinpresst in so 'ne Maschine. Hat ja auch 'ne Seele, glaubt bloß immer keiner. Und irgendwann is dann eben Schluss.« Es klang, als ginge es um ihn persönlich.

Anne sah über die Glatze des Alten, vorbei an der Wand des Zwischengeschosses, von der sich die Tapete löste, aus dem Fenster auf die Spitze der großen Ulme, deren Blätter wie grüne Glasscherben auf dem Asphalt klirrten, wenn sie jemand zusammenfegte, und dann nickte sie, langsam und mechanisch.

»Ja, verstehe, Überladung.«

Zwei Vögel flogen aus der Baumkrone auf, groß und schwarz, ihr Gefieder blitzte vor dem grauen Himmel, Oehmkes Schritte verhallten, eine Tür schlug zu, Raben waren das vielleicht oder Krähen.

Im Auto, auf der Fahrt vom Hort nach Hause, schwieg Anne, versuchte, auf den Verkehr zu achten. Einmal hupte es hinter ihr, aber sie reagierte nicht. Das Licht der Scheinwerfer streifte Verkehrsschilder, über ihr zerschnitten die schwarzen

Oberleitungen der Straßenbahnen den Himmel in Rauten und Quadrate. Marie saß neben ihr und war still, vielleicht ahnte sie was, aber das war Anne egal. Sie hatte es ihr immer wieder eingebläut: Nur bei sechzig Grad waschen, das reicht, alles andere kostet zu viel Strom, und ja nicht zu schwer beladen. Sie hatte ihr beigebracht, die Wäsche anständig zu sortieren, Buntwäsche, Kochwäsche, pflegeleicht, Wolle, das richtige Waschmittel zu kaufen, wenn das alte aufgebraucht war. Bis auf ein paar wenige besondere Kleidungsstücke hatte sie Marie alles waschen lassen.

Sie ging die Treppen zu ihrer Wohnung hoch, so schnell, dass das Kind kaum hinterherkam, und wartete auch nicht, bis sich Marie im Flur die Schuhe ausgezogen hatte. Sie riss ihr den Arm nach oben, schnell und grob. Marie gab einen Laut von sich, stolperte, und wäre das Mädchen zierlicher gewesen, vielleicht hätte es sich dabei die Schulter ausgerenkt, aber das hier war Marie. Anne schleifte sie ein Stück mit, zog sie hoch und schubste sie in die Küche vor die Waschmaschine.

»Wie oft habe ich dir gesagt, du sollst sie nicht zu voll stopfen! Hm? Wie oft?«

Marie sah sie mit weit aufgerissen Augen an, ihr Blick war eine große Frage, war Unglauben und, ja, Angst. Wieder griff Anne nach ihrem Arm, das Mädchen wollte sich aus der Umklammerung winden, aber Anne drückte fester zu.

»Na, ich hör nichts? Was hast du dir dabei gedacht, hm?«

Marie sah auf die Waschmaschine, sah ihre Mutter an, die Augen in ihrem dicken, kleinen, rosa Gesicht wurden hell und klar, als wüsste sie, was jetzt kommen würde. Noch einmal versuchte sie, sich mit halber Kraft aus der Umklammerung zu winden, und als das nichts half, wurde sie ruhig, als ginge es jetzt nur noch darum zu warten, abzuwarten. Sie senkte den

Kopf, und vielleicht war es diese erwachsene Haltung, dieses »sich Abfinden mit den Umständen«, was Anne so schwindlig machte vor Ärger und Wut.

Ihre schnellen Handbewegungen zerschnitten die Luft, es knallte kurz, zweimal, dreimal ... Der kleine Kopf, dachte Anne, als sie mit ihrer ganzen Kraft zuschlug, der kleine Kopf.

Irgendwann war es vorbei. Anne richtete sich auf und sah aus dem Fenster, während Maries Handgelenk aus ihren Fingern glitt, flüchtig, wie ein Gegenstand, für den man nicht mehr genügend Kraft hatte zum Halten.

In den Fenstern gegenüber waren vereinzelte Lichter zu sehen, von der Straße drang das Rattern eines Motorrads herauf. In einem der Fenster im untersten Stock stand ein Mann vor dem Herd, er schwenkte eine Pfanne hin und her. Das Kind bewegte sich nicht, es starrte an der Hüfte seiner Mutter vorbei durch die offene Küchentür ins Wohnzimmer, als gäbe es dort etwas Unbegreifliches, was es immer noch rätseln ließ. Anne hatte ihre Arme vor der Brust verschränkt und blickte über den Kopf des Kindes in das Leben gegenüber. Die Bewegungen des Mannes waren ruhig, gelassen, und es sah aus, als erzähle er etwas. Eine Frau trat hinzu, sie stellte eine Flasche Rotwein neben die Herdplatte, lachte, ihre Hand streifte den Rücken des Mannes. Das Licht in der Küche war gedimmt. Jazz, dachte Anne, die hören wahrscheinlich Jazz. Und sie wusste es, ohne hinzusehen. Dass das Kind jetzt weinte. Stumm und ohne Hast. »Sieh mal«, sagte Anne, ohne ihren Blick von dem gegenüberliegenden Fenster zu nehmen, »da hören welche Jazz.« Marie antwortete nicht, sie hob nur ihren Arm, ganz langsam, wischte sich mit dem Ärmel des Pullovers erst über das eine, dann über das andere Auge. Schöner als in der Version von Ella Fitzgerald, dachte Anne, und sie spürte die Ruhe, ja, obwohl der Körper des Kindes sie nicht streifte, als es an ihr vorbeiging, spürte sie die Ruhe, die in der Vorwärtsbewegung von ihm ausging, als wüsste es, dass jetzt alles vorbei war. Anne zündete sich eine Zigarette an, nahm den Reiseprospekt, der neben dem Toaster lag, und ließ ihn in den Mülleimer gleiten.

MATTHIAS SENKEL
Aufzeichnungen aus der Kuranstalt

1

Sint Willibrordus, 4. August 2008

Sehr geehrter Herr Cederic Darwin Jr.,

ich freue mich, Ihnen mitteilen zu können, daß unser Sachver-
ständigenausschuß Ihrem Eilantrag stattgegeben hat.

Die *Vanhaesebrouckse Kuurinrichting* steht Ihnen ab dem
11. August 2008 offen. Von einer Befristung der Rehabilita-
tionsmaßnahme haben wir vorerst abgesehen. Behandlung,
Verköstigung und Unterbringung erfolgen gemäß unserer
Satzung unentgeltlich. Darüber hinaus können wir im Be-
darfsfall Ihre Reisekosten zum Kurort übernehmen.

Weitere Informationen finden Sie im beiliegenden (vorläu-
figen) Kurplan.

Alsbaldige Wiederherstellung Ihrer Schaffenskraft wünscht

Dr. Agnes Op Den Berg
Anstaltsleiterin

Warum der Dampfkessel in der *Vanhaesebrouckse Weverij* geborsten war, mußte nicht untersucht werden. Es bedurfte lediglich des Schlagwortes ›Wartungsmängel‹, um Schlossermeister Geert Duyster als Schuldigen zu brandmarken. Daß Duyster von Metallsplittern und Nieten zerfetzt worden war, wurde fast allerorten als gerechte Strafe gewertet.

Der Fabrikdirektor und dessen ältester Sohn wurden ebenfalls tot aus den Trümmern geborgen. Direktor Vanhaesebroucks zweiter Sohn, Willem, der sich während der verhängnisvollen Betriebsbegehung abgesondert hatte, um im Ballenlager ein Paar Strumpfbänder zu inspizieren, wurde durch die Explosion zur Vollwaise. Obwohl Willem bislang deutlicher zur Feiertagsdichtung als zur Finanzbuchhaltung zu neigen schien, war es nun an ihm, die Leitung der Weberei zu übernehmen. Sein Widerstreben stellte er einen Monat lang unverhohlen zur Schau, dann zeigte er sich vom Ehrgeiz infiziert.

Darüber hinaus übernahm Willem auch die Verlobte seines verstorbenen Bruders. Unmittelbar nach Ablauf der einjährigen Trauerzeit konnte er sie, dank der Kunstfertigkeit eines alteingesessenen Schneiders, ohne weiteres Aufsehen zum Altar führen. Das auf diesem Weg aufgestockte Betriebskapital setzte Willem zur dringend notwendigen Umrüstung der Lochkartenwebstühle ein; die Dampfmaschinen und ihre ledernen Transmissionsriemen mußten Elektromotoren weichen.

Die Bilanzen der folgenden Jahrzehnte beglaubigten Willems unternehmerisches Gespür. Nach mehreren Firmenerweiterungen begann er, die Gewinne außerhalb seines Unternehmens zu investieren: Neben Aktienpaketen der *Bataafse Petroleum Maatschappij* und der *Philips' Gloeilampenfabrieken* erwarb er auch ein kleines Verlagshaus nebst Druckerei sowie Immobilien auf den Antillen.

Im Alter von sechsundfünfzig Jahren trat Willem die Leitung der *Vanhaesebrouckse Weverijen* an seinen Sohn Cornelis ab: Man müsse die nachfolgende Generation rechtzeitig ins kalte Wasser stoßen und dürfe nicht abwarten, bis diese endlich eigenen Ehrgeiz entwickle, erklärte er irritierten Kunden und Konkurrenten.

Von diesem Zeitpunkt an widmete sich Willem Vanhaesebrouck mit großem unternehmerischen Leichtsinn seinem Verlag: Er veröffentlichte die asthmatischen Gedichte von Jérôme de KeelquePaard sowie alle anderen Werke, die dieser ihm anempfahl. Mit Alfapapier und prachtvoll gestalteten Einbänden versuchte er, Jérôme im Streben nach mehr Sinnlichkeit zu unterstützen. Er protegierte seinen Geliebten auch dann noch, als dessen Faible für dunkle Vokale und düstere Sujets zusehends zur Manier erstarrte.

Nachdem Jérôme verstorben war, weil er in einer Schaffenskrise die Inspiration hatte herbeizwingen wollen, ordnete Willem sein eigenes Testament neu: Er verfügte, daß sein Anwesen auf Curaçao sowie die alljährlichen Erträge seines Portfolios einer noch zu gründenden Kuranstalt für Schriftsteller in Schaffensnöten zugutekommen sollten.

Der kanadische Fondsmanager Jonathan Kevlier hielt sich seit 2008 in der *Vanhaesebrouckse Kuurinrichting* versteckt. Im Kurgastregister wurde er als Cederic Darwin Jr., Romancier aus Bangor im US-Bundesstaat Maine, geführt.

Nein, mit dem Fachbuchautor Charles Darwin sei er seines Wissens nicht verwandt, hatte Kevlier der Anstaltsleiterin beim Aufnahmegespräch wahrheitsgetreu geantwortet. Für alle anderen Angaben hatte er eine paßgenaue Legende ersonnen. Eben diese Begabung im kreativen Umgang mit Worten und Zahlen hatte ihn bereits im Investmentgeschäft hoch hinaus, letzten Endes aber auch ins Fadenkreuz der Finanzmarktaufsicht gebracht.

Bei der abermaligen Schilderung seiner schriftstellerischen Nöte hatte er sich vorsichtshalber an den Wortlaut seines Kurantrags gehalten: »Sobald ich eine Idee zu einem Roman habe, befällt mich der Drang, zuallererst den Klappentext zu verfassen. Auf der Suche nach immer knapperen, zugkräftigeren Formulierungen verändert sich meine ursprüngliche Idee Stück für Stück – bis schließlich eine völlig andere Geschichte herauskommt, über die ich niemals einen Roman schreiben würde. Seit nunmehr fünf Jahren verfasse ich Klappentext um Klappentext und schaffe es darüber nicht, endlich meinen zweiten Roman zu beginnen.«

Im Katalog der Anstaltsbibliothek befand sich unter ›Darwin Jr.‹ lediglich der Vermerk, daß dessen Debüt *Fragments of the Master Plan* bislang nicht erworben werden konnte, da der Roman derzeit nicht im Buchhandel erhältlich sei.

»Die Auslieferung liegt auf Eis, weil der Verlag immer noch im Insolvenzverfahren steckt«, bot Kevlier wiederholt als Erklärung an.

Noch vor zehn Jahren hätte er unter diesen Umständen garantiert keinen Kurplatz erhalten, stichelte Andrzej, einer der vier Kurgäste auf Lebenszeit: Nach dem Zerfall des Ostblocks habe die Kuranstalt kaum dem Andrang all jener Autoren gerecht werden können, die ohne Zensurbehörde nicht mehr zu schreiben vermochten. Trotz des eilig errichteten Erweiterungsbaus sei die Warteliste immer länger geworden, weshalb neue Anträge seinerzeit eine besonders strenge Begutachtung erfahren hätten.

Andrzej Dzwoneczek-Kozłowski residierte in einem Bungalow nördlich des Haupthauses. Der Anstaltsvorstand hatte ihm einen Alterssitz angeboten, da sämtliche Sachverständigen es für unmöglich erachteten, den alten Polen jemals wieder in den Literaturbetrieb einzugliedern. Trotz ausgeklügelter Rehabilitationsmaßnahmen war er nicht davon losgekommen, seine Gedichte in einer Geheimsprache zu verfassen – schließlich könne niemand wissen, wann das nächste Mal das Kriegsrecht ausgerufen werde. Allein diese Geheimsprache, die er selbst entwickelt hatte und derer er bis dato als Einziger mächtig war, ermöglichte es Andrzej, produktiv zu bleiben: Seine Lyrikbände, die Quartal um Quartal in Kleinstauflage von der *Vanhaesebrouckse Drukkerij* hergestellt wurden, füllten in der Anstaltsbibliothek bereits mehrere Regalmeter; überdies wurden jeweils Freiexemplare an führende Linguisten und Kryptologen versandt. Gleichwohl war es bislang niemandem gelungen, das von der *Fundacja Polskiej Liryki Współczes-*

nej ausgelobte Preisgeld für die Erstübersetzung dieses mutmaßlich höchst bedeutsamen Œuvres der Dissidentenliteratur einzustreichen.

Unter den Kurgästen hielt sich das Gerücht, der polnische Zausel habe sich 1981 eigenhändig alle Zähne herausgerissen – aus Furcht, Agenten des Sicherheitsdienstes könnten Abhörwanzen in seinen Plomben versteckt haben. Als Kevlier ihn bei einem Strandspaziergang darauf ansprach, entgegnete Andrzej, nein, diese Hurensöhne hätten ihm keine Wanzen, sondern lose Silberkügelchen unter der Amalgamabdeckung eingesetzt.

»Damit ich bei jedem Schritt an sie denken muß«, sagte Andrzej und stieß einen wohltemperierten Seufzer aus, ehe er grinsend seinen Zahnersatz zur Schau stellte: »Klingeling?«

4

»Diese Vorstellung ist weit verbreitet, aber nichtsdestotrotz völlig falsch«, erwiderte Dr. Op Den Berg mit festem Blick auf ihre Webcam. »Derzeit sind lediglich zwei unserer Kurgäste wegen einer Schreibblockade in Behandlung. Und auch denen mangelt es nicht an Einfällen, ganz im Gegenteil: Die beiden bringen gerade deshalb kein Wort aufs Papier, weil sie viel zu viele Ideen haben und sich vom Auswählen überfordert fühlen –«

»Verstehe«, fiel ihr Finanzinspektor Sterne ins Wort. Seine Stimme drang mit leichter Verzerrung aus den Lautsprechern: »Aber wie ich bereits sagte, mich interessieren in erster Hinsicht Ihre kanadischen Kurgäste.«

»Da kann ich Sie beruhigen. Gegenwärtig weilt kein einziger Ihrer Staatsbürger in unserer Einrichtung. Augenblick, ich schicke Ihnen unser Kurgastregister«, sagte die Anstaltsleiterin und dann lächelte sie verschmitzt: »Am nächsten an einen Kanadier kommt wohl unser Kurgast aus Saint-Pierre-et-Miquelon heran.«

Dieser schreibe übrigens historische Kriminalromane und könne den Hieb eines Degens im Erzählen derart verlangsamen, daß nach einem Einschub – etwa der detaillierten Beschreibung einer Brigg und aller Besatzungsmitglieder sowie der Chronik ihrer fünfjährigen Weltumsegelung, welche dem Zusammentreffen der Duellanten vorangegangen war – die Klinge noch immer nicht an der gegnerischen Kehle angelangt sei. Dr. Op Den Berg erwähnte allerdings nicht, daß besagter Autor in Behandlung war, seit dessen Lektor das 1800-seitige erste Kapitel gesichtet und daraufhin attestiert hatte, daß Prousts *À la recherche du temps perdu* im Vergleich dazu vor nervenzerreißenden Spannungsbögen strotze.

Finanzinspektor Sterne klickte sich indessen durch das anonymisierte Kurgastregister. »Könnten Sie mir bitte noch Paßkopien all Ihrer Patienten zukommen lassen?«

»Mr. Sterne, unsere Kurgäste sind nicht unter Sicherheitsverwahrung«, erwiderte die Anstaltsleiterin. Der Inspektor rückte daraufhin noch näher an die Kamera, so daß Dr. Op Den Berg nur noch seine spröden Lippen auf ihrem Monitor sah: »Ich möchte Sie daran erinnern, daß diese Ermittlungen auch im Interesse Ihrer Einrichtung sind. Laut einem mir vorliegenden Bericht ist die Rendite des Vanhaesebrouck-Fonds empfindlich gesunken. An dieser Misere haben die Kursmanipulationen von Mr. Kevlier einen nicht unbeträchtlichen Anteil.«

»Nun, Sie sind jederzeit willkommen, unsere Kurgäste hier auf Curaçao persönlich kennenzulernen. Aber seien Sie gewarnt: Es besteht durchaus die Gefahr, daß Sie sich anschließend in einer Geschichte wiederfinden.«

5

Bei der Rückkehr von einem zweitägigen Angeltörn fand Kevlier eine Mitteilung der Anstaltsleiterin in seinem Postfach. Er fragte den kurerfahrenen Andrzej, was er von dem überraschend anberaumten Termin halten solle.

»Chefbehandlung? Ich fürchte, die Luft wird dünn für dich, mein Bester«, frotzelte der Alte. Dann schulterte Andrzej den Kopf des prächtigen Blauen Marlins, den er als Trophäe präparieren wollte, und trottete zu seinem Bungalow davon.

Dr. Op Den Berg eröffnete Kevlier unter vier Augen, daß sie ihn mit einem weiteren Kurgast als Tandem in Behandlung nehmen wolle. Vorausgesetzt, auch er stimme diesem Experiment zu – immerhin handle es sich um einen bislang unerprobten, nicht ganz risikolosen Rehabilitationsansatz.

Sein Befund weise ihn als den idealen Tandempartner für die erst kürzlich eingetroffene Fumiko Okashima aus: Infolge fragwürdiger Heilverfahren in einer psychiatrischen Klinik sei nicht nur Fumikos Hypergraphie gedrosselt, sondern ihre gesamte schriftstellerische Produktion zum Erliegen gekommen. Beim hiesigen Aufnahmegespräch habe sich aber glücklicherweise herausgestellt, daß Fumiko vor besagter Fehltherapie stets Variationen bereits verlegter Romane verfaßt hatte.

»Genauer gesagt: Variationen jener Geschichten, die deren Klappentexte verhießen – weshalb ihre so entstandenen Texte nur wenig oder gar nichts mit den zugrunde liegenden Büchern gemeinsam haben.«

Kevlier hielt es für angebracht, seine diesbezügliche Sachkenntnis durch verständnisvolles Nicken herauszustellen.

»Infolge negativer Konditionierung wagt Fumiko es allerdings nicht einmal mehr, veröffentlichte Romane auch nur in die Hand zu nehmen«, legte die Anstaltsleiterin mit betroffenem Timbre nach. Angesichts dieser vertrackten Gemengelage baue sie fest auf Kevliers Kooperation: Seine Klappentextentwürfe sollten dabei als Trojanische Pferde zum Einsatz kommen, um Fumikos mentale Barrieren zu überwinden und von innen auszuhöhlen. Ihm selbst bliebe keine Zeit, an den Formulierungen zu feilen, da er die jeweils erste Niederschrift unverzüglich an Fumiko weiterreichen müßte. Die produktive Fremdverwertung – direkt vor seinen Augen – werde ihn zweifellos zur epischen Ausbreitung seiner Ideen herausfordern.

»Meiner Meinung nach ist dies der bislang vielversprechendste Weg zu Ihrem zweiten Roman. Und bei einem weniger günstigen Verlauf hätten Sie immerhin einer Kollegin in Schaffensnöten geholfen«, schloß die Anstaltsleiterin.

Kevlier erbat sich eine halbe Stunde Bedenkzeit.

»Jetzt rächt es sich, daß du nicht endlich irgendeine Druckfassung deines Debütromans organisiert hast«, schlußfolgerte Andrzej, nachdem Kevlier ihm Dr. Op Den Bergs Behandlungsansatz erläutert hatte: »Um zu beweisen, daß deine Symptome echt sind, wirst du im Akkord liefern müssen. Klingeling?«

Die Anstaltsleiterin bedeutete Fumiko, neben Kevlier Platz zu nehmen. Dieser hatte die Japanerin bisher nur einmal aus der Ferne gesehen; sie hatte im hydrotherapeutischen Ressort in einem Moorpool gelegen, weshalb er davon ausgegangen war, sie sei wegen chronischem Schreibtischrücken oder wegen einer Sehnenscheidenentzündung in Behandlung.

Noch bevor sie sich setzte, wandte sich Fumiko an Kevlier: »Bitte unterstehen Sie sich, mich jemals in eine Ihrer Geschichten einzubauen!«

Kevlier blickte Dr. Op Den Berg fragend an, doch die Anstaltsleiterin zeigte keinerlei Regung.

»Meinetwegen«, brummelte er nun zum zweiten Mal an diesem Tag und zog die Schreibutensilien zu sich heran.

Bei der ersten Sitzung verfaßte das Kurtandem einen Klappentextentwurf und ein Prosafragment. Beide begannen damit, daß Willem Vanhaesebroucks Enkeltochter auf der Fahrt zum *XVI. Internationalen Webertreffen* im polnischen Tiefschnee steckenbleibt. Kevlier zeigte sich beeindruckt von Fumikos Fertigkeit, Pointen wie Eiszapfen an Dachrinnen aufzureihen.

Über die katastrophalen Wetterverhältnisse im Jahre 1979 wußte Kevlier dank Andrzej bestens Bescheid. An schwülen Abenden erzählte der Alte gerne davon, wie er in jenem Winter zum ersten Mal verhaftet worden war: Sein vermeintlicher Gesetzesverstoß war, die Hofausfahrt mit einem Maiplakat freigeräumt zu haben. Daß es Warschau an Schneeschaufeln mangele, hatte der Sicherheitsbeamte als eine fadenscheinige Ausflucht zurückgewiesen – eine Ausflucht, die Andrzejs ideologischen Affront noch einmal verbal unterstrichen habe.

Die Untersuchungshaft währte allerdings nur zwanzig Minuten, denn der Sicherheitsbeamte stellte seine Ermittlungen zufrieden ein, nachdem Andrzej dessen festgefahrenen Privatwagen freibekommen hatte.

Kevliers Klappentext und Fumikos Fragment wichen deutlich von der autorisierten Vanhaesebrouck'schen Familienchronik ab: Sie stellten es beispielsweise so dar, als sei die Dampfkesselexplosion in der Weberei von einem Erbschleicher herbeigeführt worden und dessen Enkeltochter unrühmlich in die Verhaftung eines polnischen Dissidenten verstrickt gewesen. Nichtsdestotrotz fühlte sich Dr. Op Den Berg vom ersten Teilerfolg ihres Ansatzes bestätigt. Sie erstellte einen ambitionierten Kurplan für das Tandem – gerade so, wie es Andrzej prophezeit hatte.

6

Finanzinspektor Sterne traf am 15. März 2010 auf Curaçao ein und bestieg die am Flughafen bereitstehende Limousine. Da Dr. Op Den Berg die Kurgäste mit einem Aushang auf den bevorstehenden Besuch hingewiesen hatte, befand sich Kevlier zu diesem Zeitpunkt bereits auf halber Strecke nach Venezuela.

Die anstaltseigene Motorjacht schnitt mit steter Geschwindigkeit durch die Wellen. Andrzej, der darauf bestanden hatte, die Flucht altersgerecht angehen zu lassen, saß mit seiner Schleppangelausrüstung und einem eisgekühlten Bier am Heck der *Vanhaesebrouck II*.

Vor der venezolanischen Küste angekommen, drückte Kevlier seinem polnischen Fluchthelfer ein Bündel neuer Klappentextentwürfe in die Hand und bat ihn, er möge Fumiko regelmäßig mit Nachschub aus dieser Sammlung versorgen.

»Sobald ich wieder einen Unterschlupf gefunden habe, werde ich ihr weitere schicken«, sagte Kevlier.

»Klingeling«, murmelte Andrzej und verstaute das Bündel schmunzelnd in der Kühlbox. Dann ließ er das Beiboot zu Wasser und beobachtete, wie der Kanadier ans Ufer ruderte. Vom Strand aus winkte Kevlier ihm noch einmal zu und beobachtete nun seinerseits, wie Andrzej Kurs zurück auf seinen Alterssitz einschlug.

7

Zwei Jahre später debütierte Jonathan Kevlier unter seinem Alias Cederic Darwin Jr. bei einem neuseeländischen Verlag. Das Gros der Rezensenten zeigte sich beeindruckt von dem »reifen Erstlingswerk« und stürzte sich dankbar auf jene Passagen, in denen der Autor »ebenso kenntnisreich wie schonungslos« mit dem Gebaren der Finanzbranche abrechnete, »ohne den Antihelden auf seiner grotesken Odyssee der genretypischen Läuterung oder Bestrafung zu unterziehen.« Die »von Krisenwellen gebeutelte Weltwirtschaft« habe heuer also immerhin »eine literarische Dividende« abgeworfen.

In der Bibliothek der *Vanhaesebrouckse Kuurinrichting* wurde der Roman als Cederic Darwin Jr.s zweites Werk registriert, wenngleich *Fragments of the Master Plan* nach wie vor bloß als ein Eintrag auf der Anschaffungsliste existierte. Dessen

ungeachtet sahen sich Dr. Op Den Berg und der Sachverstän-
digenausschuß ein weiteres Mal in ihrer Expertise bestätigt.

Der Romanhandlung zufolge trafen sich Kevlier und Fumiko bei einer Lesereihe der *Vanhaesebrouckse Alumnivereniging*
wieder. Ihr inniger Kuß, der in einer früheren Fassung des
Romans zu einer Vielzahl weiterer Verwicklungen geführt
hatte, war jedoch einer Kürzung anheimgefallen – weshalb
die beiden die Lesung ungeküßt und in entgegengesetzter
Richtung verließen.

8

Fumiko nahm die Veröffentlichung von *Notes from the Sana-*
torium weit gelassener auf, als Kevlier erwartet hatte: Aus-
gehend vom Klappentext begann sie sogleich, ihre eigene
Version der Geschichte zu schreiben. Diese wich deutlich von
Kevliers Roman, aber auch von Inspektor Sternes Ermittlungs-
bericht ab – schon deshalb, weil Fumiko vom glücklichen Ende
her zu erzählen begann.

Mann im Müll

Als ich von meinem Aushilfsjob nach Hause kam, flatterte ein Zettel im Zugwind zwischen Tür und Fenster. Ungelenk fing ich ihn ein. Es war Tamara Gebaras Abschied. Diesmal für immer. Mein Aufschrei blieb eingeschlossen in der Stummheit, mit der ich von Geburt an lebte. Eine Depression winterte ein. Mir blieben nur Matratze, Kaffeetasse und Zahnbürste: das, was ich zum Einzug beigesteuert hatte.

Tamara Gebara war die erste Frau, die mich nach zweiunddreißig Jahren den fürsorglichen Klauen meiner Mutter entreißen konnte. Wir lernten uns im Café kennen. Sie hatte mich angesprochen. Für ihre endlosen Monologe war ich der geborene Zuhörer, erst bei unserem vierten Treffen war meine Meinung gefragt. Die Antwort war mein überwältigendes Lächeln. In das verliebte sie sich so rücksichtslos, dass wir gleich zusammenzogen. Nach jedem Streit rettete ich mich zu meiner Mutter. Eines Tages starrte die mich an, ohne was zu sagen. In ihren Augen war nur noch der Vorwurf zu lesen, dass ich sie für eine andere Frau vernachlässigt hatte. Ich begrub sie. Nur fünf Monate später war meine Tamara Gebara der Doppelrolle als Geliebte und Mutter überdrüssig. Ihr neuer Freund räumte mir die einzige Frau aus der Zukunft, für die es sich überhaupt gelohnt hatte zu leben. Mein Entschluss stand fest: losziehen und sterben. Ich wälzte den Atlas. Der bolivianische Dschungel schien mir als Sterbehelfer am besten geeignet.

Im Reisebüro nahm ich die erste Hürde: die übliche Sprach-
barriere. Eine schwarze Kugelschreiberlinie kräuselte sich
zum Wort *La Paz*. Nach der Buchung warf ich die Matratze
auf den Müll, schenkte die Tasse einem Obdachlosen, taschte
die Zahnbürste ein und entmietete mich.

In La Paz angekommen, stand ich unschlüssig herum. Eine
junge Frau sprach mich an. Ich lief ihr hinterher, bis das Rennen in einer heruntergekommenen Pension endete. Auf Spanisch fragte sie, was ich wünsche. Ich verstand alles. Meine
Mutter hatte mich immerhin vier Fremdsprachen gelehrt.
Dämlich lächelte ich eine Antwort, die für Hörende keine sein
konnte. Noch während ich mich fragte, was diese südländische
Schönheit in diesem Stadtviertel zu suchen hatte, knöpfte sie
meine Hose auf und bediente sich. Wäre meine Stummheit
nur gespielt gewesen, ich hätte spätestens jetzt die höchsten
Töne hervorgebracht. Als sie kassieren wollte, übertraf mein
Lächeln ihre Ausdauer. Hilflos hob ich die Hände. Zeternd
durchsuchte sie meine Taschen und schaufelte meine letzten
Bolivianos zu ihren Gunsten um. Es schien nicht genug. Sie
kehrte noch einmal zurück, um mir die Handtasche um die
Ohren zu schlagen. Dann schlief ich ein. Der Hotelboy klopfte.
Zaghaft eintretend, hielt er die Hand auf. Um meine Geldnot
zu überbrücken, putzte ich mir ausgiebig die Zähne. Dann
wagte ich, sie zu fletschen, und er verschwand.

Ich lief aus der Stadt. Ein klappernder Holztransporter
nahm mich mit. In einem berufstätigen Dorf setzte mich der
Fahrer ab. Im Geprassel von zweiundvierzig Grad lungerte ich
auf dem Bordstein eines Gemüsemarktes, während Schwaden
verwester Pflanzenreste rüchelten und Fliegen in Tausender-
pulks gebaren. Verrotzte Kinder sammelten sich um mich.
Sobald ich ihren Blick erwiderte, huschten sie kreischend da-

von. Als sie nach drei Minuten wiederkamen, hatten sie sich um das Fünffache vermehrt.

»Gringo!«, wieherten sie, erwarteten aufgeregt meine Reaktion. Nichts. Dann sammelten sie faules Obst in ihre T-Shirts und bewarfen mich. Zum Abtropfen stand ich in regelmäßigen Abständen auf. Ein älterer Mann fuhr seinen Knotenstock ins ungezogene Treiben. Sekundenschnell war es aufgelöst. Er fragte, wo ich untergebracht sei. Ich zuckte die Schultern. Der Mann winkte mich zu einem Lastwagen, aus dessen verbeulten Blechen stumpfe Glasaugen schielten. Ich half ihm beim Beladen und kletterte auf den anfahrenden Vordersitz.

»Tauch ab«, sagte er zwei Stunden später. Dann scherzte er mit den Militärs, die den Dschungelzugang bewachten. Sie winkten ihn durch. »Du kannst wieder hochkommen«, bedeutete er mir. Unverhofft riss er das Steuer herum. Sein Auto humpelte über einen vermatschten Seitenpfad. »Immer der gleiche Mist«, sein Fluchen, als die Räder den Dreck hinter sich warfen, ohne den Kleinlaster vorwärts zu bringen. Wir stiegen aus und sammelten Steine zum Unterlegen. Er ließ den Wagen wieder an. Mit einem Bocksprung war das Fahrzeug aus dem Lehmtrichter heraus.

Die Hütte des Fahrers stelzte auf Holzbeinen am Ufer eines müden Flusses. »Meine Familie«, stellte er mir elf Söhne, drei Schwiegertöchter, die Ehefrau und sechs Enkel vor. Ich nickte. Dann trollte ich mich zu den Schwiegertöchtern. Mit ihnen zerteilte ich Tomaten. Ein Sohn warf aus der rundum offenen Küche einige Angelsehnen aus, um Mittagsfische zu ernten. Schnittig entseelte er ihr Inneres. Die den Frauen hingeworfenen Fischleiber tobten ihren Abschied vom Leben ins heiße Bratfett der Pfanne. Zwei katzengroße Hunde hüpften dazu und rissen sich um die Eingeweide. Der großohrige gewann das Tauziehen.

»Wo bist du her?«, ließ mich der Familienvater endlich zu Wort kommen. Ich zeigte ihm meinen Pass. »Ist Deutschland schön?«, löcherte er mich. Schön? Ohne Tamara Gebara? Ins Melancholische zurückfallend, ondulierte ich eine Haarlocke um meinen Finger. Doch die Vernehmung war damit noch nicht beendet. Ich wies auf meinen Mund und signalisierte mit beiden Händen ein Stopp. »Bist du stumm?«, fragte mich einer der Söhne ironisch. Als ich nickte, witzelte er: »Dann hast du also nicht mehr zu sagen als unsere Frauen.« Kerliges Lachen überfiel unsere Ohren. Ich fühlte mich entmannt, weil ich nicht mit einstimmen konnte. Die Frauen schickten mir ein Lächeln mit der Post ihrer mitleidigen Blicke. Verlegen kraulte ich einem der Hunde den Hals. Zuneigung schien er nur als Gastgeschenk aus der Fremde zu kennen. Von da an flankierte er mich auf allen Gängen.

»Zeig ihm seine Unterkunft«, befahl der Familienhäuptling einer Schwiegertochter. Ich stieg ihr auf der Leiter einer Palmendachhütte nach. Nachdem ich mich für eine der zehn Pritschen entschieden hatte, nahm ich ihr die Bettbezüge ab. »Das ist meine Arbeit«, sagte sie, schüchtern am Laken zurrend. Ich legte den Finger auf ihren Mund, drückte sie sanft auf die Liege und nahm das Tuch an mich. Sie hielt die Hände gefaltet und schaute verträumt. »Ist Bettbeziehen die Arbeit der Männer in deinem Land?« Ich lachte. Als wir die Treppe herabknarrten, drehte sie sich um. Ihr Hochkantfinger kreuzte die Waagerechte meines Strichmunds. Den anderen sollte ich wohl nichts von der europäischen Arbeitsteilung erzählen. Aber wie denn auch?

Nach dem Mittagessen tat sich eine Rechnung auf. Ich sollte sechs Dollar täglich für Kost und Logis löhnen. Fahrig zeigte ich meine umgestülpten Hosentaschen, die nichts mehr zu geben hatten. Nicht einmal die Zahnbürste. Das erschütterte mich am meisten. Als Stimmloser war ich auf mein Perlmuttgebiss angewiesen, um mich halbwegs erträglich durch Gesellschaft zu lächeln. Mit Bestürzung ausdrückenden Verrenkungen erklärte ich den Grund. Das Unverstandene schrieb ich auf. Beunruhigt steckten die Männer die Köpfe zusammen. Dann teilten sie mir mit, ich könne mich bei der Chontaernte, dem Heilpflanzenanbau, beim Fischen sowie bei einigen Hausarbeiten nützlich machen. Das sei der Preis für Mittellosigkeit. *Aber meine Zahnbürste!*, kritzelte ich verstört auf den angefangenen Zettel. Mein brutaler Gesichtsausdruck machte allen den Ernst der Lage klar. »Komm mit«, der Familienälteste zog mich am Arm. Er vertiefte sich mit mir und dem Hund in den tropischen Busch. Dort schnitt er einen Zweig. Das Ende franste er mit dem Messer aus. »Hier, deine neue Zahnbürste. Der Pflanzensaft desinfiziert das Zahnfleisch. Sobald sie ausgetrocknet ist, schneidest du dir eine neue aus dem gleichen Holz. Weiß machst du die Beißer mit Bergsalz.« Ich atmete durch. Mein Lächeln war außer Gefahr zu vergilben.

»Du bist gar kein Weißer«, stellte er fest, während seine Finger das Strohblond meiner Harre umpflügten. Wieso nicht?, mimte ich. »Weiße haben Geld. Doch als Albino, ... ha, ein blauäugiger noch dazu, bist du ein bevorzugter Sohn unseres Sonnengotts. Deshalb darfst du bleiben.« Ich warf mich auf die Erde und dankte Pacha Mama. »Nun reinige ich dich, damit keine bösen Energien meine Familie verschmutzen.« Er bat mich aufzustehen.

Wir dschungelten zu einem kleinen Wasserfall. Ich sollte mich entkleiden. Mit geschlossenen Augen meinen Körper waschend, sprach er Inkaverse. Dann käute er Blätter. Den Sud dreimal auf meine Hände und mir ins Gesicht gespuckt, strich er mich von Kopf bis Fuß aus. Anschließend schüttelte er seine Finger aus. Den grünlichen Speichel aus meinem Gesicht zu entfernen, blieb mir überlassen.

Das Moskitonetz wurde zur Seite gehoben. Plötzliche Morgenröte verblendete. Zeitweilig blind, folgte ich der Schwiegertochter in die Küche. Der tägliche Reis mit Thunfisch killte meinen Appetit. Ich rieselte Rohrzucker auf die verklebten Körner. Zusätzlich vertröstete ich meinen Magen mit vergorener Chicha. Zum Schluss dann ein Mund voll Dosenfisch. Beäugt von meinem Lieblingshund, spie ich das Frühstück im Freien aus.

Die Söhne schnitten lange Äste, die sich am Ende gabelten. Mit diesem Gepäck schlängelten wir uns durch die Tropen. Wir gelangten zu einer Wasserplatte, die den Urwald lichtete. Dort setzten wir die Stangen ab. Einer legte sich einen Strick ums Gesäß und band sich locker an den Baum. Dann zog er sich am glatten Stamm empor. Alle paar Minuten lehnte er sich im Seil zurück, um sich vom Aufstieg auszuruhen. Mein offen stehender Mund wurde augenblicklich zum Einflugloch einer Wespe. Als ich erschrocken den Schnabel schloss, stach sie zu. Ich fingerte das getigerte Insekt aus dem Mund. Der Hund sprang mich an. Seine bissige Schnauze grabschte mir den Giftflieger aus der Hand und fraß ihn auf. Alle anderen waren Zuschauer. Sie stemmten die Hände in die Hüften. Ausgelassenes Lachen verbog ihre Körper. Dann pflückte einer Blätter, die er mit der Faust im Handteller mörserte. Dieses Mus hielt er mir hin. »Sonnensöhnchen. Das ist nichts zum Essen«, hinderten mich alle am Hinunterschlucken. Es war lediglich als Heilauflage gedacht. Inzwischen war der Aufsteiger in der Baumkrone verschwunden. Mit seiner Astgabel drehte er die Stauden des stachelbewehrten Nachbarbaumes ein. Sie lösten sich von der Chontapalme. Orange klatschten sie in den Morast. Mit beiden Armen umfasste ich eine Staude. Wir stopften sie in die schwellenden Bäuche der Säcke. »Morgen kletterst du«, sagte einer der Söhne. Man buckelte mich mit einer Zentnerladung. Auf dem Heimweg machetete der kleinste von ihnen mannshohe Blätter, deren lila Rücken Insekten vom Fressen abhielt. Es war die Gelegenheit, mein Übergewicht für einen Augenblick abzuwerfen. Ich stieß den Zeigefinger ins Blattwerk. Fragend schaute ich ihn an. »Zum Fermentieren der Chicha«, erklärte er. Dann hievte er den Sack zurück auf meine Tragflächen.

Die Frauen hatten gewaltige Feuer entfacht. Wir zupften die Chontas aus dem Gezweig. Die Kuller wurden ins Brodeln der Tonbottiche gekippt. Tausend wunde Zungen rußten unermüdlich die Böden der Terrakottatöpfe.

Der Morgen verkleidete die Flusslandschaft mit dem Purpur des ortsansässigen Wetters. Auf die Minute platzten die Wolken. Sie füllten den Fluss mit Regen auf. Für eine belgische Exportfirma holzten die Söhne aus den Balsastämmen Papageien heraus und pinselten sie farbenfroh an. Zwei Dollar pro verkauftes Stück. Hier in der Dritten Welt schämte ich mich für die Erste. Derweil saß ich auf den überdachten Hausplanken und ließ die Beine baumeln. Mein Kopf webte von einer Seite zur anderen. Die Hände lagen zu Fäusten verknotet in meinem Schoß. Der Alte setzte sich zu mir. »Denkst du an zu Hause?« Ich schüttelte den Kopf. »Du kannst bleiben, so lange du willst. Auch wenn es für immer sein sollte.« Ich verneinte erneut. Er legte einen Arm um mich. »Was macht dich so traurig?« *Meine Tamara Gebara hat mich verlassen und*

meine Mutter ist tot. Sie waren die Batterien meines Lebens, kra-
kelte ich aufs speckige Grau des Papiers. Seufzend erhob er
sich. Zu seinen schnitzenden Kindern sagte er: »Passt gut auf
das Sonnensöhnchen auf.«

Am Nachmittag schnappten wir uns die leeren Säcke zur
nächsten Chontaernte. Wie befohlen, zog jetzt ich mich am
Baum hoch. Dann streifte ich die Kordel ab und verschwand
in der Krone. Als sich meine Astgabel um eine Staude drehte,
verlor ich das Gleichgewicht. Ich krallte mich in die dünnen,
beblätterten Zweige. Widerstrebend beugte sich der Baum-
riese über den Teich, als wollte ich Zwerg ihn an den Haaren
unter Wasser ziehen. Zwölf Meter unter mir johlten die Söhne
ihr vergnügtes Hallo zu mir herauf. Meine Muskeln gaben
nach, weil mir wieder dämmerte, wozu ich hergekommen war.
Zuerst berauschte ich mich am Fliegen, dann genoss ich die
Tiefe des Wassers. Als ich mit verschränkten Armen im Lotussitz den Grund erpendelt hatte, nippte ein Fisch am Atem-
gebläse, das meine Lunge entließ. Er spielte im Whirlpool, bis
mir die Luft wegblieb. Moosbeschwerte Blätter, eine gewellte
Schlange, ja … selbst die Beine des treuen Hündchens segelten vorbei. Im Gleichtakt mit den Wasserlagen beruhigten
sich auch meine schwebenden Haare. Ein Sterben in wunder-
schönem Ambiente. Doch es wurde entsetzlich anstrengend,
als dann die leergepumpte Lunge apfelgrünes Wasser aufzog.
Bevor die nahende Bewusstlosigkeit mich vollständig narko-
tisierte, sah ich zwei der Söhne mit Kopfsprung sich ins Wasser wühlen. Mit Händen an den Hosennähten raketeten sie zu
mir, griffen unter meine Arme und stießen uns wie Frösche
zurück an die Oberfläche des Teichs. Die anderen sechs zerrten
mich an Land, rissen mich an den Beinen hoch und schüttel-
ten mich aus. Trotzig behielt ich alles bei mir und lief gewit-

terhimmelblau an. Sie warfen mich auf den Lehm, setzten sich auf Bauch und Brust. Eine Mundwasserfontäne spritzte ihre Blicke beiseite. Niemandem war zum Lachen zumute. Außer der Sonne. Die war sogar heiß drauf. Zwei der Söhne zogen ihre T-Shirts aus. Damit rieben sie mir das wärmende Blut in die obersten Hautschichten, dann stützten sie mich nach Hause. »Du gehst nicht mehr ans Wasser«, sagte der Alte beim Mittagessen, als ihm die Söhne alles berichtet hatten.

Nach einigen Haushaltstagen juckte meine Schulter. Ich ertastete eine Beule und spiegelte sie mit einer Scherbe. Der Hügel bewegte sich. Das zeigte ich dem Familienältesten. »Warte noch einen halben Tag. Wenn alles vorbei ist, versorge ich die verseuchte Stelle«, tröstete der. Gegen Abend kitzelte das ganze Schulterblatt. Meine Spiegelscherbe filmte, wie ein Dutzend kleiner Spinnen auseinanderliefen. Welch ekelhafte Freude. Statt zu sterben, schenkte ich, als Leihmutter missbraucht, zwölf achtbeinigen Spinnern das Leben. Ich legte mich auf den Bauch zu meinem pelzigen Adjutanten. Die Spinnenbeine, die es nicht mehr in den schützenden Hochwald des Grases schafften, blieben an der Hundezunge kleben.

»Die Touristen kommen!«, brüllte ein Enkel vom Baum, den spießigen Zeiger am Ende des sonnenverkupferten Arms. »Stücker acht«, zählte er die Invasoren durch. Die Frauen legten Bettwäsche auf meine ausgewinkelten Arme. Neben meiner Bettstatt bezogen wir eilig die Pritschen. Keuchend stellten die Touristen ihre Rucksäcke ab. »Fahr mit meinen Söhnen zum Fischen raus und fabriziere ja keine Unterwasserdummheiten, Sonnensöhnchen«, ermahnte mich der Alte.

Die Söhne stakten den Einbaum gegen die Strömung. Als wir außer Sichtweite der Küchenhütte waren, zündeten sie das Dynamit. Dann netzten sie die toten Rückenschwimmer ein. Meine Augenbrauen zogen sich zusammen, der irre Blick forderte eine Erklärung ein. »Wir sind zu viele Leute. Angeln kostet Zeit.« Sie verlachten mein Umweltbewusstsein, das nicht mit ihrer Not gewachsen war.

Als wir zurückkamen, schwiegen sich die Touristen und ihr Gastgeber an. »Kannst du Englisch?«, fragte mich der Alte. Nickend gleißte mein Perlmuttlächeln über die Anwesenden. »Schreib ihnen auf, was alles kostet.

– Falls sie Kanutouren wollen, fünfundsechzig Dollar pro Tag, Fischen inbegriffen.

– Ein vierstündiger Gang durch die Heilkräuter macht fünfunddreißig Dollar.

– Ausflüge zu den Kaskaden und den drei Aussichtspunkten, sechzig Dollar, dazu ein kostenloses Picknick.

– Kokablätter nach dem Schicksal zu befragen, zwanzig Dollar.

– Rituelle Waschung, noch einmal zwanzig Pflichtdollar dazu. Unreine Leute dürfen nicht bei mir gastieren.

– Die tägliche Vollverpflegung, zehn Dollar.

Wenn sie das ganze Paket nehmen, ist die Unterkunft frei.« Ich schob den Ankömmlingen die Rechnung zu. »Sind die Preise angemessen?«, fragten sie misstrauisch. *Kann ich nicht sagen. Bin einer der ihren*, schrieb ich zurück. »Du bist ein Weißer und gekleidet wie wir. Was soll das?«, zweifelten sie. *Nicht nur von ihnen, sondern auch von Pacha Mama bin ich zum Sonnensöhnchen geadelt worden*, kritzelte ich wütend auf das einreißende Blatt. »Worum geht es?«, fragte das Familienoberhaupt. *Sie sollten eingetrichtert bekommen, dass Albinos die bevorzugten Kinder des Sonnengottes sind*, verpackte ich meinen Anspruch auf Würde in aufgebrachtes Spanisch. »Dieses Wissen hast du nicht an die Weißen zu verscherbeln«, drohte er mir. Ich warf mich auf die Erde. Pacha Mama dankte ich, dass ich nicht nur aus Spaß einer der ihren war. Die Touristen verfolgten meine epileptisch anmutende Choreographie mit läufigen Augen. »Ist es gefährlich, hierzubleiben?«, fragten sie. *Nicht, wenn ihr das ganze Touristenpaket nehmt und, ohne den Preis drücken zu wollen, bezahlt,* hämmerte ich boshaft Druckbuchstaben ins Papier.

Am frühen Nachmittag verkopfte der Alte den Gänsemarsch der Touristen bis hin zur heiligen Kaskade. »Erst die Frau«, forderte er. Die anderen sollten in einiger Entfernung stehen bleiben. Während das modische Fräulein völlig hinter einem Busch verschwand, ragte der nackte Oberkörper des Alten über einen hinaus. Im Fortlauf des Rituals linste er öfter zu uns herüber. Mit der Waschung der sieben Jungs verbrachte er nicht annähernd so viel Zeit. Zurück in der Hütte, fragte Virginia die Burschen, was er mit ihnen veranstaltet hatte. Ihr rundes Gesicht ging dunkelrot auf, als sie hörte, dass ihre Männer die Hosen anbehalten hatten. »Ich verschwinde von hier«, heulte sie in meine Schulter, da ihre Kameraden über diese Nebensächlichkeit nur grinsten. *Geh nicht,* krückte mein Kugelschreiber über ihr Notizbuch. *Ich bin zum Sterben hergekommen. Das tausendschöne Landstück mit seinem exotischen Getier hat mich zurück ins Leben katapultiert,* verschriftlichte ich diese Halblüge, denn es war meine Entflammbarkeit für Virginia, die meinen Lebenswillen entfacht hatte.

Abends flackerte die Petroleumlampe ein Leuchtrad auf den Küchentisch. Die Touristen fragten den alten Schamanen, wie er es denn mit dem Katholizismus halte. Der Medizinmann kritisierte das gewaltsam auferlegte Christentum. Doch über diesen spanischen Import habe er erfahren, dass Frauen gar keine Menschen, sondern aus einer Rippe Adams gefertigt seien. Die aufgeklärten Nordamerikaner lächelten überdrüssig. Ein noch klügerer New Yorker sagte, anatomisch gäbe es sogar Belege. Der Mann habe eine Rippe mehr als die Frau. »Dieser Gendefekt ist euer ganzer patriarchalischer Stolz?«, zischte Virginia die Männer an. »Wieso nicht? Die Ursünderin Eva war es, die Adam den Apfel zu essen gab«, sagte der Alte. Virginia fauchte: »Strohdoof wie Kerle sind, beißt Adam auch noch rein.« Das zeitversetzte Gelächter nach verschriftlichter Übersetzung löste den Disput auf.

Als der Schlaf auch den letzten umgelegt hatte, warf ich Angelsehnen aus. Eine Vollmondnacht hindurch beobachtete ich sie. In dem Moment, als die Sonne den Horizont ansengte, kam der Alte aus seiner Hütte. Gähnend fragte er: »Verdammt noch mal, was hast du die ganze Nacht hier draußen getrieben?« Stolz auf das gesparte Dynamit, stellte ich drei Eimer Fische vor ihn hin. Einige der noch lebenden gab er dem Fluss zurück. »Pacha Mama rächt sich, wenn wir mehr aus ihrer Vorratskammer nehmen, als wir brauchen.«

Nachmittags wachte ich auf. Virginia saß bei mir. Natürlich stieß ich sie nicht von der Bettkante. Sie fluchte. »Der Schamane hat uns verschifft ... von einer Verkaufswerkstatt zur nächsten. Dann schlug er uns die aufregende Begegnung mit einer Anakonda vor. Die arme kleine Bauchgängerin war am Wasser in einen Käfig geknastet. Für diese Besichtigung mussten wir extra löhnen. Dann wollte er uns für eine neue Waschung zu irgendeiner Kaskade bringen. Die Jungs waren sehr daran interessiert. Als ich sagte, dass ich mitkomme, aber auf die Reinigung verzichte, redete er den Burschen das Ritual wieder aus.« *Was erwartest du?*, schrieb ich auf. *Entwicklungsländer denken wie Huren. Der Freier bringt die Kohle, doch er wird nur mit dem Allernötigsten bedient. Als Bürger einer Ausbeuternation kann ich es ihm nicht einmal übel nehmen.* »Stimmt schon«, lenkte sie ein. »Unsere Dollars haben sie dazu erzogen.«

»Das Leben ist schön«, reckte ich mich eines Morgens. Der Alte sah mir grimmig an, dass Virginia meinen Kuss erwidert hatte. Ich lächelte eine nachsichtige Bestätigung. Schreibend fragte ich, ob ich heute die Touristen begleiten dürfe. »Das kannst du nicht bezahlen«, antwortete er scharf. *Darf ich spazieren gehen?*, bettelte ich. »Du verläufst dich.« *Der Hund begleitet mich. Er kennt den Rückweg,* insistierte ich. »Der Dschungel ist ausländerfeindlich. Na ja, aber Menschen brauchst du nicht zu fürchten.« Er gab mir einige Verhaltensregeln mit, die immun gegen Angriffe von Schlangen, Pumas und Bullenameisen machen sollten. Dann packte er mir gekochte Chontas ein.

Der Hund lief vor. Er hüpfte zur Seite weg. Nach zwanzig Minuten kam er mit einem Chamäleon zurück. Zwischen seinen Pfoten zupfte er Körperteile aus dem glotzenden Reptil. Ich schlug mich mit der Machete durchs Unterholz. Er sprang wieder an meine Seite. Die überwucherten Pfade dünnten in verschiedene Richtungen aus. In der Dämmerung verschwammen sie. Mit dem ausgestreckten Arm wollte ich den Hund nach Hause schicken und ihm folgen. Doch er setzte sich nur hin und himmelte mich an. Als vereinzelt die Sterne über dem Blätterdach aufklarten, legten wir uns schlafen. Blutegel vertäuten mich mit dem unbequemen Grund. Meine Blutbahnen leiteten sie in die Sackgassen ihrer Bäuche.

Als der Morgen erste Sonnenstrahlen durch die Baumkronen funkte, lag die Chontatüte leer neben mir. Der Hund leckte sich das Maul. Tagelang irrten wir im Gewucher umher. Um den Hund brauchte ich mich nicht zu kümmern. Der versorgte sich selbst. Gegen den Durst pflückte ich die sauren Stiele von Tropenblumen, die mir der Schamane gezeigt hatte. Essbare

Schwammpilze sowie Palo de Santo, eine Baumrinde gegen Magenschmerzen, hielten mich am Laufen. Schließlich war ich so ausgehungert, dass ich den Hund in den Schwitzkasten nahm, um mir sein erbeutetes Vogelei zu stibitzen. Futterneidisch bellte er mich an. Er verließ mich so unverhofft, wie damals Tamara Gebara. Ich nahm seine Richtung. Wir gelangten zu einem Bach, dessen Lauf ich folgte. Dieser mündete in einem Fluss, der mich in die Sichtweite einer staubigen Kleinstadt führte.

Aus den Sombreroschatten streckten mir Bauersfrauen knotige Hände entgegen. Sie wollten mir zu essen geben. Dieser Fata Morgana schleppte ich mich entgegen, ohne sie jemals zu erreichen. Zu beiden Seiten des Flussbetts stiegen Berge in den Himmel. Am Fußende einer Müllhalde sank ich erschöpft in traumschweren Schlaf. Platzregen betrommelte meinen ausgemergelten Brustkorb. Wie eine verärgerte Hausfrau mit Besenstiel klopfte mein Herz von der anderen Seite dagegen. Zwischen diesen Fronten wachte ich auf und verkroch mich unter einem Felsvorsprung. Als die Sonne die Flusslandschaft von Neuem aufkochte, erwog ich den einzig möglichen Aufstieg zur Straße, die Müllhalde. Erste Meter erklomm ich mühelos. Als nach der Hälfte des Aufstiegs eine Abfalllawine unter mir losbrach, wendete ich mich erschrocken um. Tief unten drehte der Fluss seine Wasser zu wilden Locken auf, bevor er sie schäumend weiterziehen ließ. Ich keuchte weiter aufwärts. Fliegenbeine kitzelten mein Gesicht. Ihre Trompetenmünder schlürften den Nektar meines Sportlerschweißes. Überreizt hielt ich inne, um ihnen ein paar zu klatschen. Einige Meter vor dem Begrenzungsgeländer der Straße lagen die Aufschüttungen so lose auf dem Steilhang, dass meine andere Fußspitze sich in keine Tiefe mehr bohren konnte, wo sie einen Halt hätte finden können. Der Fluss war nur noch ein Rinnsal. Ich kroch zur Seite weg. Dornbüsche zerkratzten mir Gesicht und Hände. Ich tastete mich zurück zu meinem letzten Fußhalt. Doch für den Rückzug war's zu spät. Meine Knie zitterten.

Zwei unerzählte Stunden später beugten sich fünf kindliche Hoffnungsträger über das Geländer der kaum befahrenen Straße. Sie stießen sich gegenseitig an, kicherten und warteten ab. Besonnen zog ich mein T-Shirt aus. Darauf schrieb ich die Botschaft, ein Seil zu besorgen. Die warf ich ihnen entgegen. Sie zankten sich um das Erbe, ohne nachzuschauen, was darauf stand. Ihr Verrecken in der Hölle, wenn es nach meiner Verzweiflung ginge, dachte ich, als sie auch noch wegliefen. Todesangst perlte neuen Schweiß aus. »Im Himmel wird der Schweiß zum Wetter!« Mit diesem Mantra redete ich immer wieder auf mich ein.

Wie ein guter Hirte trieb die Dämmerung die Fliegen zu ihren Schlafplätzen. Dafür weckte sie eine Nachtschicht bissiger Mücken. In einem Anflug von Müdigkeit verkümmerten meine Augen zu Reisebegleitern des Vollmonds auf seiner Umlaufbahn. Langsam verlor ich das Zeitgefühl. Obwohl ich schon lange nicht mehr sterben wollte, schloss ich einen Friedensvertrag mit meiner Seele. Dann zog ich den Kugelschreiber aus der Hintertasche meiner Jeans. Ich schrieb die Eckdaten dieser Geschichte auf meinen Oberkörper. Vielleicht macht jemand was daraus, nachdem ich als Mann im Müll gefunden werde. Das ist mein einziger Anspruch an die Ewigkeit. Ich warte nicht mehr. Eigentlich hatte ich noch nie gewartet, sondern immer nur gehofft, jetzt hoffe ich nicht einmal mehr.

Autorinnen und Autoren

DANIELA DRÖSCHER, geboren 1977 in München, studierte Germanistik, Anglistik und Philosophie in Trier und London und promovierte an der Universität in Potsdam zur Poetologie Yoko Tawadas. Für ihr Schreiben wurde sie mehrfach ausgezeichnet, u.a. mit dem Anna-Seghers-Preis, dem Bayern-2-Wortspiele-Preis und dem Koblenzer Literaturpreis. Sie schreibt Prosa, Theaterstücke und Essays, im Berlin Verlag erschienen die Romane »Die Lichter des George Psalmanazar« (2009) und »Pola« (2012) sowie der Erzählungsband »Gloria« (2010). Sie lebt mit ihrer Familie in Berlin.
»Landlieben«. © Daniela Dröscher 2013

RICHARD FORD wurde 1944 in Jackson, Mississippi, geboren und lebt heute in Maine. Er hat sieben Romane sowie Novellen, Kurzgeschichten und Essays veröffentlicht. Für *Unabhängigkeitstag* erhielt er 1996 den Pulitzer Preis und den PEN/Faulkner Award for Fiction.
»Rock Springs«. Aus dem Englischen von Harald Goland. In: *Rock Springs,* Berlin Verlag Taschenbuch 2003. © Richard Ford 1987 (für das Original). © Berlin Verlag in der Piper Verlag GmbH, München 2003 (für die deutsche Übersetzung).

KATHRIN GERLOF, geboren 1962 in Köthen/Anhalt, absolvierte ein Journalistikstudium in Leipzig, arbeitete bis 1995 als

Redakteurin bei verschiedenen Tageszeitungen und drehte einige kleine Dokumentarfilme über intellektuelle rechte Eliten, Antisemitismus, Trostlosigkeit und das Glück alltäglichen Lebens. Bislang erschienen die Romane »Teuermanns Schweigen« (2008), »Alle Zeit« (2009) und »Lokale Erschütterung« (2011). Ein neuer Roman ist in Vorbereitung. Sie lebt mit ihrer Familie in Berlin.

»Schöne Grüße«. © Kathrin Gerlof 2013

ELIZABETH GILBERTS Buch *Eat, Pray, Love* über ihre Reise nach Italien, Indien und Indonesien wurde zu einem internationalen Bestseller. 2011 wurde er mit Julia Roberts und Javier Bardem verfilmt. Im Herbst erscheint ihr neuer Roman *Das Wesen der Dinge und der Liebe*. Elizabeth Gilbert lebt in Philadelphia.

»Wanderer«. Aus dem Englischen von Helga Schulz. © Elisabeth Gilbert 1997 (für das Original). © 1999, 2009 Goldmann Verlag in der Verlagsgruppe Random House GmbH, München (für die deutsche Übersetzung).

KATHARINA HARTWELL wurde 1984 geboren, studierte Anglistik und Amerikanistik in Frankfurt am Main und anschließend am Deutschen Literaturinstitut Leipzig. 2010 erschien der Erzählungsband »Im Eisluftballon«. 2009 erhielt sie den MDR Kurzgeschichtenpreis, 2010 war sie Finalistin des Open Mike der Literaturwerkstatt Berlin. Außerdem erhielt sie das Arbeitsstipendium des LCB sowie der Jürgen Ponto-Stiftung, Aufenthaltsstipendien im Künstlerdorf Schöppingen (2011) und in Prag (Hessisches Literaturstipendium 2012). 2013 ist sie die Sylter Inselschreiberin. Ihr Roman »Das Fremde Meer« erscheint im Herbst 2013 im Berlin Verlag. Sie lebt in Leipzig.

ELIN HILDERBRAND lebt mit ihrem Mann und drei kleinen Kindern auf Nantucket, Massachusetts, wo auch alle ihre elf Romane spielen, die in den USA regelmäßig auf den Top Ten der Bestsellerlisten stehen.

FABIAN HISCHMANN, geboren 1983 in Donaueschingen, studierte Kulturwissenschaften und Literatur in Hildesheim und am Deutschen Literaturinstitut in Leipzig. 2008 und 2009 Dramaturgiehospitanzen an den Theatern Heidelberg und Freiburg. 2011 erhielt er das Bremer Autorenstipendium und 2012 war er auf der Shortlist zu »Wortlaut«, dem Kurzgeschichtenwettbewerb des österreichischen Radiosenders FM4. Kurzgeschichten in verschiedenen Zeitschriften und Anthologien. 2013 erhielt er ein Werkstatt-Stipendium der Jürgen-Ponto-Stiftung. Derzeit arbeitet er an seinem Debütroman, der im Frühjahr 2014 im Berlin Verlag erscheint. Er lebt in Berlin und im Schwarzwald.

CHRISTOPH HÖHTKER, geboren 1967 in Bielefeld, studierte Soziologie, war Taxifahrer, Journalist, Werbetexter und

Sprachlehrer. Im Frühjahr 2013 erschien im Berlin Verlag sein Romandebüt »Die schreckliche Wirklichkeit des Lebens an meiner Seite«, in dem die Vorgeschichte zu der in diesem Band veröffentlichten Geschichte von und über Frank Stremmer erzählt wird. Christoph Höhtker lebt und arbeitet seit 2004 in Genf.

»Eskalation«. © Christoph Höhtker 2013

JAN JEPSEN, laut seiner Mutter in der Nacht der großen Sturmflut gezeugt, kam pünktlich zum Nikolaustag 1962 in Hamburg/Övelgönne zur Welt. Studienanfänge an der FU Berlin kollidierten mit unbändiger Wanderlust. Unterwegs begann er zu schreiben und zu fotografieren. Nach der Rückkehr Praktikum bei TEMPO und Mitgliedschaft bei der Fotoagentur Focus. 1994 Veröffentlichung des Romandebüts »Wie die Wilden«, gefolgt von »Heimspiel« (1999). Freie Arbeiten als Reisereporter für VIVA, Brigitte, Spiegel-Online, Brigitte Woman, Zeit, FAS, SZ-Magazin, Geo-Saison, Best Life u. a. Sein dritter Roman »Fortpflanzung folgt. Eine antarktische Äffäre« erscheint Ende 2013 im Berlin Verlag Taschenbuch. Jan Jepsen lebt in Berlin.

»Buddhas Grinsen«. © Jan Jepsen 2013

THOMAS KLUPP wurde 1977 in Erlangen geboren, war Mitherausgeber der Literaturzeitschrift BELLA triste und Mitglied der künstlerischen Leitung des Literaturfestivals Prosanova. Er lehrt als Dozent am Institut für Literarisches Schreiben und Literaturwissenschaft der Universität Hildesheim. Sein Romandebüt »Paradiso« wurde 2009 mit dem Nicolas Born-Förderpreis und 2010 mit dem Rauriser Literaturpreis ausgezeichnet. 2011 erhielt er den Publikumspreis beim

Ingeborg Bachmann-Wettbewerb in Klagenfurt für seinen Text »9to5 Hardcore«. Thomas Klupp lebt in Berlin.
»pidgeons in Venice«. © Thomas Klupp 2013

CHRISTINE KOSCHMIEDER, geboren 1972, arbeitet als Literaturagentin und Fundraiserin. Stationen in Waldhilsbach, Des Moines, Leipzig, Fulda und auf dem Balkan. 2003 gründete sie die Literaturagentur Partner + Propaganda. Stipendium der Kulturstiftung des Landes Sachsen 2013. Sie lebt in Leipzig.
»It's Graffiti, not a love song, stupid«. © Christine Koschmieder 2013

KEVIN KUHN, geboren 1981 in Göttingen, hat Philosophie, Kunstgeschichte und Religionswissenschaften in Tübingen und Kreatives Schreiben und Kulturjournalismus in Hildesheim studiert. Seit 2010 ist er Lehrbeauftragter am dortigen Institut. Immer wieder hat er auch im Ausland gelebt, darunter längere Zeit in Alaska und drei Jahre in Mexico City. Er war Stipendiat des textwerk-Romanautorenseminars des Literaturhauses München und 2012 Gewinner des Gargonza Arts Awards. Sein von der Kritik gefeierter Debütroman »Hikikomori« erschien 2012 im Berlin Verlag. Kevin Kuhn lebt in Berlin.
»Ohne Exciter, ohne Distortion«. © Kevin Kuhn 2013

TOM LIEHR, geboren 1962 in Berlin, war Redakteur, Rundfunkproduzent und DJ. Seit 1998 ist er Inhaber eines Software-Unternehmens. Neben diversen Kurzgeschichten erschienen bislang die Romane »Radio Nights« (2003), »Idiotentest« (2005), »Stellungswechsel« (2007), »Geisterfahrer« (2008), »Pauschal-

tourist« (2009), »Sommerhit« (2011) und »Leichtmatrosen« (2013). Er lebt mit seiner Familie in Berlin. Mehr vom und zum Autor unter: www.tomliehr.de.
»Sushi mit Uschi«. © Tom Liehr 2013

INGER-MARIA MAHLKE, geboren 1977 in Hamburg, wuchs in Lübeck auf, studierte Rechtswissenschaften an der FU Berlin und arbeitete am Lehrstuhl für Kriminologie. 2005 Teilnehmerin der Werkstatt für Nachwuchsautoren unter der Leitung von Herta Müller, 2008 Autorenwerkstatt der Jürgen Ponto-Stiftung und 2009 Auswahl für die Autorenwerkstatt des Literarischen Colloquiums Berlin unter der Leitung von Ursula Krechel. Preisträgerin des 17. Open Mike 2009 sowie des 2010 erstmals vergebenen Klaus-Michael Kühne-Preises beim HarbourFront-Literaturfestival für ihr Romandebüt »Silberfischchen«. 2012 Ernst Willner-Preis beim Ingeborg Bachmann-Wettbewerb in Klagenfurt für einen Auszug aus dem im Frühjahr 2013 erschienenen Roman »Rechnung offen«. Sie lebt in Berlin.
»Eier«. © Inger-Maria Mahlke 2013

KERSTIN MLYNKEC wurde 1958 in Totenwinkel an der Ostsee geboren. Für ihr Romandebüt »Drachentochter« wurde sie 2006 mit dem Heimito von Doderer-Preis ausgezeichnet. Sie lebt als Autorin und Fotografin in Berlin.
»Mann im Müll«. © Kerstin Mlynkec 2013

MADELEINE PRAHS, geboren 1980 in Chemnitz. Dort und am Ammersee aufgewachsen. Studium der Kunstgeschichte und Germanistik in München und St. Petersburg. Werkstattstipendien des Literarischen Colloquiums Berlin (2007) und

der Jürgen Ponto-Stiftung (2012); Veröffentlichungen in Literaturzeitschriften und Anthologien. Sie lebt und arbeitet in Leipzig.
»Teneriffa«. © Madeleine Prahs 2013

LEIF RANDT, 1983 geboren in Frankfurt am Main, ist der Autor der Romane »Leuchtspielhaus« (2009) und »Schimmernder Dunst über CobyCounty« (2011). 2011 wurde er mit dem Ernst Willner-Preis beim Ingeborg Bachmann-Wettbewerb in Klagenfurt ausgezeichnet. Zuletzt erhielt er den Düsseldorfer Literaturpreis 2012 sowie ein Stipendium der Villa Aurora, Los Angeles. Leif Randt lebt und arbeitet in Berlin und Maintal Ost.
»post pragmatic joy«. Zuerst erschienen in Interview 3/2012. © Leif Randt 2012

JAMES SALTER, 1925 in New Jersey geboren, wurde 1945 Pilot bei der Air Force. 1957 erschien sein erster Roman. Seitdem lebt er als freier Schriftsteller in New York, auf Long Island und in Aspen.
»Am Strande von Tanger«. Aus dem Englischen von Beatrice Howeg. In: *Dämmerung*, Berlin Verlag Taschenbuch 2008. © 1974 James Salter (für das Original). © 1999 Berlin Verlag in der Piper Verlag GmbH, München (für die deutsche Übersetzung).

MATTHIAS SENKEL wurde 1977 in Greiz geboren. Sein Text »Peng. Peng. Peng. Peng.« gewann beim 17. Open Mike einen Prosapreis sowie den taz-Publikumspreis. 2012 erschien sein Romandebüt »Frühe Vögel«, für das er 2013 mit dem Rauriser Literaturpreis ausgezeichnet wurde. Mit »Aufzeichnungen aus der Kuranstalt« nahm er am 36. Ingeborg Bachmann-Wettbewerb teil. Er lebt in Leipzig.

»Aufzeichnungen aus der Kuranstalt«. © Matthias Senkel 2013

MAXIMILIAN STEINBEIS, geboren 1970 in München, wuchs in Oberbayern auf, studierte Jura und arbeitete von 1999 bis 2008 als Politikredakteur und Korrespondent für das Handelsblatt. Seither schreibt er als freier Rechts- und Verfassungspublizist u. a. für FAZ, Die Welt und Deutschlandradio. Literarische Texte entstanden seit 1995. 2003 erschien die Novelle »Schwarzes Wasser«, 2010 der Roman »Pascolini«. 2011 nahm er am Ingeborg Bachmann-Wettbewerb in Klagenfurt teil. Er lebt mit seiner Familie seit 2004 in Berlin.

»Untersuchung über die Vorfälle vom 19. Februar und vom 3. April auf dem Streckenabschnitt Leipzig-Berlin«. © Maximilian Steinbeis 2013

Leif Randt

»Ein fast epochaler Generationenroman.« FAZ

Leif Randt
*Schimmernder Dunst
über CobyCounty*

CobyCounty ist eine Utopie aus Kunststoff, eine brillant
irreale und doch greifbar nahe Welt, in der Kulturschaf-
fende viel Geld verdienen, das Meer von überall zu sehen
ist und Lebensglück scheinbar zur Grundausstattung gehört. Leif Randts zweiter Roman erzählt radikal, humor-
voll und mit sanfter Bosheit davon, dass die Bedrohung
dieser heilen Welt in ihr selbst liegt.

*»Subtil, klug und cool, so cool, dass es beunruhigend
ist.«* KulturSPIEGEL

Weitere Informationen: www.berlinverlag.de